이요정집

한국고전번역원 한국문집번역총서

이요정집 2

二樂亭集

신용개 지음
申用漑

이정원 옮김

일러두기

1. 이 책의 번역 대본은 한국고전번역원에서 간행한 한국문집총간 17집 소재 《이요정집(二樂亭集)》으로 하였다. 번역 대본의 원문 텍스트와 원문 이미지는 한국고전종합DB(http://db.itkc.or.kr)에서 확인할 수 있다.
2. 역주는 내용이 간단하면 간주(間註)로, 길면 각주(脚註)로 처리하였다.
3. 한자는 필요한 경우 이해를 돕기 위하여 넣었으며, 운문(韻文)은 원문을 병기하였다.
4. 맞춤법과 띄어쓰기는 '한글 맞춤법'을 따르고, 한글 어휘는 '표준어 규정'을 따르는 것을 원칙으로 하였다.
5. 문장 부호는 '한글 맞춤법'에 규정된 용법을 따라서 사용했으며, 그 밖에 새로 만들거나 용법을 달리하여 사용한 부호는 다음과 같다.

「 」: ' ' 안의 재인용을 나타낼 때 사용한다.

『 』: 「 」 안의 재인용을 나타낼 때 사용한다.

…… : 원문의 '云云'을 처리할 때, 각주에서 긴 인용문을 처리할 때, 각주의 표제어가 네 어절 이상일 경우 생략되는 말을 처리할 때 사용한다.

- - : 본문에서 소자(小字) 원문 주(註)의 처음과 끝에 사용한다.

□ : 원문의 글자가 빠진 빈 난을 표기하거나 '결락과 판독 불가 글자에 대한 지침'에 따라 번역할 때 사용한다.

▨ : 훼손 등으로 인해 판독이 불가능한 원문을 표기할 때 사용한다.

차례

이요정집 제9권

논 論

의 議

장 狀

제문 祭文

이요정집 제10권

행장 行狀

묘지 墓誌

이요정집 제11권

묘지 墓誌

이요정집 제12권

이요정집 제13권

이요정집 제14권

이요정집 제15권

이요정집

이요정집

이요정집

제8권

跋발 序서

서 序

함경도 관찰사 윤순[1]을 전송하는 서
送咸鏡觀察使尹 珣 序

선비는 젊어서는 배우고 벼슬하고서는 그 뜻을 행하는데, 불행히 때를 만나지 못하여 자신의 뜻을 펼칠 수 없다면 물러나 몸을 감추고서 학문을 닦는다. 또 다행히 성군을 만나게 되어 출사하여 등용된다면 그 일의 크기와 범위가 비록 상황에 따라 다르더라도 그 모든 것은 다 자신이 배운 것을 행하는 것이다. 그러나 사람의 국량이란 깊이의 차이가 있어 담을 수 있는 그릇도 대소의 차이가 있다. 작은 일을 잘 처리하는 자는 혹 큰일에 대해 헷갈려 하고, 큰일을 넉넉히 잘하는 자는 혹 작은 일에 대해 상황에 맞는 대처를 잘하지 못한다. 오직 군자라야 어느 한쪽에 국한되지 않아 처하는 상황에 맞게 처리하니, 이에 큰일도 맡을 수가 있는 것이다.

백옥(伯玉) 씨는 나이가 젊고 심지가 굳건하며 재주가 많고 지위가

1 윤순(尹珣) : ?~1522. 본관은 파평(坡平), 자는 백옥(伯玉), 호는 임심(臨深)이다. 문과에 급제하여 경상도 관찰사, 형조 판서 등을 역임하였다. 1510년(중종5)에 함경도 관찰사에 제수되었다.《中宗實錄 5年 4月 2日》

높은데도 오만하지도 않고 해이하지도 않았다. 조심하면서도 세심하고 세상에 동조하지만 구차히 같아지려 하지는 않았으며, 어지럽고 복잡한 일을 잘 처리하는 솜씨가 있었고 모호하거나 흐리멍덩한 마음은 없었으니, 내가 전부터 그 사람됨에 탄복하고 있었다. 근자에 갑자기 승진된 것이라는 논란[2]이 있었는데, 내가 탄식하며 말하기를 "듣자하니, 백옥 씨가 갑자기 승진된 것은 자신이 구한 것이 아니라 위에서 내린 것이며, 의지하여 부합하려는 것이 아니라 사양할 수가 없었기 때문이다. 그때 백옥 씨와 같은 처지였던 사람이 얼마인데 유독 그대만 부족하다는 것인가."라고 하였다. 이후에 또 개탄하기를 "사람의 취사에는 그의 재주와 행실을 살펴야지 나이나 경력을 따져서는 안 되는데, 백옥 씨가 잘못되었구나."라고 하며 혼자 마음속으로만 생각하고 감히 다른 사람들에게 의견을 구하지는 않았다.

백옥 씨가 이전에 영남 관찰사가 되었을 때 정사를 잘하였다는 명성이 있었다. 영남은 땅이 크고 사람이 많아 송사도 많고 업무도 많기 때문에 다스리기 어렵다고 일컬어지는데, 백옥 씨가 이 지역을 다스리면서도 오히려 여유가 있었으니 하물며 다른 곳은 어떠하겠는가. 지금 경조(京兆)를 거쳐 함경도로 나가게 되었으니, 경조의 사람들은 왕존(王尊)과 조광한(趙廣漢)[3] 같은 명신을 잃었다고 슬퍼하고 함경도의

2 갑자기……논란 : 1508년 윤순이 형조 판서에 제수되자, 대간이 그가 벼슬에 나온 지 오래되지 않았고 물망도 없다는 이유로 반대하였다. 중종은 윤순이 이미 승지와 관찰사를 지냈으니 판서를 맡는 데에 불가함이 없다고 하였는데, 대간이 이는 연산군 때에 적당한 인재가 없어 갑자기 승진된 것이라고 하며 계속 반대하여 결국 임명이 철회되었다.《中宗實錄 3年 12月 28日, 4年 1月 2日 · 10日》

3 왕존(王尊)과 조광한(趙廣漢) : 모두 한(漢)나라의 경조윤(京兆尹)을 맡았던 사람

사람들은 구준(寇準)과 한기(韓琦)[4] 같은 중신을 얻었다고 기뻐한다. 백옥 씨가 세속을 다스릴 수 있음이 이와 같고, 백옥 씨가 큰 직임을 맡을 수 있음이 이와 같고, 나라에서 백옥 씨에게 훗날의 성과를 기대함이 이와 같으니, 백옥 씨는 어찌 중대한 자리에 처하여 자신이 배운 바를 미루어 넓힐 것을 생각하지 않겠는가. 내가 이에 백옥 씨에 대한 이전의 나의 믿음이 실제에도 그러한지를 살펴볼 수 있었다.

함경도는 우리나라의 북쪽 관문으로 말갈족과의 접경이다. 성 인근의 오랑캐는 비록 들어와서는 복종하더라도 밖에서는 사납게 굴고 개나 쥐와 같은 도적들은 전후로 몰래 일어나니, 잘 방어하여 지키고 위엄으로 억누르는 것이 군사 전략상 가장 중요하다. 나라가 남북에 절도사를 두어 변방의 일을 통섭하게 하는데 관찰사가 또 이를 겸한다. 지대가 또 높고 추우니, 비록 산을 등지고 바다를 접하여 물산이 넉넉하기는 하지만 토지가 척박하고 백성들이 가난하여 지공(支供)에 응하는 것도 힘들어한다. 정사를 공평히 하고 요역을 균일하게 하며 백성을 보살피고 생활을 윤택하게 하는 것이 관찰사가 전담해야 할 임무이다. 그렇다면 관찰사의 정사는 군사와 백성의 일을 겸하는 것이니, 백성에게 다가갈 수 있는 문인으로서의 재능과 적에게 위엄을 보일 수 있는 무인으로서의 능력이 없는 자라면 누가 감당할 수 있겠는가. 그러나 백옥 씨는 한 가지에 국한되는 그릇이 아님을 내가 잘 알고 있다. 백옥

들로 많은 치적이 있었다. 《漢書 王尊傳, 趙廣漢傳》

4 구준(寇準)과 한기(韓琦) : 구준은 송(宋)나라의 재상으로, 거란이 침입하였을 때 진종(眞宗)에게 직접 출정할 것을 권하고 함께 출정하여 거란을 물리치고 화친을 맺고 돌아왔다. 《宋史 寇準列傳》 한기는 송나라의 명신으로 군무(軍務)에도 뛰어나 변방에서 서하(西夏)를 방어하는 데 큰 공을 세웠다. 《古今事文類聚 外集 卷7 驚賊破膽》

씨는 힘써 노력하여 사람들로 하여금 다시는 뒷말이 없도록 하라. 지금 그 부임의 행차에서 사람들에게 말을 구하여 스스로를 경계하고서 나에게 그 첫머리에 서문을 써 줄 것을 요청하였기에 내가 감히 말이 없을 수가 없다.

《삼탄집》 서[5]

三灘集序

옛사람들이 시문의 득실을 논한 것은 잘 갖추어져 있으면서도 상세한데, 그 큰 요체는 식견이 높으면서도 뜻이 원대하고 기운이 굳세면서도 이치가 우세하여, 비속하거나 천박하지 않고 교묘히 꾸미거나 난해하게 표현하지 않아 자연스럽고도 진솔한 것을 훌륭하다 여긴 것에 불과하다.

시는 갱가(賡歌)와 아송(雅頌)으로부터 이후로 이백(李白), 두보(杜甫), 소식(蘇軾), 황정견(黃庭堅)[6]에 이르러서 여러 양식이 모두 갖추어졌고, 문은 은반(殷盤)과 주고(周誥)[7]로부터 이후로 반고(班固), 사마천(司馬遷), 한유(韓愈), 구양수(歐陽脩)[8]에 이르러서 고문

5 삼탄집(三灘集) 서(序) : 《삼탄집》은 이승소(李承召, 1422~1484)의 문집이다. 그의 본관은 양성(陽城), 자는 윤보(胤保), 호는 삼탄이다. 문과에 합격하여 이조 판서, 형조 판서 등을 역임하였다. 《삼탄집》은 1515년(중종10) 함흥(咸興)에서 목판으로 간행되었는데, 신용개의 서문 외에 남곤(南袞)의 서문도 함께 수록되어 있다. 《韓國文集叢刊解題 1輯 三灘集》

6 이백(李白)……황정견(黃庭堅) : 이백과 두보는 당(唐)나라의 대표적인 문인이고, 소식과 황정견은 송(宋)나라의 대표적인 문인이다.

7 은반(殷盤)과 주고(周誥) : 은반은 《서경》〈상서(商書)〉의 편명인 〈반경(盤庚)〉을 말하며, 주고는 《서경》〈주서(周書)〉의 편명인 〈대고(大誥)〉, 〈강고(康誥)〉, 〈주고(酒誥)〉 등을 말한다.

8 반고(班固)……구양수(歐陽脩) : 반고는 동한(東漢)의 역사가로 《한서(漢書)》를 지었고, 사마천은 서한(西漢)의 역사가로 《사기(史記)》를 지었으며, 한유는 당나라의

(古文)이 다시 흥성하였다. 그 외에 웅혼(雄渾), 아결(雅潔), 간고(簡古), 심후(深厚) 등 각각의 품격을 얻어 스스로 일가를 이룬 사람 또한 세상에 많지는 않으니, 시문을 지으면서 비속하거나 천박하고, 교묘히 꾸미거나 난해하게 표현하며, 메마르거나 거칠고, 초라하거나 빈약한 지경으로 떨어지지 않고서 대가의 반열에 오르는 것이 이에 또한 어려운 것이다.

내가 어려서부터 듣기에 삼탄(三灘) 대로(大老)의 기상과 품격은 온화하고 순수하며 간결하고 깨끗하여, 명망이 조정에서 중시되었을 뿐만이 아니라 크게는 문장으로 국가의 성대함을 울려 퍼지게 하였다고 한다. 이에 뒤늦게 태어나서 직접 책상을 마주하여 정연한 의론을 접하지 못한 것을 늘상 한스러워하였다. 간혹 제영(題詠) 사이에서 그분의 시를 보게 되면 그분의 성취가 고원하였다는 것을 알게 되어 항상 정밀하면서 깊이가 있고 전아하면서 힘이 있는 것에 감복하였으며, 또 저작의 전체를 볼 수 없음을 탄식하였다.

그러던 어느 날 공의 맏아들인 희(熙)가 영천군(榮川郡)의 수령이 되어 임지로 떠나려 하면서, 공이 남긴 시문의 원고 전체를 나에게 가지고 왔다. 나에게 서문을 써 줄 것을 부탁하며 말하기를,

"선인(先人)이 평소에 늘 문장을 자임하였고, 당시의 관리와 선비들은 선인을 태산(泰山)과 북두(北斗)처럼 떠받들었습니다. 그리하여 사가(四佳), 괴애(乖崖), 사숙(私淑)[9] 세 분의 대가들과 나란히 내달

대표적인 문인이고, 구양수는 송나라의 대표적인 문인이다.

9 사가(四佳), 괴애(乖崖), 사숙(私淑) : 각각 이승소와 동시대의 문인인 서거정(徐居正), 김수온(金守溫), 강희맹(姜希孟)의 호이다.

리면서 한 발짝도 뒤처지지 않았습니다. 그런데 세 대가의 시문은 모두 관청에서 간행하여 세상에 퍼졌는데 제 선인의 저작들만 버려져 수습되지 못하였습니다. 안타깝고 답답한 마음에 간행하려고 하는데, 만약 후세에 전할 만하다고 생각한다면 부디 서문을 써서 이 뜻을 드러내 주십시오."

하였다. 내가 항상 공의 원고 전체를 보지 못하여 온축된 깊은 뜻을 살펴보지 못함을 탄식하였는데 지금 다행히 볼 수 있게 되었으니, 책의 앞머리에 나의 이름을 올리는 것이 어찌 행운이지 않겠는가. 다만 내가 성품이 게으르고 게다가 관청의 일이 바빠 틈이 없다 보니 책을 끝까지 다 읽지 못하여 서문 짓는 일을 마치지 못한 지 거의 2, 3년이나 되었다. 지금 다시 요청하는 말을 듣고서는 부끄러운 마음에 땀이 저절로 흘러내렸다.

아, 공의 시문을 살펴보니 옥을 품고 있어 산이 빛나는 것과 같고 갠 봄날에 구름이 피어오르는 것과 같아, 겉으로는 담박하지만 속은 풍미가 돌고 표현은 지금의 말이지만 뜻은 옛날에 있다. 평탄하여 평지를 걸어가는 듯하고 끝내 험준함을 만나더라도 반걸음도 법도를 잃지 않으며 바람과 물결이 잔잔하다가도 돌에 부딪쳐 큰 물결은 하늘까지 치솟으니, 사탕수수를 씹으며 깊은 맛을 찾아 들어가는 것[10]과는 함께 살펴볼 수 있지만 마름 열매와 가시연밥이 입을 마구 찌르는 것[11]과는

10 사탕수수를……것 : 음미할수록 깊은 맛을 느낄 수 있음을 말한다. 진(晉)나라의 고개지(顧愷之)가 사탕수수를 먹을 때 상단부터 먹었는데, 어떤 이가 그 이유를 묻자 "맛난 부위에 점점 가까워지기 때문이다."라고 답하였다.《古今事文類聚 後集 卷27 漸入佳境》

11 마름……것 : 문장의 난삽함을 말한다. 송나라 매요신(梅堯臣)의 시에, 평담(平

함께 논할 수가 없다.

공의 저작들은 참으로 식견이 높고 뜻이 원대하여 자연적으로 얻어진 가운데서 나와 대가의 반열에 오른 것이니, 어찌 사가(四佳) 등 여러 대가보다 못하겠는가. 세상에 퍼져 후세에 전해질 것임은 의심할 것이 없다. 또 어찌 그저 세상에 퍼져 후세에 전해지기만 하겠는가. 시문을 배우는 사람들의 규범이 되어 한 시대 문치(文治)의 성대함을 끝없이 드날릴 것이 아마 이 저작들에 있을 것이다.

맏아들이 지금 간성(杆城)의 수령으로 있는데, 분명 이것을 판목(板木)에 새겨 영원히 전하고자 할 것이다. 이후에 관동(關東)의 종잇값이 크게 올라갈 것임을 내가 알겠노라.[12]

정덕(正德) 연간 계유년(1513, 중종8) 선달 초순에 고령(高靈) 신용개가 삼가 서문을 짓노라.

澹)의 경지에 이르는 것이 어렵다는 의미로 "껄끄러운 말이 원숙하지 못하여, 마름 열매와 가시연밥이 입을 마구 찌르는 듯하네.〔苦辭未圓熟, 刺口劇菱芡.〕"라고 하였다. 《宛陵集 卷28 依韻和晏相公》

12 이후에……알겠노라 : 《삼탄집》을 서로 베끼느라 종이가 귀해져 값이 올라갈 것이라는 말이다. 진(晉)나라의 좌사(左思)가 〈삼도부(三都賦)〉를 지었는데, 처음에는 크게 인정을 받지 못하다가 대학자인 황보밀(皇甫謐)이 서문을 써 준 뒤로, 많은 사람이 그 작품을 베끼려 하여 낙양(洛陽)의 종이가 귀해져 값이 크게 올랐다고 한다. 《晉書 文苑列傳 左思》

응제로 지은, 열 가지 조목을 쓴 병풍에 대한 서
應製十條書屛序

삼가 살펴보건대, 상(商)나라의 탕왕(湯王)은 목욕하는 그릇에 글을 새겨 날마다 새롭게 함으로써 스스로를 면려하였고,[13] 주(周)나라의 무왕(武王)은 단서(丹書)의 경계를 받고서 지팡이, 자리, 거울, 대야, 기둥, 창문, 창, 칼 등에 글씨를 새겨 공경과 게으름으로써 스스로를 경계하였습니다.[14] 상나라의 탕왕과 주나라의 무왕은 모두 성인으로서 경계하여 두려워하고 돌이켜 반성하고 성심으로 바르게 하는 공효가 이미 본성을 회복하는 경지에 이르렀으니,[15] 당연히 생각에 조금의 어긋남도 없고 행동에 조금의 어그러짐도 없었을 것입니다. 그런데도 오히려 뜻이 쉽게 풀어지지 않을까를 두려워하고 게으름이 혹시나 생겨나지 않을까를 걱정하여 경계하는 말을 항상 마음과 눈앞에 두고, 공경히 두려워하는 생각을 잠시도 마음에서 풀어놓지 않았습니다. 도

13 상(商)나라의……면려하였고 : 《대학장구》 전(傳) 2장에 "탕왕의 반명(盤銘)에 '진실로 어느 날 새롭거든 나날이 새롭게 하고 또 새롭게 하라.' 하였다."라고 하였다.

14 주(周)나라의……경계하였습니다 : 단서는 주나라 문왕(文王) 때 참새가 물고 와 전하였다고 하는 붉은색으로 쓰인 글로 "공경이 게으름을 이기는 자는 길하고 게으름이 공경을 이기는 자는 망하며, 의로움이 사욕을 이기는 자는 이치에 순하고 사욕이 의로움을 이기는 자는 흉하다."라는 내용인데, 무왕이 여상(呂尙)에게 전하여 듣고는 주변의 기물에 이 말을 새겨 경계로 삼았다고 한다. 《呂氏春秋 銘類》《古今事文類聚 別集 卷8 武王之銘》

15 상나라의……이르렀으니 : 《맹자》 〈진심 하(盡心下)〉에 "요(堯) 임금과 순(舜) 임금은 본성대로 하셨고, 탕왕과 무왕은 본성을 회복하셨다."라고 하였다.

가 쌓이고 덕이 닦여서, 중화(中和)를 지극히 하여 천지 만물이 제자리를 잡고 잘 길러질 수 있도록 하는 공효를 이루었으니,[16] 이것이 탕왕과 무왕이 성인이 된 이유이며 후세 사람들이 미칠 수 없는 것입니다.

잡으면 보존되고 놓으면 풀어지는 기미를 알고 성인과 광인을 구분하려면 일반 사람의 경우에도 모두 풀어진 마음을 거두려는 힘을 지극히 하여 스스로 갈고닦는 공부를 다해야 합니다. 하물며 임금은 모든 변화가 자신에게 매여 있어 하나라도 생각이 싹트고 하나라도 언행이 드러나 사물과 응하게 되는 바로 그때에 백성들이 따르느냐 어기느냐가 달려 있고 나라가 다스려지느냐 혼란스럽게 되느냐가 달려 있으니, 그 중요함이 또 어떠하겠습니까. 진(秦)나라와 한(漢)나라 이후로는 명철한 임금이 나오지 않았으니, 비록 때때로 어진 임금과 중등의 임금이 있어서 자신을 수행하여 남을 다스리려는 뜻과 정사에 임하여 잘 다스려지기를 바라는 마음을 가지기는 하였으나 그 결과와 행동이 지극히 선한 경지에까지 이를 수 있었던 사람은 항상 적었습니다. 당(唐)나라의 헌종(憲宗)은 귀감이 될 만한 전대 군신의 사적을 모아 병풍에 썼고, 선종(宣宗)은 《정관정요(貞觀政要)》를 병풍에 써서 항상 낯빛을 바르게 하고 두 손을 모아 공손히 읽었습니다. 그리고 송(宋)나라의 태조(太祖)는 왕소소(王昭素)에게서 "세상을 다스리는 데는 백성을 사랑하는 것보다 더 나은 것이 없으며, 자신의 몸을 기르는 데는 욕심을 적게 하는 것보다 더 나은 것이 없습니다."라는 말을 듣고는 병풍과 안석에 그 말을 썼고, 인종(仁宗)은 《효경(孝經)》의 천자장(天子章),

16 중화(中和)를……이루었으니 : 《중용장구》 제1장에 "중화를 지극히 하면 천지가 제자리를 잡고 만물이 잘 길러지게 된다."라고 하였다.

효치장(孝治章), 성치장(聖治章), 광요도장(廣要道章) 네 개의 장을 그림으로 만들었고, 효종(孝宗)은 《상서(尙書)》의 경천(敬天)에 관한 일을 엮어 〈경천도(敬天圖)〉를 만들었고, 이종(理宗)은 무일편(無逸篇)을 베껴 네 개의 그림으로 만들어 걸었습니다. 모두 스스로 자신의 좌우에 두고서 아침저녁으로 살피며 반성하였으니, 남에게서 취하여 선을 행하고 경계로 삼아 삼가고 힘쓰는 마음이 또한 절실하였습니다. 그러나 이들은 모두 속으로는 마음을 보존하고 본성을 기르며 덕을 공경하는 근본이 없었습니다. 이 때문에 그 마음을 드러내어 일을 행하고 정사에 펼칠 때 혹 경계하고 반성하던 것에서 어긋나서 자신을 이루고 남을 이루어 주는 공이 결국엔 삼대의 성군에게 부끄러운 점이 있게 되었습니다. 이는 모두 배움이 순일하지 못하고 마음이 바르지 않아서 진실하고 밝으며 힘써 행하는 실제가 없었기 때문입니다.

삼가 생각해 보건대 우리 성상께서는 요(堯) 임금과 순(舜) 임금 같은 자질을 가지고서 순수하고 전일한 마음으로 중도를 잡으시어[17] 시종일관 학문에 전념하면서도 덕에 나아감을 깨닫지 못하고서 오히려 자만하지 않고 있습니다. 그리하여 날마다 세 번 경연(經筵)에 나아가 수신(修身)과 제가(齊家)와 치국(治國)과 평천하(平天下)의 도를 연마하고 치란과 득실의 근원을 탐구하고 있습니다. 경(敬)으로 안을 곧게 하고 의(義)로 밖을 반듯하게 하는 것과 조심하고 두려워하며 경계하고 삼가는 것을 감히 조금도 소홀히 하지 않으니, 덕을 밝히고 백성을 새롭게 하는 극치[18]가 장차 삼황오제보다 못하지 않을 것입니

17 순수하고……잡으시어 : 《서경》〈대우모(大禹謨)〉에 "인심(人心)은 위태롭고 도심(道心)은 은미하니, 순수하고 전일하여야 진실로 그 중도를 잡으리라."라고 하였다.

다. 그러나 성스러움은 저절로 성스럽게 되지 않기에 마음을 공격하고 도를 해치는 것이 많고 또 마음이란 위태롭고 은미하며 잡으면 보존되지만 놓으면 없어져 지키기 어렵다는 것을 염려하시어, 경연의 시종신에게 명하여 옛사람들의 아름다운 말과 훌륭한 행실을 모아 병풍에 써서 바치라고 하여 장차 이것을 성찰의 바탕으로 삼고 경계와 모범으로 삼고자 하셨습니다. 이는 선을 추구함이 무궁하고 발전을 도모함이 끝이 없어서 사특함을 막고 바름을 확립하며 독실히 학문하는 뜻이 지극한 것입니다.

병풍의 글은 모두 열 가지 조목인데, '도학을 밝힌다〔明道學〕'는 그 근본을 세우는 것이고, '마음을 바르게 한다〔正心術〕'는 그 근원을 닦는 것이고, '경외하는 마음을 높인다〔崇敬畏〕'는 그릇되고 편벽된 마음이 들어오지 못하게 하는 것이고, '편안히 즐기려는 마음을 막는다〔防逸欲〕'는 나태하고 방탕한 생각이 생기지 않도록 하는 것이고, '언행을 조심한다〔謹言行〕'는 안팎이 한결같아 백성이 준칙이 있는 것이고, '기량을 넓힌다〔弘器量〕'는 덕이 포용함이 있어 도가 저절로 넓어지는 것이고, '밝게 살핌을 경계한다〔戒聰察〕'는 일에 체모가 있어 아래에서 어기지 않는 것이고, '간쟁을 받아들인다〔納諫諍〕'는 귀와 눈을 열어 선악을 알 수 있는 것이고, '가득 찬 것을 두려워한다〔懼盈成〕'는 가득하고 넘치는 것을 경계하여 이루어진 업적을 지키는 것이고, '힘써 행함을 귀하게 여긴다〔貴力行〕'는 실제의 행동을 돈독히 하여 성공에 이르는 것입니다. 이는 모두 마음을 맑게 하고 나라를 다스리는 요체이지

18 덕을……극치 : 《대학장구》 경(經) 1장에 "대학의 도는 밝은 덕을 밝히고 백성을 새롭게 하고 지극히 선한 곳에 그치는 것이다."라고 한 말을 인용한 것이다.

만 '도학을 밝힌다'와 '마음을 바르게 한다'가 이 전체를 통괄하는 중심입니다. 성상께서 만약 자리 가까운 곳에 이를 펼쳐 두고서 항상 이를 바라보며 유념하여 경계하고 살피신다면 계속 이어 밝힌 전날의 공효가 이후에는 이로 인하여 더욱 밝아져 요 임금, 순 임금, 우왕(禹王), 탕왕, 무왕 같은 경지에 이르지 않고서는 그치지 않을 것이니, 얻어지는 바가 어찌 적다 할 수 있겠습니까.

삼가 생각건대, 황명(皇明)의 태조(太祖)가 내전(內殿)이 다 완성되자 박사인 웅정(熊鼎)에게 명하여 옛사람들의 행실과 사적 가운데에 경계로 삼을 만한 것들을 종류별로 엮어 벽에 쓰게 하였고, 또 시종신에게 명하여 《대학연의(大學衍義)》를 문묘(文廟)의 동무(東廡)와 서무(西廡) 양쪽 벽에 쓰게 하고는 말하기를 "전대의 궁실엔 대부분 그림을 그렸으나 나는 이 글을 써서 조석으로 살펴보는 바탕으로 삼고자 하니, 이것이 어찌 단청을 칠하는 것보다 낫지 않겠는가." 하였습니다. 이것이 바로 성상께서 금일 병풍에 글을 쓴 뜻이니, 아, 아름답다 하겠습니다.

옛말에 이르기를 "아는 것이 어려운 것이 아니라 행하는 것이 어렵다."라고 하였습니다. 이 병풍의 글을 살피는 것이 비록 스스로 경계하는 뜻이기는 하나 참으로 독실히 행하는 공력이 없다면, 이는 육경(六經)을 드러내 밝히고서도 힘써 행하라는 신생(申生)의 말을 싫어하다가 결국 그릇된 마음이 끼어들어 신선이 되기를 구하고 상서(祥瑞)를 좋아하며 군대를 모두 모아 사방의 오랑캐를 공격하느라 천하가 고갈되게 만든 한 무제(漢武帝)와 같을 뿐이니, 그렇다면 비록 병풍이 있더라도 빈껍데기뿐인 말이 무슨 도움이 되겠습니까.

삼가 바라건대 성상께서는 항상 이것을 생각하며 열 배는 더 노력하십시오. 그리하여 후인들로 하여금 장차 이 병풍에 대해, 당송(唐宋)의 여러 임금들이 병풍에 쓰고 그림으로 그려 스스로 경계하였지만 실제로는 아무 얻은 것이 없었던 것과는 같은 등급으로 논하지 않도록 하실 것을 그지없이 바랍니다. 신이 절하고 머리를 조아리고서 쓰는 바입니다.

《안락당집》 서[19]

顔樂堂集序

소리는 마음에서 나오고 시(詩)는 바로 뜻을 말한 것이다. 시는 참으로 성정(性情)에서 발현되어 소리에 드러나니 시를 살펴보면 또한 그가 어떠한 사람인지를 알 수 있다. 온화한 사람은 그 말이 펴져 통하고 편협한 사람은 그 말이 막히고 치우치며, 활달한 사람은 표현이 자유롭고 곤궁하고 근심하는 사람은 말이 애달프다. 그리고 식견이 높지 않으면 뜻이 천근하고, 이(理)가 더 성하지 않으면 기(氣)가 막힌다.

아, 대아(大雅)가 사라지고부터 여러 저작이 매미가 울어 대듯 나왔지만, 온화하고 순수하면서도 장엄하고 법도에 맞아 즐거우면서도 지나치지 않고 슬프면서도 화기(和氣)를 손상하지 않아서 멀리서나마 풍아(風雅)의 경지를 엿볼 수 있는 것은 겨우 한둘을 꼽을 수 있을 뿐이다. 그리고 뜻을 세우고 말을 만들면서 거만하지도 않고 비속하지도 않아 정중하고 바름에 가까운 것도 세상에 그리 많지는 않다. 아, 문장이 세도(世道)에 따라 내려가고 사람들의 취사도 같지 않으니, 봄날의 화려함을 즐기면서 가을의 결실을 잊고 피부를 가꾸면서 골수

19 안락당집(顔樂堂集) 서(序) : 《안락당집》은 김흔(金訢, 1448~1492)의 문집이다. 그의 본관은 연안(延安), 자는 군절(君節), 호는 안락당이다. 김종직(金宗直)의 문인이며, 문과에 급제하여 홍문관 직제학 등을 역임하였다. 《안락당집》은 김흔의 아들 김안로(金安老)가 편집하고 1516년(중종11) 영주 군수(榮州郡守) 권오기(權五紀)의 주관으로 간행되었는데, 남곤(南袞)과 강혼(姜渾)의 서문만 실려 있고 신용개의 이 서문은 실려 있지 않다. 《韓國文集叢刊解題 1輯 顔樂堂集》

를 내버려 두는 것들이 모두 이와 같은 경우이다. 피부와 화려함을 멀리하고 골수와 결실을 추구하며 곧장 바른 물결로 거슬러 올라갈 수 있는 자가 있다면 비록 그가 오묘한 경지에는 이르지 않았더라도 내가 오히려 드러내 칭찬할 것이니, 하물며 또 전아함에 가까운 경우는 어떠하겠는가.

내가 소싯적에 안락당의 명성을 들었는데 뛰어난 재주와 굳건한 기상으로 옥당에서 아름다움을 떨쳐 한 시대의 문사들로부터 높이 받들어졌다고 한다. 그 이름을 흠모하며 우러러 공경만 하다가 얼음처럼 맑고 옥처럼 빛나는 모습을 직접 보게 되어서는 맑은 기운이 옆에 있는 사람에게까지 밀려왔으니 그 내면에 온축된 바가 있다는 것을 바로 알게 되었다. 그리하여 내가 뒤에 태어나서 선생의 정연한 의론을 직접 접하며 남은 향취를 느낄 수 없었음을 한스럽게 생각하였다. 금년 봄에 선생의 맏아들(김안정(金安鼎))을 통하여 선생이 남긴 시문을 볼 수 있었는데, 온화하고도 엄격하고 맑으면서 환한 것이 하나도 가려낼 것이 없는 합포(合浦)의 진주와도 같고 흔한 옥돌마저도 모두 훌륭한 품질인 곤산(崑山)의 옥과도 같았다. 근래의 작자 중에 깊고 넉넉하며 화려한 경우는 혹 있지만 법도가 있으면서 전아하고 굳셈은 선생에게 양보하지 않을 수가 없다.

선생은 마음속에는 규범이 있고 말에는 편벽되거나 방탕함이 없어 안으로는 의리가 성하고 밖으로는 화려함을 일삼지 않았으니, 비록 곱씹어 내뱉는 작은 말이라도 말류의 세속과는 섞이지 않으려 하였다. 또 안락(顔樂)[20]이란 말로 집에 편액을 하여 그 뜻을 세웠으니, 그 뜻이

20 안락(顔樂) : 안연(顔淵)의 즐거움이란 말로, 안빈낙도(安貧樂道)를 의미한다.

발현되어 글로 표현된 말들은 자연히 성정의 바름에 거의 가까울 수 있다. 그러므로 전아함에 가까워 곧장 바른 물결로 거슬러 올라갔다고 말하더라도 또한 지나친 것이 아니다. 후인들이 만약 선생이 간직하였던 깊은 뜻을 찾아보고자 할 경우에는 남긴 글을 읽어 보면 그 대략을 알 수 있으니, 이것이 내가 그의 저작을 중요하게 여기고 그의 인품에 감복하는 이유이다.

애석하게도 천상의 누각을 빨리 지으려고 재촉하여 하늘이 인재를 이 땅에 남겨 두지 않았다. 만약 선생에게 몇 년의 시간을 더 보태주어 문장에 크게 힘을 쓸 수 있도록 하여 견해가 더욱 넓어지고 식견이 더욱 높아지고 재주가 더욱 원숙해지게 하였다면, 옛날 대가로 꼽히던 사람들의 뒤를 이어 크게 전아함을 한 시대에 울려 퍼지게 하였을 것이니, 그 소득이 어찌 여기에 그치고 말았겠는가. 사람들 중에는 내면에 확립된 것이 없이 잘 쓰이지 않는 말, 천근한 말, 세롭고 교묘한 말 등을 제멋대로 구사하며 한 구절 한 글자에서 재주의 우열을 다투며 자신을 자랑하는 자가 있는데, 이들은 선생의 문장을 통하여 분명 부끄러운 줄을 알게 될 것이다.

계유년(1513, 중종8) 5월 하순에 송계(松溪)의 이요정(二樂亭)에서 신용개가 삼가 서문을 쓰노라.

《논어》〈옹야(雍也)〉에, 공자가 안연의 덕을 칭찬하며 "한 그릇의 밥을 먹고 한 표주박의 물을 마시면서 좁은 골목에 사는 것에 대해 사람들은 그 근심을 견디지 못하는데, 안회(顏回)는 그 즐거움을 고치지 않는구나."라고 하였다.

발 跋

《의문정요》 발

醫門精要跋

이 《의문정요》는 《의방유취(醫方類聚)》를 바탕으로 하여 번잡한 것은 줄여 간략함을 취한 책입니다. 《의방유취》는 도합 266권인데, 우리 세종대왕(世宗大王)이 처음 편집을 시작하였고 세조(世祖)와 성종(成宗) 등 여러 성군을 거쳐 책이 완성되었습니다. 여러 처방을 다 모으고 여러 증상을 갖추어 논하였으니, 실로 의가(醫家)라는 큰 바다에서 방향을 알려 주는 지침이라 하겠습니다. 그러나 분량은 많고 인쇄된 수량은 적어 중외에서 거의 보기 어려우니, 의원들도 전체를 관통하여 보지 못하는 문제점이 있었습니다.

우리 성종대왕께서는 대왕대비와 왕대비[21] 두 분을 봉양하였는데 효성이 천성적으로 지극하였으니, 그분들의 장수와 건강을 위한 일이라면 무엇이든 극진히 하였습니다. 의술과 약에 대한 책들을 두루 펼쳐

21 대왕대비와 왕대비 : 세조의 비(妃)인 정희왕후(貞熹王后)와 추존된 덕종(德宗)의 비인 소혜왕후(昭惠王后)를 가리킨다. 성종이 즉위한 뒤에 각각 자성대왕대비(慈聖大王大妃)와 인수왕대비(仁粹王大妃)가 되었다.

보고 깊이 생각하셨는데, 백성을 사랑하고 세상을 구제하려는 마음이 마침내 작고 먼 데까지 미쳤습니다. 이에 《의방유취》의 양이 너무 많은 것을 염려하여 간략히 요약할 것을 생각하였으니, 이는 의원들이 쉽게 의술을 익히고 사람들이 두루 살펴볼 수 있기를 바란 것이었습니다. 마침내 홍치(弘治) 6년인 계축년(1493, 성종24)에 내의원 도제조 허종(許琮)에게 명하여 번잡한 것을 쳐 내고 핵심적으로 요약하도록 하여, 간소하여 인쇄하기 쉽고 요약되어 익히기 쉽게 하였습니다. 소략하고 번잡한 내용을 가감하는 것은 모두 성상의 재결을 거쳤고, 또 이름을 하사하여 《의문정요》라 하였습니다. 편찬이 막 끝났을 때 허종이 세상을 떠나자 다시 병조 참판 권건(權健)과 이조 참의 김심(金諶)에게 명하여 상세히 교정하도록 하였는데, 완성에 이르기 전에 성종께서 승하하셨기에 교정 작업이 수년 동안 멈추었습니다. 그리고 우리 주상 전하께서 선왕의 뜻을 이어 드디어 내의원에 명하여 편찬된 것을 교정해서 50권으로 만들고 부문을 87항목으로 나누라고 하셨고, 이어 저에게 명하여 발문을 쓰라고 하셨습니다.

신이 생각건대, 사람은 음양과 오행의 기운을 받아 몸이 이루어지고 혈맥(血脈)과 경락(經絡)과 영위(營衛)가 있어서 몸뚱이를 단단하게 하지만, 추위와 더위가 밖에서 흔들어 대고 기쁨과 성냄 등의 감정이 안에서 공격하여 기(氣)가 한번 균형을 잃으면 잠깐 사이에 병이 생깁니다. 옛날의 성현들이 사람을 오래 살게 하려는 마음을 가지고서 병을 고치는 방법을 생각하고 어떤 약과 음식이 합당한지를 분별하여 그 요점을 모으고 그 방술을 널리 알렸으니, 이에 의술을 연구하는 사람들이 전문적으로 일삼아 그 내용들을 서술하였습니다. 이 때문에 몸은 하나이지만 병은 백 가지나 되었고 병은 백 가지이지만 약은 천 가지나

되었으니, 의술이 후대로 내려올수록 처방이 더욱 많아지게 되었습니다. 신농(神農)이 《방서(方書)》를 짓고 황제(黃帝)가 《내경(內經)》을 지은 이후로 의학의 경전이 대대로 늘어났고, 한(漢)나라 시대에 이르러서는 찬술된 의서가 이미 18종에 권수가 도합 490여 권이었습니다.[22] 이후에 저술이 다시 배로 늘었으나 세상에 편작(扁鵲)과 창공(倉公)[23] 같은 명의는 없고, 세상에 이름난 사람이라 하더라도 처방에 따라 약을 정하고 백 번 치료하여 한 번 낫게 하는 것에 불과하였습니다. 이들도 오히려 그 책들을 두루 익히지 못하여 어떻게 조처해야 할지 우왕좌왕하는데, 하물며 재주가 떨어지는 자들은 어떠하겠습니까. 이것이 《의문정요》가 요점이 간추려진 이유입니다.

책이 간략해져서 쉽게 인쇄되면 장차 널리 멀리 배포되어 누구나 볼 수 있게 되고 모든 의술이 익숙해질 것이니, 아마도 쇠약하고 병든 자들이 모두 온전한 사람이 될 수 있어서 백성들은 병에 시달리는 재앙이 없고 세상은 편안히 오래 살 수 있는 곳이 될 것입니다. 효심에서 비롯된 선왕의 은혜를 성상께서 잘 계승하였으니, 온 나라의 후세가 모두 그 아름다움을 누릴 수 있는 것은 또한 이로 말미암아 더욱 커질 것입니다.

22 한(漢)나라……권이었습니다 : 《한서(漢書)》 〈예문지(藝文志)〉에 소개된 의서를 말한다. 방기략(方技略)의 의경류(醫經類)에 《황제내경(黃帝內經)》 18권 등 7종 216권이 소개되었고, 경방류(經方類)에 《오장육부비십이병방(五臟六府痺十二病方)》 30권 등 11종 274권이 소개되었다.

23 편작(扁鵲)과 창공(倉公) : 의술이 뛰어나 명의(名醫)의 대명사로 불리는 사람들로, 편작은 전국 시대 진완(秦緩)을 일컫는 말이고, 창공은 한나라 때 태창장(太倉長)이라는 벼슬을 지낸 순우의(淳于意)이다.

홍치 17년 갑자(1504, 연산군10) 4월 모일에 가선대부 예조 참판 신 신용개가 절하고 머리를 조아리고서 삼가 발문을 씁니다.

내직 발

內職跋

신이 삼가 살펴보건대, 옛날 후궁(後宮)의 직함은 역대로 호칭이 달랐고 덜고 줄이며 바꾸어 수도 일정하지 않았습니다. 그러나 모두 가까이서 모시고 내전에서의 일을 담당하기 위한 것이었습니다. 우리 조정의 내명부(內命婦)는 1품부터 9품까지 모두 18등급이 있고 그 직함은 34개입니다.[24] 수가 이미 한정이 있어 나머지는 명칭이 없고, 5품 이하는 또 모두 명칭을 가지고서 일에 종사하는데[25] 받드는 일을 구별할 수 없어 사람들이 다르게 일컬었습니다. 순서에 따라 성씨로 구별하였으니 성이 같으면 혼동하기 쉽고, 품계의 순서에 따라 직무로 명명하였으니 직무가 비슷하면 구별하기가 어렵습니다.

이에 우리 주상 전하께서 이러한 부분의 구별을 생각하시고 또 거듭 고쳐 법을 만들고서, 이조와 예조에 명하여 법전에 등재된 명부(命婦) 이외에 내직의 명칭을 따로 지어 쉽게 구별할 수 있도록 하였습니다. 신들이 삼가 명을 받고서 위로 역대의 궁직(宮職)을 가려 뽑아 같고 다른 것을 비교하며 살핀 뒤에 이름과 뜻을 잘 살펴 정하여 모두 170개를 대상으로 열거하여 올렸습니다.[26] 그러자 마침내 따로 인쇄할 것을

24 우리……34개입니다 : 《경국대전(經國大典)》의 내명부 항목에는 정1품인 빈(嬪)부터 종9품인 주변궁(奏變宮)까지 35개의 직함이 제시되어 있다. 여기서 34개라고 한 것은 착오가 있는 것인지, 제도의 변화 등 다른 기준이 있는 것인지 자세하지 않다.

25 5품……종사하는데 : 상복(尙服), 상식(尙食), 전의(典衣), 전약(典藥) 등 맡은 직무로 명칭을 삼았다.

명하여 내전의 고찰에 참고할 수 있도록 하였고, 이어 저에게 명하여 그 끝에 발문을 쓰라고 하셨습니다.

신이 삼가 살펴보건대, 주(周)나라에는 6궁(宮), 1후(后), 3부인(夫人), 9빈(嬪), 27세부(世婦), 81어처(御妻)를 두었으니[27] 모두 약 130명이고, 당(唐)나라는 그 수를 그대로 따랐으나 이름은 달랐고 또 6상(尙)을 두어 복식과 수레를 나누어 담당하게 하였습니다. 그러나 모든 직무는 몇 사람이 겸하고 사람마다는 다른 호칭이 없이 수천 수백 년을 지내 왔습니다. 오늘에서야 명칭과 자리가 비로소 갖추어져 이로부터 직무마다 각각 사람이 있고 사람마다 각각 호칭이 있게 되었으니, 아마도 거의 명칭이 쉽게 구분되어 직무가 섞이지 않을 것이고 교화가 쉽게 이루어져 사람들이 스스로 조심할 줄 알게 될 것입니다. 내치의 교화가 태임(太妊)과 태사(太姒)[28]보다 월등할 것이고 수신(修身)과 제가(齊家)의 기르침으로 집괴 나라를 다스릴 수 있을 것입니다.[29] 〈관저(關雎)〉와 〈인지(麟趾)〉의 아름다운 뜻으로 《주관(周官)》의 법도를 시행

26 신들이……올렸습니다 : 《연산군일기》 10년 3월 4일의 전교에 "내명부의 직함 170개를 인쇄하여 책을 만들어 대궐로 들이라." 하였다.

27 주(周)나라에는……두었으니 : 《예기》 〈혼의(昏義)〉에 보이는 내용으로 "옛날에 천자의 후(后)는 6궁(宮), 3부인(夫人), 9빈(嬪), 27세부(世婦), 81어처(御妻)를 두어 천하의 내치(內治)를 관장하여 부인의 유순한 덕을 밝혔으니, 이 때문에 안이 화목해지고 집안이 다스려졌다."라고 하였다.

28 태임(太妊)과 태사(太姒) : 주나라 문왕(文王)의 어머니와 비(妃)로, 부덕(婦德)을 지닌 왕후의 표상이다.

29 수신(修身)과……것입니다 : 《시경》 〈대아(大雅) 사제(思齊)〉에 "나의 아내에게 모범이 되어 형제에게 미치고 그 덕화로 집과 나라를 다스린다.〔刑于寡妻, 至于兄弟, 以御于家邦.〕"라고 한 말을 인용한 것이다.

하는 것[30]은 다시 이로 인하여 더욱 융성해질 것이 분명하니, 아름답지 않겠습니까.

홍치(弘治) 17년(1504, 연산군10) 4월 모일에 가선대부 예조 참판 신 신용개가 절하고 머리를 조아리고서 삼가 발문을 쓰는 바입니다.

30 관저(關雎)와……것 : 송(宋)나라의 학자 정호(程顥)가 "반드시 〈관저〉와 〈인지〉의 뜻을 지닌 뒤라야 《주관》의 법도를 행할 수 있다."라고 하였다. 《近思錄 卷8》 〈관저〉와 〈인지〉는 《시경》의 편명으로 모두 문왕의 비인 태사의 인후함을 노래한 시이다. 《주관》은 주나라의 관제(官制)를 기록한 책이다.

〈수양오로도〉[31] 발

睢陽五老圖跋

응제(應製)로 임금의 병풍에 쓰다.

명예는 사람이 추구하는 것이지만 조물주는 그것을 꺼립니다. 작록(爵祿)은 명예가 그 안에 있기 때문에 나아가기를 기뻐하는 자가 사양하지를 못합니다. 옛날에 영달을 바라는 사람들은 혹은 성공하여 명예를 이루었지만 물러날 줄을 모르고, 혹은 연로하여 뜻이 나태해졌지만 그만둘 줄을 몰라 벼슬길에서 부침하다가 늙어 죽은 뒤에야 그만두었습니다.

송(宋)나라 기국공(祁國公) 두연(杜衍)은 굳세고 바르며 청렴하고 검소하여 승상의 지위에까지 오를 수 있었는데 임금을 보익한 바가 많았습니다. 그러나 겨우 70세에 벼슬을 그만두겠다는 글을 올리고서 물러나 수양(睢陽)에 머무르며 10년간 여유로운 생활을 하였습니다. 옷차림도 검소하여 애초 높은 벼슬을 한 적이 없는 사람처럼 지냈으며 왕환(王渙), 필세장(畢世長), 주관(朱貫), 풍평(馮平)과 함께 오로회(五老會)를 결성하여 서로 즐겁게 술 마시고 읊조리며 심지(心志)를 길렀습니다. 왕환 등 여러 공 또한 모두 높은 벼슬을 지내고 나이가

31 수양오로도(睢陽五老圖) : 송나라 지화(至和) 3년인 1056년에 두연이 왕환 등과 함께 결성한 모임을 수양오로회라 하는데, 이때의 모임을 소재로 그린 그림이다. 참가한 인원은 80세의 두연, 90세의 왕환, 94세의 필세장, 88세의 주관, 87세의 풍평이었다. 《古今事文類聚 卷45 睢陽五老圖詩幷序》《이요정집》 권4에 이에 대한 시가 실려 있다.

많았는데 일에서 물러나 한가롭게 지내면서 그 연회의 성대함에 스스로 만족하였습니다. 사람들이 선망하여 모습을 그리고 아름다움을 기록하여 마침내 수양의 훌륭한 자취가 이루어졌으며, 구양영숙(歐陽永叔)이 일찍이 그 시에 화운하여 찬미하였습니다.[32] 전명일(錢明逸)은 두연이 맑은 덕과 아름다운 덕망을 지녔기에 승상을 지냈으면서도 이 모임에 참여한 것이라고 하였습니다. 그리고 이어 그 일을 기록하여 서문을 지어 "백낙천(白樂天)은 낙양(洛陽)에 거처하면서 구로회(九老會)를 결성하였는데,[33] 지금을 옛날과 비교해 볼 때 찬란함과 아름다움은 그때보다 더욱 크고 높을 것이다."라고 하였으니, 그 뜻이 여기에 있습니다.

신이 삼가 살펴보건대, 송나라가 천하를 차지하고서 점차 태평한 시대로 접어들었고, 인종(仁宗)이 또한 현명한 군주였기에 당시 훌륭한 군자들은 모두 조정에 등용되기를 원하였습니다. 그런데 이 다섯 노인은 높은 관직을 헌신짝 버리듯이 하고 함께 편안히 장수를 누리며 천수를 즐겼으니, 명예를 이루었지만 물러날 줄을 모르고 연로하여 뜻이 나태해졌지만 그만둘 줄을 모르는 자들과 비교해 볼 때 현명하기 그지없습니다. 만약 정사가 바른길을 잃고 도가 통하지 않아 나라에

32 구양영숙(歐陽永叔)이……찬미하였습니다 : 구양영숙은 송나라의 문장가인 구양수(歐陽脩)로, 영숙은 그의 자이다. 그의 문집인 《문충집(文忠集)》에 〈차관오로시차운위사(借觀五老詩次韻爲謝)〉라는 제목으로 화운시가 실려 있다.

33 백낙천(白樂天)은……결성하였는데 : 당(唐)나라의 시인 백거이(白居易)가 무종(武宗) 회창(會昌) 연간에 형부 상서(刑部尙書)를 그만두고 고향인 향산(香山)에서 호고(胡杲), 길민(吉旼), 유진(劉眞), 정거(鄭璩), 노진(盧眞), 장혼(張渾), 이원상(李元爽), 승려 여만(如滿) 등 8인과 즐긴 모임을 향산구로회(香山九老會)라고 한다.

많은 변고가 있었다면, 두연처럼 막중한 책임을 맡고 있던 사람이 절대 늙음을 이유로 물러날 수 없었을 것이며, 고향의 옛집에서 편안히 즐기는 일도 어찌 보장할 수 있었겠습니까. 지도(至道) 연간에 재상을 지낸 이방(李昉)이 노인 9명과 함께 백낙천의 옛 규식을 따라 행하고자 하였으나 촉(蜀) 지방에서 일어난 반란이 평정되지 않아 끝내 뜻을 이루지 못하였습니다.[34] 그렇다면 이는 실제 태평한 시대의 성대한 일이니 천 년이 지난 뒤에도 미담으로 여기는 것은 당연하다 하겠습니다.

우리 성상께서는 한가히 지내는 여가에 노인들의 모임에 관한 고사를 보고는, 거기에 태평 시대의 즐거움이 있음을 즐거워하고 또 두연 같은 이가 떠남을 애석해하셨습니다. 이에 그림을 본떠 그리도록 명하여 갖추어 살펴볼 수 있도록 하였으니, 이 치세를 즐거워하고 현자를 애석해하는 뜻은 실로 우리나라가 무궁한 아름다움을 누릴 수 있는 기조가 될 것입니다. 신이 삼가 절하고 머리를 조아리고서 쓰는 바입니다.-시는 위에 보인다.- 찬(贊)은 다음과 같습니다.

나아가고 물러남에 얽매임이 없어서 進退無累
펼치고 거둬들임에 자신을 따랐으며 舒卷由己
마음이 형체의 부림을 받지 않았기에 心不形役
만족함을 알고 그쳐야 함을 알았다네 知足知止

34 지도(至道)……못하였습니다 : 지도는 송나라 태종(太宗)의 연호로 995년부터 997년까지이다. 지도 1년인 995년에 이방이 벼슬에서 물러나 백거이의 향산구로회를 본떠 당시 70세가 넘은 장호문(張好問) 등 8명과 함께 구로회를 결성하고 잔치를 열어 모임을 갖고자 하였으나, 촉 지방에서 일어난 반란 때문에 그만두었고, 다음 해에 이방이 세상을 떠나 끝내 모임이 열리지 못하였다.《古今事文類聚 卷45 至道九老》

저 영욕의 부침에 놀라는 이들이여	彼驚寵辱
잃을까 근심하니 비루하다 하겠구나[35]	患失可鄙
아득히 하늘 멀리 날아간 기러기[36]는	冥冥者鴻
뽕나무와 가래나무 위에 모이었구나[37]	集于桑梓
고향의 동산은 고요하고도 후미지고	丘園靜僻
주변의 산수는 맑으면서도 그윽한데	泉石淸幽
여유롭고 한가하게 만년을 보내노니	優游暮歲
바로 다섯 노인의 아름다움이어라	五老之休
머리 허연 백발의 노인들이지만	鶴髮龜息
소나무의 푸르름 계절과 상관없으니	松翠無秋
좋은 날과 한가한 때에 함께 모여	佳辰暇日
술잔 들어 노래하며 서로 권하누나	觴詠相酬
세속의 얽매임에서 완전히 벗어나	脫爾羿彀
어찌해 보려는 마음 모두 끊고서	絶爾機關

35 잃을까……하겠구나 : 벼슬을 잃을까 근심하는 자들을 비판하는 말로, 《논어》 〈양화(陽貨)〉에 "비루한 사람과는 더불어 임금을 섬길 수 있겠는가. 자리를 얻기 전에는 얻을 것을 근심하고 얻고 나서는 잃을까 근심한다. 잃을까 근심한다면 하지 못할 짓이 없겠구나."라고 하였다.

36 아득히……기러기 : 속세를 초월하여 떠나는 것을 비유하는 말로, 양웅(揚雄)의 《법언(法言)》에 "기러기가 아득한 하늘로 날아가면 주살을 쏘는 사람이 어찌 잡을 수 있겠는가.〔鴻飛冥冥, 弋人何簒焉?〕"라고 하였다.

37 뽕나무와……모이었구나 : 두연 등이 벼슬을 떠나 고향에서 유유자적 연회를 즐겼던 일을 가리킨다. 뽕나무와 가래나무는 조상 대대로 살아온 고향을 비유하는 말로, 《시경》 〈소아(小雅) 소반(小弁)〉에 "부모님이 심은 뽕나무와 가래나무도 반드시 공경해야 한다.〔維桑與梓, 必恭敬止.〕"라고 하였다.

명예도 이익도 마음에 두지 않으니 不名不利
누가 나의 한가함 빼앗을 수 있겠나 誰奪我閑
자취는 한나라 소광에서 비롯되어[38] 軌方漢疏
행적은 향산의 모임을 뒤좇았는데[39] 迹追香山
정신이 깃들어 있는 그림 속에는 傳神繪素
천년을 그대로인 모습들이 있어라 千載容顔

38 자취는……비롯되어 : 한 선제(漢宣帝) 때 태자태부(太子太傅)였던 소광(疏廣)이 부귀영화가 가득한 것을 경계하며 병을 핑계로 사직하고는 고향으로 돌아가 친척 및 친구 들과 잔치를 베풀며 노년을 즐겼다고 한다. 《漢書 疏廣傳》

39 행적은……뒤좇았는데 : 백거이의 향산구로회를 본떠 모임을 결성하였다는 뜻이다. 향산구로회는 38쪽 주33 참조.

〈낙양기영회도〉[40] 발

洛陽耆英會圖跋

응제(應製)로 임금의 병풍에 쓰다.

송나라의 노국공(潞國公) 문언박(文彦博)이 판하남부(判河南府)의 직임을 맡고 있을 때에 당나라 백낙천(白樂天)의 고사를 모방하여 물러나 쉬고 있는 낙양(洛陽)의 어진 사대부들과 함께 상치회(尙齒會)를 결성하였습니다. 사마광(司馬光)은 비록 나이가 70세가 되지 않지만 평소 덕망이 높았기에 불러 모임에 함께 참여하도록 하였습니다. 왕공신(王拱辰)은 집이 낙양에 있었지만 북도(北都)의 유수(留守)를 맡고 있었는데 편지를 보내어 그 무리에 끼기를 원하였으니, 모임에 함께 참여한 사람은 한국공(韓國公) 부필(富弼) 이하 모두 13인이었습니다. 나이와 덕망이 모두 높았기에 사람들이 기영회라 불렀습니다. 모임에는 규약이 있었는데 사치하지 않고 단출하게 하는 것이었습니다. 노공이 주최자로서 먼저 모임을 개최하고 이어 차례로 잔치를 열었습니다. 그리고 자성원(資聖院)에 기영당(耆英堂)을 짓고는 민인(閩人)인 정환(鄭奐)을 시켜 그 안에 초상을 그려 영원히 전해지도록 하였습니다.

낙양에는 이름난 동산과 경치 좋은 곳들이 많은데 여러 노인들이

40 낙양기영회도(洛陽耆英會圖) : 송나라 원풍(元豊) 5년인 1082년에 문언박이 부필, 사마광 등과 함께 당나라 백거이(白居易)의 향산구로회(香山九老會)를 모방하여 낙양의 연로자 13인으로 구성하여 술을 마시며 즐긴 모임을 낙양기영회(洛陽耆英會)라 하는데, 이때의 모임을 소재로 그린 그림이다. 《宋史 文彦博列傳》《이요정집》 권3에 이에 대한 시가 실려 있다.

창안(蒼顔)과 백발의 모습으로 점잖게 위용을 차리고 근엄하게 의관을 갖추자 연회를 열 때마다 고을의 사람들이 모여들어 그 광경을 보고는 서로서로 감탄하고 부러워 흠모하면서 "태평 시대에 보기 드문 아름다운 일이니, 아, 성대하도다."라고 하였습니다. 제공(諸公)이 각각 시를 지어 뜻을 말하고 사마씨(司馬氏 사마광)가 그 일에 대해 서(序)를 작성하였으니, 천년이 지난 지금도 그 시를 읊조리고 그 서를 읽으면서 그때의 풍취를 상상할 수 있습니다.

신은 삼가 생각건대, 당나라 말기와 오대(五代) 시대에는 쇠잔함과 혼란이 극에 달하였다가 송나라가 흥기하고 나서야 비로소 천하가 안정되었습니다. 태조(太祖)로부터 태종(太宗), 진종(眞宗), 인종(仁宗), 영종(英宗)을 거치면서 백여 년 동안 정치와 교화를 잘 이루자 수많은 선인 군자가 등용되어 나라에는 안팎으로 근심이 없어졌고 백성들은 편안히 살 수 있게 되었습니다. 이후 신종(神宗)이 황위를 계승하고서는 마음을 가다듬어 일을 행하였으나 뜻은 커도 재주가 모자라 결국 왕안석(王安石)에 의해 잘못된 길로 가고 말았습니다. 법과 제도를 바꿔 천하 백성들은 울부짖으면서 살고자 하는 의지를 잃었으며, 조정에서는 신법(新法)을 반대하다가 쫓겨난 덕망 있는 원로들과 바른 뜻을 가진 신하들이 아침저녁으로 계속 이어졌습니다. 예컨대 문언박, 부필, 사마광 같은 이들은 실로 천하에서 두터운 신망을 받던 사람들이라 이들의 거취는 국가의 흥망에 크게 관계되는데, 이들이 모두 소인배에게 배척당하여 함께 한가한 곳에 거처하면서 그저 여유롭게 모임을 가지며 세월을 보내기만 하였으니, 이는 실로 치세(治世)의 부끄러움입니다. 어찌 이것을 두고 태평 시대의 아름다운 일이라 말할 수 있겠습니까.

삼가 생각건대 우리나라는 열성(列聖)께서 잇달아 왕위를 계승하여 인의로써 교화를 펼쳐 풍속이 아름다워지고 다스림이 융성해졌으며, 현자를 높이고 인재를 양성하여 중외에 두루 포진시켰습니다. 노성한 신하들과 덕망 있는 선비들은 서로 왕의 교화를 찬양하고 화락한 다스림을 함께 보전하고 있으며, 성상께서는 해마다 봄가을로 좋은 날에 기영회를 베풀어 술과 음악을 하사하여 이들을 영화롭게 하니 이것이 실로 태평 시대의 성대한 일입니다. 어찌 원풍(元豐) 연간 낙양에서의 모임과 비교할 수 있겠습니까. 지금 우리 성상께서 이 그림을 보면서 어진 신하를 버리고 간사한 소인배를 등용하였던 신종의 잘못을 경계하며 어진 이를 등용하고 사특한 자를 물리치는 것이 치란의 기틀이 됨을 살펴, 어진 이들이 아무 일 없는 곳으로 물러나 개인적인 즐거움만을 누리게 하지는 말도록 하신다면, 우리나라는 삼황오제와 같은 다스림을 이루어 앞으로도 변함없이 더욱 번영할 것입니다. 신이 삼가 절하고 머리를 조아리고서 쓰는 바입니다.-시는 위에 보인다.- 찬(贊)은 다음과 같습니다.

수풀 동산은 아름답고 林園之秀
꽃과 대나무 무성하여 花竹之茂
지세 빼어나고 경치 아름다운데 地勝景麗
또 덕망 있는 노인들 많이 모였네 又多耆舊
노인들의 모임 비록 오래되었으나 齒會雖古
문언박과 부필에 이르러 성대하여라 盛於文富
관직도 높고 덕도 높은 데다 官尊德卲
아울러 연치도 많았네 兼高年壽

아, 열세 분의 현인이여　猗十三賢
당시에 명망이 두터웠으니　時望之重
나라를 근심하고 백성을 근심하며　憂國憂民
듬성듬성 백발이 성성하여라　星鬢種種
잔치를 열어 마음껏 즐기고　開筵賞心
봄날의 꽃들 언덕을 뒤덮는데　春榮被壟
그대로의 모습 그림으로 들어와　傳眞上繪
보는 이 경외심을 일으키게 하네　瞻者起竦
술통에는 향기로운 술이 있고　樽有香醴
시에는 고아한 생각이 담겼으니　詩有雅想
여유롭게 술잔 들어 노래하고　優游觴詠
그 기상이야 점잖고 화평하네　雍容氣像
노공과 한공이 훈업을 지니고　潞韓勳業
사마광이 덕망과 기량을 지녀　司馬德量
앞자리에 있고 뒷자리에 있으니[41]　弁首殿後
사람들이 사모하여 우러르네　人所景仰

41 노공(潞公)과……있으니 : 노국공에 봉해진 문언박이 최초에 모임을 주도하였고, 한국공에 봉해진 부필이 가장 나이가 많았으며, 사마광은 70세가 되지는 않았지만 덕망이 높았기에 모임에 초빙되어 가장 적은 나이로 함께한 것을 말한다.

〈향산구로도〉[42] 발

香山九老圖跋

응제(應製)로 임금의 병풍에 쓰다.

옛날 사람들 중에 한적한 곳에 집을 짓고 고요히 지내면서 유유자적 노년을 보냈던 사람들이 있으니, 이는 모두 욕심을 버리고서 남들과 다투지 않는 사람이라야 할 수 있는 일입니다. 그러나 드러난 자취는 같더라도 일은 다르니, 담박하게 마음을 비우고서 전일하게 참된 마음을 보존하는 것은 마음을 세상 밖에 두는 사람이 하는 일이고, 이름과 행적을 감추고서 깊이 몸을 숨겨 자신의 본모습을 보존하는 것은 자신을 온전히 하면서 세상을 피한 사람의 일입니다. 그 종적이 잘 드러나지 않아 알 수 있는 사람이 거의 없지만, 행하고 숨는 것을 때에 맞게 하여 나아가서는 세상에 쓰임이 되고 노년이 되어 사직하고서는 물러나 천성을 기르는 것은 명교(名敎)에서의 즐거움의 경지이며 사람들이 또한 사모하는 것입니다.

당나라 회창(會昌) 연간[43]에 형부 상서(刑部尙書) 백거이(白居易)가

42 향산구로도(香山九老圖) : 백거이(白居易)가 주도한 향산구로회(香山九老會)를 소재로 그린 그림이다. 향산구로회는 38쪽 주33 참조. 1512년(중종7)에 도화서(圖畫署)에서 〈향산구로도〉를 그린 병풍을 임금에게 올리자 대제학인 신용개에게 서(序)와 시(詩)를 짓도록 하였고, 참판 강징(姜澂)에게 글씨를 쓰도록 하였다. 《中宗實錄 7年 10月 30日》《이요정집》 권3에 이에 대한 시가 실려 있다.

43 당나라 회창(會昌) 연간 : 회창은 당나라 무종(武宗)의 연호로 841년부터 846년까지이다. 백거이가 처음 호고(胡杲) 등 노인들을 초치하여 함께 즐긴 때가 회창 5년인

나이가 들어 벼슬을 사직하고서 옛날에 살던 동쪽 지방으로 돌아와 못에 물을 대고 누각을 지었으며 또 향산(香山)에 팔절탄(八節灘)을 파고서[44] 치사(致仕)한 호고(胡杲) 등 노인들과 교유하며 상치회(尙齒會)를 결성하여 서로 즐겼습니다. 당시 백거이는 이미 74세였고 다른 노인들은 모두 그보다 나이가 많았지만,[45] 늙은 얼굴과 흰머리로 술잔을 기울이고 노래를 읊조리면서 춤추며 즐겼습니다. 비록 고을의 노인 이원상(李元爽)과 승려 여만(如滿)은 이후에 이르렀고 적겸모(狄兼謩)와 노정(盧貞)은 나이가 그 반열에 미치지는 못하였지만,[46] 이는 실로 세상에 드문 아름다운 광경이었습니다. 당시 사람들이 이 일을 사모하여 그림으로 그렸고 후세에 전해지면서 따라 하였으며 지금까지도 아름다운 일이라 칭송하고 있습니다. 그 그림을 모방하면서 그들의 나이와 모습을 상상해 보니 노인들의 당시 기상을 직접 보는 것 같습니다.

신이 삼가 생각건대 회창 연간은 성세가 아니었습니다. 모임에 참여

845년 3월이다.

44 향산(香山)에 팔절탄(八節灘)을 파고서 : 팔절탄은 낙양(洛陽) 인근 용문담(龍門潭) 남쪽의 여울로 처음에는 바위가 많아 이곳을 지나던 배들이 자주 파손되었는데, 회창 4년인 844년에 백거이가 마을 사람들과 힘을 합쳐 바위를 제거하여 배가 잘 다니도록 하였다. 《白氏長慶集 卷37 開龍門八節石灘》

45 당시……많았지만 : 함께 모인 노인들의 나이는 호고가 89세, 길민이 88세, 유진이 87세, 정거가 85세, 노진이 83세, 장혼이 77세로 모두 백거이보다 나이가 많았고, 나중에 합류한 이원상은 136세, 여만은 95세였다고 한다.

46 고을의……못하였지만 : 백거이가 처음 노인들을 초치하였을 때인 회창 5년 3월에는 이원상과 여만이 참여하지 않았는데 이후 여름에 이 둘을 참여시켜 구로회(九老會)가 되었으며, 적겸모와 노정은 모임에 참여는 하였으나 당시 나이가 70세가 되지 않았기에 노인의 반열에 포함되지는 않았다. 《古今事文類聚 卷45 唐九老詩幷序》

했던 노인들 대부분이 높은 벼슬을 지내기는 했지만 기억될 만한 업적이 있지는 않고 오직 백거이만 바른 도를 지니어 떨쳐 일어나 끝내 지조를 보전하며 스스로를 높였고, 나이가 많아져 한가로이 은퇴한 뒤에 자기들끼리 즐겼던 것인데도 이처럼 사람들의 칭송과 사모의 대상이 되었습니다. 이에 비하면 지금 우리 조정은 성상께서 명철하고 다스림이 융성하여 모든 사람이 천수를 누릴 수 있는 세상이 크게 열려 조정에는 덕이 높은 노신(老臣)이 많고 마을에는 장수한 사람들이 즐비합니다. 해마다 기영회(耆英會)와 양로회(養老會)를 베풀어 태평 시대의 성대한 일을 화려하게 꾸미고 있으니 노인을 공경하는 교화는 깊이 사람들을 감화시키고 있습니다. 게다가 다른 시대 신료들의 상치회까지도 아름답게 여겨 그림을 그려 병풍을 만들라 명하시어 갖추어 살펴볼 수 있도록 하셨습니다. 백성들을 흥기시키고 후세에 가르침을 전하는 것은 말이나 그림으로는 이루 다 드러내지 못할 바가 있으니, 이 또한 그 연유를 기록하지 않을 수 없는 것입니다. 신이 삼가 절하고 머리를 조아리고서 쓰는 바입니다.-시는 위에 보인다.- 찬(贊)은 다음과 같습니다.

늙은 봉황새[47] 날개를 달고	老鳳有翼
하늘 기러기[48] 행로 찾으니	冥鴻得路
한적한 생활에 마음은 충만한데	居閑意足
반기는 이도 머리털이 세었구려	眼靑髮素

47 늙은 봉황새 : 승상 등 높은 지위에 있는 사람을 비유한다.

48 하늘 기러기 : 속세를 벗어나 고원한 뜻을 가진 선비를 비유한다.

아아, 이러한 여러 노인들이 猗玆群老
산수 벗하는 높은 흥취로다 煙霞高趣
외물은 나를 옭아맬 수 없고 物不我累
남들은 나를 거스르지 않네 人不我忤
잔치를 열어 노인 존경하고 開筵尙齒
나의 천수를 내가 즐기나니 樂我天齡
취하다 깨다 술자리 즐기는 遊遨醉醒
구름 가득한 숲속 정자로다 雲洞林亭
또한 여기에 노승도 있으니[49] 亦有老禪
학과도 같고 거북과도 같네 鶴骨龜形
함께 모이어 노년을 보내니 來同卒歲
휘영청 밝게 노인성 빛나네 輝映壽星
시를 지어서 마음 드러내고 詩寫襟懷
그림 그려서 모습을 전하니 繪傳儀像
솔 같은 자태 대 같은 음성은 松姿竹韻
천년을 잇는 울림과 그림자 千載影響
성대한 모임 찾기 어려우니 勝會難尋
사람은 가고 일도 지나갔네 人去事往
향산의 구름 멀기도 하지만 香山雲遠
아련한 상상 불러일으키네 起予遐想

49 또한……있으니 : 구로회의 일원인 여만은 95세의 승려였다.

이명중의 《관동행록》[50] 말미에 쓰다

書李明仲關東行錄跋

우리 동방의 명승 유적은 관동(關東) 지역이 제일이다. 내가 소싯적부터 한번 유람하고 싶었지만 그러지 못한 채 지금 백발이 되고 말았다. 남들이 기이한 승경을 말하는 것을 들을 때마다 마음이 영동(嶺東)에 있지 않은 적이 없었다. 명중 씨의 행록(行錄)을 얻은 뒤로는 승경을 남김없이 담아 낸 것을 즐기고 순정하고 고풍스러운 율격을 애호하여 항상 책상머리에 펼쳐 두고서 읊조리며 그 맛을 음미하였다. 비록 그 지역에 직접 가 보지는 못하였지만 마음과 눈이 모두 열려 이미 그곳의 아름다운 경치들을 알게 되었으니, 어떻게 이 행록이 나를 여기에 이르게 할 수 있었는가.

예나 지금이나 시를 짓는 사람들을 살펴보면 대부분 표현을 잘하려고만 하고 실제를 추구하지 않아 겉은 잘 꾸미면서도 안은 내버려 둔다. 큰 바다를 말하면서 강하(江河)와 뒤섞기도 하고 뱁새나 메추리 같은 작은 새를 읊으면서 붕새나 수리 같은 큰 새에 견주기도 하니, 어떻게 사람들에게 그 진상을 알게 할 수 있겠는가. 그런데 이 행록은 화려하면서도 실제를 갖추고 있고 규범에 맞으면서도 전아하여 글자

50 이명중(李明仲)의 《관동행록(關東行錄)》 : 이명중은 이우(李堣, 1469~1517)로, 본관은 진성(眞城), 자는 명중, 호는 송재(松齋)이다. 1498년(연산군4) 문과에 급제하여, 호조와 병조의 참판을 역임하였다. 《관동행록》은 그가 1510부터 1511년까지 강원도 관찰사로 나가 있으면서 관동 지방을 유람하며 지은 시 100여 수를 수록한 시집으로, 그의 문집인 《송재집(松齋集)》 권1에 수록되어 있다. 《韓國文集叢刊解題 1輯 松齋集》

이외의 뜻에 영향을 받지 않는다. 읽으며 음미하면 방을 나가지 않더라도 천 리 먼 곳에서 바다와 산의 실제 모습을 알 수 있으니, 소매 안에 동해를 가지고 있는 것이라 할 수 있겠다. 지금은 그가 도로 찾아가서 내가 가지고 있지 않으니, 나의 마음이 무언가 잃어버린 듯하다. 그저 송계(松溪)의 이요정(二樂亭)에서 이 글을 쓰노라.

지사 이칙[51]의 글씨 병풍 말미에 쓰다

書李知事則書屛尾

나는 전부터 사람들이 기이하고 예스러운 것을 좋아함을 문제로 여겼으니, 글씨는 왕희지(王羲之)와 조맹부(趙孟頫)의 것을 구하려 하고[52] 그림은 반드시 곽희(郭熙)와 이성(李成)의 것을 찾는데,[53] 얻지 못하면 당대 제일의 솜씨로 이름난 사람의 작품을 찾아 스스로 보배로 여긴다. 스스로는 그것이 벽(癖)이 된다는 것을 모르고서 이 또한 고상함과 우아함으로 이름날 수 있다고 여겼으며 남들도 그렇게 인정하곤 하였기에 예나 지금이나 이것을 법으로 따라 여기에서 벗어나는 이가 없었다.

지금 이씨 아들 형제를 살펴보니 위와 같은 세속의 습속을 털어 버리고서 홀로 선대인(先大人)이 장난삼아 쓴 옛사람의 절구시 7수를 사랑하여 병풍으로 꾸며 보배로 간직하면서 추모의 마음을 거기에 부쳐 두었다. 옛사람은 국그릇과 담장을 대하면서도 사모의 마음을 가졌으니,[54] 하물며 직접 쓴 글씨를 대하면서는 어떻게 마음을 가누겠는가.

51 이칙(李則) : 1438~1496. 본관은 고성(固城), 자는 숙도(叔度)이다. 문과에 급제하여 이조 판서, 대사헌, 지중추부사 등을 역임하였다.

52 글씨는……하고 : 왕희지는 동진(東晉)의 서예가이고, 조맹부는 원(元)나라의 서예가이다. 이들은 우리나라에서 최고의 서예가로 추앙되어 왔다.

53 그림은……찾는데 : 곽희는 북송(北宋) 시대에 활약한 화가이고, 이성은 오대(五代) 송나라 때의 화가로, 북종화(北宗畫)의 대표적인 인물들이다. 조선 전기에는 이들의 화풍이 크게 유행하였다.

선대인은 마음이 넓어 원대한 도량을 가지고 있었으니, 너그러우면서도 강직하고 산처럼 우뚝하면서도 바다처럼 관대하였다. 평생 한 점도 의롭지 않은 일을 한 적이 없어 한 시대의 추앙을 받았으니, 남겨진 글씨는 다만 하나의 흔적일 뿐이다.

공의 맏아들과 그의 형제들이 일찍이 가정에서 가르침을 받았으므로 위엄 있는 모습과 너그러운 마음을 돌이켜 생각하여 항상 마음과 눈앞에 새겨 사표(師表)로 삼고 잘 계승하여 선대인의 뜻을 욕되게 하지 않으려 하였다. 그러나 위엄 있는 모습과 너그러운 마음은 자취가 이미 사라져 모습으로 드러낼 수가 없으니, 나란 그 자취를 따라가 마음과 눈앞에 모습으로 드러낼 수 있는 것은 오직 병풍에 있는 직접 쓰신 글씨뿐이다. 그러니 어찌 이를 그만둘 수 있겠는가. 아들들이 효도의 마음이 지극하여 그 마음을 쓰지 않는 바가 없음을 여기에서 볼 수 있다. 그러나 아들들의 마음에 있는 선대인의 뜻은 이것뿐만이 아니니, 선대인의 이름이 '칙(則)'인 것을 다시 생각하라.

막내아들 요(堯)가 병풍의 말미에 써 줄 것을 간절하게 부탁하기에 마침내 송계(松溪)의 이요정(二樂亭)에서 쓰노라.

54 옛날……가졌으니 : 순(舜) 임금이 죽은 요(堯) 임금을 사모하여, 앉아서는 담장에서 요 임금을 보는 듯하고 밥을 먹을 때에는 국그릇에서 요 임금을 보는 듯하였다고 한다. 《後漢書 李固列傳》

이요정집

제9권

논論

제문祭文

의議

장狀

논 論

오자서와 범려의 우열에 관한 논
伍子胥范蠡優劣論

다음과 같이 논합니다. 지혜가 족히 책략을 잘 변통할 수 있는 이가 있고, 충심이 족히 나라의 은혜에 보답하며 임금을 흥기시킬 수 있는 이가 있고, 명철함이 족히 거취를 합당하게 할 수 있는 이가 있는데, 이 세 가지를 겸할 수 있으면 이런 사람은 천하의 선비라고 이를 만합니다. 만약 지혜는 두루 갖추었지만 충성에 마음을 다하지 않으면 그 책략은 위태로운 나라를 일으켜 세우기에 부족할 것이고, 충성에 마음을 다하더라도 혹여 명철하지 못하여 사리 판단에 어두우면 그 충심이 반드시 확립되는 것은 아니라서 결국 진퇴의 의리를 모르게 됩니다.

신이 일찍이 역사책을 읽을 적에 오원(伍員)[1]과 범려(范蠡)의 일에 이르러 그들의 행적을 깊이 고찰해 보았습니다. 오원이 오(吳)나라를 섬기면서는, 초(楚)나라를 버리고 오나라로 가서 강한 나라를 섬기고 아버지의 원수를 갚았으니 명철한 것 같고, 초나라를 격파하여 초나라의 수도인 영(郢)에 진입하고 중국의 패권을 나투었으니 지혜로운 것

1 오원(伍員) : 춘추 시대 초나라 사람으로, 자가 자서(子胥)이다.

같고, 나라를 위해 일을 계획하고 자신이 죽는 것은 고려하지 않았으니 충성스러운 것 같습니다. 범려가 월(越)나라를 섬기면서는, 이간책을 행하고 적을 교만하게 만들어 때에 맞게 잘 변통하였으니 지혜로운 것이고, 무너지고 쇠퇴한 나라를 붙들어 흥하게 하였으며 적을 무찌르고 임금을 패자(霸者)로 만들었으니 충성스러운 것이고, 공과 명성을 이룬 뒤에는 몸을 온전히 하여 물러나 보전하였으니 명철한 것입니다. 그렇다면 이 두 사람은 모두 충성스럽고 지혜롭고 명철한 선비인 듯합니다. 그런데 과연 모두 충성스럽고 지혜롭고 명철한 선비라면 오원이 그 임금으로 하여금 태재(太宰) 백비(伯嚭)를 내치고 자신의 계책을 따르도록 하여 공을 이루고 몸을 보전하지 못하였던 것[2]은 어째서이며, 범려가 월나라로 하여금 나라를 보전하여 위태롭지 않도록 하여 나라와 더불어 복을 누리지 못하고 위태로워진 뒤에 부지하고 쇠해진 뒤에 일으킨 것[3]은 어째서이겠습니까.

신이 이것을 논해 보겠습니다. 오원이 살아 있을 때에는 월나라가 오나라를 무너뜨리지 못하고 오나라가 월나라를 무너뜨렸으니 오원이 범려보다 지혜로운 것 같습니다. 그러나 오원은 범려를 이간하지 못하였지만 범려는 백비에게 뇌물을 써서 오원을 이간하였으니 오원은 또 범려보다 지혜롭지 못한 것입니다. 범려가 월나라의 상국이 되어서는 임금이 근심하자 자신의 치욕으로 여겨 충심을 다하여 오나라를 멸망

2 오원이……것 : 태재 백비는 월나라의 뇌물을 받고서 오왕(吳王)에게 오원을 참소하여 결국 오왕이 오원에게 자결을 명하도록 만들었다. 《史記 伍子胥列傳》

3 범려가……것 : 월나라는 처음에는 오나라에 패하여 월왕 구천(句踐)이 오나라에서 노예처럼 생활하였다. 이후 범려의 지략으로 귀국을 허락받고 다시 힘을 키워 결국 오나라를 무너뜨렸다. 《史記 越王句踐世家》

시키고 이미 망한 월나라를 보전시켰으니 범려는 오원보다 충성스럽습니다. 그러나 오원은 임금에게 간언을 올리다 자신의 목숨을 잃었고 범려는 문종(文種)을 이끌어 함께 떠나려고 하였으니,[4] 그렇다면 오원은 또 범려보다 충성스럽습니다. 논하는 사람들은 모두 범려가 물러난 것은 명철한 것이고 오원이 죽은 것은 명철하지 않은 것이라고 합니다. 임금과 신하는 의리로 맺어진 관계입니다. 오원은 부차(夫差)가 간언을 받아들이지 않을 것을 알고서 자신의 아들을 포자(鮑子)에게 맡기고는 마침내 돌아와 간언을 하다 죽었으니 명철하지 못한 것입니다. 범려는 구천(句踐)과 즐거움을 함께할 수 없음은 알았지만 함께 떠나자고 문종을 이끈 것이 의리가 아님은 알지 못하였으니 명철하다고 할 수 있겠습니까. 그렇다면 이 두 사람 가운데 누가 낫고 누가 못한 것이겠습니까.

아버지의 원수를 갚으려고 아버지가 환난에 처한 상황에서 도망쳤고,[5] 이전에 모셨던 임금의 시신에 채찍질을 가하였고,[6] 죽음에 이르러

4 범려는 문종(文種)을……하였으니 : 월나라가 오나라를 무너뜨린 뒤에 범려는 공이 많으면 화가 뒤따른다고 하고서 월나라를 떠났다. 이때 범려는 벗인 문종에게 편지를 보내, 월왕은 목이 길고 입은 새 주둥이 같은 관상이라 어려움은 같이할 수 있어도 즐거움은 같이할 수 없는 인물이라고 평하며 문종에게도 물러나 은거할 것을 권하였다. 《史記 越王句踐世家》

5 아버지의……도망쳤고 : 오원의 아버지인 오사(伍奢)가 참소로 옥에 갇혔는데, 초평왕(楚平王)은 후환을 없애고자 오사의 두 아들도 함께 죽이고자 하였다. 아들들이 오면 아버지를 살려 주고 오지 않으면 아버지를 죽이겠다는 평왕의 말에 오원의 형인 오상(伍尙)은 왕에게 나아가 오사와 함께 죽었고 오원은 훗날의 복수를 위해 달아났다. 《史記 伍子胥列傳》

6 이전에……가하였고 : 오원이 오왕을 도와 초나라를 정벌하였으나, 자신의 아버지

서는 임금이 자신을 알아주지 않음을 원망하며 동쪽 문에 자신의 눈을 매달아 적들이 나라를 무너뜨리는 모습을 바라보고자 하였고, 남이 자신을 이간하고 임금이 명철하지 않음을 알면서도 떠나가지 않았으니, 오원은 지혜로울지언정 충성스러운 것은 아니며 충성스러운 듯하지만 명철한 것은 아닙니다. 자신의 몸을 온전히 보전하고 해로움을 멀리하고자 임금을 평하면서 목이 길고 입이 새 주둥이 같은 상이라고 하였고, 벗인 문종이 위험에 빠질 것을 염려하여 편지를 써서 자신을 따라 떠나기를 바라면서 임금을 홀로 남겨 두도록 하였으니, 범려는 지혜로울지언정 충성스러운 것은 아니며 명철할지언정 충성스러운 것은 아닙니다.

이와 같다면 무엇을 취해야 하겠습니까. 제가 범려를 지혜롭다고 하면 사람들은 장차 범려를 충성스럽다고 할 것이며, 제가 오자서를 충성스럽다고 하면 사람들은 장차 오자서를 명철하다고 할 것입니다. 그러나 지혜가 있고 충성심이 있으면서 명철함이 없는 것은 괜찮지만 명철함이 있고 지혜가 있으면서 충성스럽지 않은 것은 옳지 않습니다. 옛사람 중에는 죽어 자신의 시신을 통해 임금의 잘못을 바로잡은 이가 있으며[7] 나라를 떠나면서도 그 임금을 마음속으로 절절히 잊지 못한

를 죽인 평왕은 이미 죽은 뒤라서 평왕의 무덤을 파헤쳐 그 시신에 300번의 채찍질을 하는 것으로 복수를 대신하였다. 《史記 伍子胥列傳》

7 죽어……있으며 : 춘추 시대 위(衛)나라의 대부인 사어(史魚)가 죽음에 이르러서도 임금에게 간언을 잊지 않은 것을 말한다. 사어가 훌륭한 거백옥(蘧伯玉)을 진출시키고 부족한 미자하(彌子瑕)를 내치려고 하였으나 간언이 받아들여지지 않았다. 사어가 병으로 죽음이 임박하였을 때 아들에게 명하여, 거백옥을 등용시키지 못하고 미자하를 내치지 못한 것은 임금을 잘 보필하지 못한 것으로 죽어서 예를 갖출 자격이 없으니

이가 있으니,[8] 오자서가 죽음을 앞두고 임금을 원망한 것이 어찌 올바른 것이며 범려가 자신이 물러나면서 벗을 이끌었던 것이 어찌 올바른 것이겠습니까. 그러나 선비에 대해 완전하기를 요구해서도 안 되고 단점을 책망해서도 안 됩니다. 신은 범려에 대해서는 지혜와 명철함을 갖추었다고 할 것이며, 오자서에 대해서는 지혜를 갖추었을 뿐이라고 하겠습니다. 오자서가 아버지를 살려야 한다는 말을 듣고서도 스스로 훗날의 일에 몸을 맡겼으며 전저(專諸)를 천거하여 공자(公子) 광(光)의 악을 키운 것[9]은 제가 취하지 않았습니다. 이간질하는 자가 "겉모습은 충성스러우나 실제는[10] 잔인한 사람"이라고 하였는데,[11] 이것이 비록 참소하는 말에서 나온 것이지만 또한 실상에 맞는 평론입니다. 범려는 그렇지 않아 그 임금이 여색에 빠져 잘못된 전철을 밟을까 염려하여

죽거든 시신을 그냥 창 아래에 두라고 하였다. 영공(靈公)이 조문을 와서 그 사실을 알고는 자신의 잘못을 뉘우치고서 거백옥을 등용하고 미자하를 내쳤다. 《孔子家語 困誓》

8 나라를……있으니 : 맹자가 제(齊)나라에서 자신의 뜻을 펼칠 수 없어 떠나면서도 혹여 왕이 마음을 바꿔 자신의 정책을 받아들여 줄 것을 기대하면서 사흘을 유숙한 뒤에야 출발하였으며, 떠나면서도 제 선왕(齊宣王)은 선정을 기대할 만한 인물이니 행여 왕이 마음을 고치기를 날마다 바라겠다고 하였다. 《孟子 公孫丑下》

9 전저(專諸)를……것 : 오원은 공자인 광이 왕을 죽이고 자신이 왕위에 오르려는 마음이 있다는 것을 알고는 전저라는 인물을 광에게 천거하고 자신은 물러나 농사를 지으며 때가 오기를 기다렸다. 이후 광은 전저를 시켜 오왕 료(僚)를 찔러 죽이고 스스로 왕위에 올랐다. 광이 바로 오왕 합려(闔廬)이다. 《史記 伍子胥列傳》

10 실제는 : 대본에는 '不'로 되어 있다. 《사기(史記)》 〈월왕구천세가(越王句踐世家)〉에 근거하여 '實'로 바로잡아 번역하였다.

11 이간질하는……하였는데 : 태재인 백비가 오왕에게 오원을 평하면서, 부형도 돌보지 않는 사람이 어찌 임금을 돌보겠느냐고 하며 겉으로는 충성스러운 듯하지만 실제로는 잔인한 사람이라고 말하였다. 《史記 越王句踐世家》

서시(西施)를 데리고 떠났으며, 제(齊)나라 왕이 자신을 상국으로 삼으려 한다는 말을 듣고서는 이를 마음에 두지 않고 집에서 생을 마감하였습니다. 이런 것들로 논해 보건대 결국 범려가 오원보다 낫고 오원은 범려보다 나을 수가 없습니다. 그 자세한 내용을 필요로 한다면 장차 충성과 지혜와 명철함 세 가지를 분별해 밝히도록 하겠습니다. 신이 삼가 논하였습니다.

"나는 강아지가 제 어미를 무는 개를 물어 어미를 구원하려는 것을 보았는데, 아무런 생각 없이 그러한 것이겠는가, 정이 있어 그러한 것이겠는가. 지금 일을 논하는 자들이 이 짐승의 생각만도 못한 것은 어째서인가?"라고 한 것에 관한 논[12]

予見犬雛救咬母咬之犬妄爲然耶有情然耶今時議事者不如此物之意若何論

연산군이 이러한 질문을 하였기에 공이 응제(應製)한 것이다.

다음과 같이 논합니다. 천지의 사이에 이치는 하나일 뿐입니다. 사람과 동물의 성품이 비록 각기 같지는 않지만 모두 하늘의 이치를 받아 생겨납니다. 그렇다면 사람과 동물에게 부여된 이치가 같겠습니까? 같지 않습니다. 하늘의 이치에서 치우치고 막힌 것을 받으면 동물이 되고, 온전하고 통하는 것을 받으면 사람이 됩니다. 치우치고 막혔기 때문에 기린과 봉황과 거북과 용이 비록 날개 달리고 털이 나고 비늘이 있고 껍질이 있는 짐승 중의 으뜸이 되고 상서로운 세상의 영물이 되지만 결국 짐승의 범위에서 벗어나지 못하며, 온전하고 통하기 때문에 사람이 만물의 영장이 되어 비록 완고하고 우둔하여 바뀌지 않는 어리석은 사람일지라도 타고난 성품을 그대로 지키는 참마음을 절로 가지고 있

12 나는……논 : 《연산군일기》 6년 11월 5일에, 연산군이 이에 관하여 승정원과 홍문관에 논(論)을 지어 올리라고 명하였다. 《해동잡록(海東雜錄)》 〈신용개〉에는, 연산군이 과거에 모비(母妃)가 폐위된 일을 노여워하여 이러한 질문을 한 것이라고 하였다.

습니다. 그렇다면 우매하여 지각이 없는 것이 모두 동물이 됨을 알겠는데 이치가 어디에 깃들며, 발굽이 있어 달리고 날개가 있어 날며 무리지어 사는 것이 모두 동물이 됨을 알겠는데 이치가 어디에 깃들겠습니까? 이는 쉽게 알 수 있는 것입니다. 범과 이리는 지극히 사나운 동물이지만 부자의 정이 사라지지 않았고, 벌과 개미는 지극히 작은 동물이지만 군신의 예가 또한 분명하고, 저구(雎鳩)는 정이 두터우면서도 분별할 줄 아는 의리를 지녔고, 까마귀는 어미에게 먹이를 물어다 주는 보은의 마음을 지녔습니다. 이것들은 모두 매우 치우치고 막힌 것들이지만 한 가닥 천리를 얻어 오히려 각기 저절로 그렇게 되는 성품을 지니게 되었으니, 어떤 동물이든 이치가 깃든 것이 이와 같습니다. 게다가 만물의 성품에서 우선으로 얻어 가장 가깝고 절실한 것은 부자간의 사랑입니다. 생명이 있는 경우 반드시 이러한 정이 있어서 모든 행동이 그런 것입니다.

지금 저 강아지가 제 어미가 다른 개에게 물리는 것을 보고는 사랑하여 구원하려는 마음이 절로 생겨나 자신의 힘이 미약하다는 것도 깨닫지 못하고 달려가 구원하면서 짖으며 물었으니, 정에 지극함이 있어 저절로 그칠 수 없었던 것입니다. 이러한 때에 이 강아지는 오직 어미를 구원해야 한다는 것만을 알고 다른 것은 알지 못하였으니, 성품에서 발현되어 자신이 하는 행동을 스스로 알지 못한 것입니다. 동물은 지각이 없어 아무 생각 없이 행동이 나오는 것이라고 누가 말하겠으며, 동물은 사리에 어둡고 완고하여 하늘에서 부여받은 성품이 없다고 누가 말하겠습니까. 대개 이치가 동물에게 깃들어 있기에 동물이 그 치우친 것을 얻었으면서도 이처럼 저절로 그렇게 되는 천리를 잃지 않았으니, 그렇다면 사람이 여러 이치가 갖추어진 성품을 받고서 어찌 그것을 확충하여 온전히 할 생각을 하지 않겠습니까. 하늘이 삼강(三綱)과 오상(五常)의 도리를 사람에게 성품으로 부여하였고 사람은 그 도(道)를 얻어 사람이 되었으니, 사람이 살면서 애초 누군들 부모를 모시며 효도하려 하지 않겠으며 임금을 모시며 충성하려 하지 않겠습니까. 집안에서 효도하여 나라로 충성을 옮겨 가는 것인데, 혹 그러하지 못하는 자는 본성을 잃은 것이지 하늘이 유독 그 사람에게만 부족하게 준 것이 아닙니다. 어리석어 분별하지 못하고, 완고하고 사나우며, 사특하고 이익을 탐하며, 악하고 도리를 거스르는 마음을 가지고 있는 것이 아니라면 스스로 기약하는 것은 모두 충성과 효도를 근본으로 할 뿐입니다. 이와 같지 않다면 짐승만 못한 것입니다.

그렇다면 지금 일을 논하는 자들의 말은 제 어미를 구원한 개와 비교해 볼 때 어떻겠습니까. 그것이 같은지 다른지는 신이 알 수 없으나, 그 의론을 통하여 그 끝을 궁구하고 이치상 합당한지를 살펴보면 의론하는 자의 마음을 알 수 있습니다. 대체로 보면 어진 신하가 임금을 모시면서는 마음가짐이 성실하고 성심으로 관직을 수행하여 일을 논하면서는 도리에 어긋나지 않고 권면과 간언은 반드시 정도를 따릅니다. 그리고 가부를 잘 헤아려 일을 이루고 시비를 바탕으로 논쟁하여 임금으로 하여금 순 임금과 문왕 같은 성효(聖孝)와 덕업을 이루도록 합니다. 또 지금 세상에 가르침을 베풀되 그 복록이 후세에 전해져 순 임금과 문왕처럼 만세의 표준이 되도록 하며, 허물이 없는 곳으로 이끌어 지성(至聖)의 경지에 이르도록 합니다. 그러니 그 말을 들어 보면 비록 임금의 뜻에 맞춘 적은 없으나 그 마음은 바로잡아 구원하는 데에 절실하지 않은 적이 없습니다. 그러나 아첨을 일삼고 비위를 맞추는 자들은 그렇지가 않습니다. 마음가짐이 사특하고 구차스럽게 관직을 수행하여 일을 논하면서는 윗사람의 뜻에 부합하기만을 힘쓰고 권면과 간언은 정도를 따르지 않으니, 논의하는 것을 들어 보면 비록 귀에 거슬리는 적은 없지만 그 마음을 궁구해 보면 모두가 아첨하며 총애를 공고히 하려는 것들입니다. 비록 그렇지만 위에 명철한 임금이 있으면 아래에는 자연히 아첨하는 신하가 없을 것입니다.

신이 삼가 살펴보건대, 요(堯)와 순(舜)이 임금이 되어서는 그 덕이 하늘과 같고 그 명철함이 해와 같아서 조정에 있는 사람들은 마땅히 그 뜻을 그대로 따르기에도 겨를이 없어 임금을 바르게 경계하는 일이 없었을 듯하지만, 말하고 의논하는 때에 사악(四岳), 고요(皐陶), 기(夔), 익(益), 직(稷) 등이 서로 경계하고 서로 반대하였던 것은 다른 이유가 아니라 임금을 사랑하는 성심이 말하고 의논하는 사이에 드러나 임금의 덕이 날로 향상되고 쇠퇴하지 않기를 바란 것입니다. 그 경계하고 반대한 것은 전혀 요순의 단점이 되지 않고 도리어 요순의 지극한 덕의 풍도가 됩니다.

지금 우리 성상께서는 덕이 요순과 비견되고 명철함이 요순과 비견되어 요순의 다스림을 이루고자 마음먹고 계시니, 아래에 있는 사람 중 대신(大臣)은 항상 성상을 도와 성취시키고 바로잡아 보좌하려는 마음을 가지며, 소신(小臣)은 항상 몸과 마음을 다하여 직무에 충실하고자 합니다. 비록 사악, 고요, 기, 익, 직만큼은 못할지라도 그 마음은 성상께 성심을 다하지 않은 적이 없으니, 요순의 교화를 함께 보전하며 길이 요순의 신하가 되기를 기약하고 있습니다. 일이 생겨 권면하고 간언하는 때에 혹 성상의 뜻과 다른 의견이 있을지라도 마음으로는 지극히 합당한 방안에 도달하기를 추구할 뿐입니다. 어찌 성명한 임금께서 위에 계시는데 신들이 감히 충성과 효성에 마음을 두지 않는 경우가 있겠습니까. 만약 이와 같지 않다면 이는 짐승만도 못한 것이고, 하늘이 부여한 천성을 잃은 것입니다. 명철함을 가진 요순에게서 어찌 도망갈 수 있겠으며, 어미를 구원한 개에게 어찌 부끄러움이 없겠습니까. 신이 이 때문에 "그 의론을 통하여 그 끝을 궁구하고 이치상 합당한지를 살펴보면 의론하는 자의 마음을 알 수 있다."라고 말한 것이니, 개와는 비교할 것이 못 됩니다. 삼가 논합니다.

의 議

왜노를 송환하는 것이 좋을지 남겨 두는 것이 좋을지에 대한 의론[13]

倭奴送留便否議

조정에서 서울에 당도한 왜노와 도중에 있는 왜노를 송환하는 것이 좋을지 남겨 두는 것이 좋을지를 처음 논의할 때에, 신은 이 왜노들은 비록 삼포(三浦)의 반란 이전에 올라온 자들이지만 이 역시 반란의 무리이니 송환하여 적병을 이롭게 해서는 안 된다는 의견을 올렸는데, 조정에서는 여러 사람들의 의견을 따라 모두 송환하도록 하였습니다. 그리고 이후 다시 논의할 때에, 신은 다른 왜인은 보내더라도 이라다라(而羅多羅)는 삼포에 오래 거주하였으며 또 계략이 많고, 충주(忠州)

13 왜노(倭奴)를……의론 : 1510년(중종5) 4월 4일에 제포(薺浦)의 항거 왜추(恒居倭酋)인 대조마도(大趙馬道)와 노고수장(奴古守長) 등이 대마도주(對馬島主)의 지원을 받아 왜인 4, 5천 명을 거느리고서 폭동을 일으켜 제포 등이 함락되는 일이 있었는데, 이후 조정에서는 관에 머물게 했던 왜인과 갇혀 있던 왜인들의 처리 문제가 논의되었다. 그리고 대마도에서 사신으로 파견 나왔다가 돌아간 평시라(平時羅) 등이 그해 8월 다시 돌아와 투항하면서 고변하였으나 우리의 사정을 염탐하러 온 것으로 파악되어 의금부에 잡아두었다. 《中宗實錄 5年 4月 4日, 6月 11日, 7月 10日, 8月 21日, 10月 17日》

에 머물던 왜인은 출정을 떠난 서울의 군사가 쇠잔했던 것을 길에서 보아 우리나라 군사 기밀을 잘 알고 있으니 결코 아울러 보내서는 안 된다고 하였는데, 조정에서는 또 여러 사람들의 의견을 따라 이라다라만 남겨 두고 다른 왜인은 아울러 송환하도록 하였습니다. 그런데 조정의 의론이 이미 정해졌으나, 다시 우선 이들을 남겨 두어 왜구의 변란에 대비하도록 하였습니다. 또 지금 평시라(平時羅)가 고변(告變)을 핑계로 올라왔는데 조정에서는 중외로 나눠 가두고서 심문하도록 하여 요리조리 속이는 정황이 다 드러났습니다. 이에 어떻게 처리하는 것이 좋을지 논의하도록 명하셨습니다.

신의 생각은 다음과 같습니다. 평시라 등이 대마도주(對馬島主)의 지휘를 받고 와서 우리의 사정을 살피고 허실을 염탐하였으며, 또 고변을 빙자하여 위협하며 화친을 맺고자 하였으니, 교활하고 간사함이 그지없이 심합니다. 전후로 우리나라에 온 왜인을 세어 보면 30여 명인데 지금 만약 모두 보낸다면 이는 도적의 군사를 도와 그들의 세력을 키워 주는 것이니 매우 옳지 않습니다. 이 왜노들이 비록 생명을 보전하여 고향으로 돌아가 성상의 은혜에 깊이 감사한다 하더라도 그 섬으로 돌아가고 나면 분명 섬에 있는 왜인들과 똑같아질 것이니, 어찌 그들이 우리 성상의 은혜를 생각하며 홀로 그 종족들과는 다르게 우리에게 성심을 바칠 것이라 보장할 수 있겠습니까. 또 섬의 왜인들이 우리나라에서 이쪽에 온 왜인을 죽이지 않고 모두 송환을 허락한 것을 본다면, 그들이 비록 거친 것도 따지지 않고 포용하는 성조의 넓은 도량에 감복은 할지라도 형세상 분명 스스로 그치지 않을 것입니다. 비록 혹시라도 이로 인하여 그들이 다시 도적질을 하지 않고 전심으로 화친을 빌더라도 그들이 삼포에 돌아오는 것을 허락받지 못하면 그 화친은 속히 이루어질 수가 없고 도적질은 그치지 않아, 삼포를 끝내 허락할 수 없을 것입니다. 그렇다면 지금 이 왜인들을 송환하는 것은 그들의 마음을 안정시키고 그들의 원망을 잠재우고 그들의 소요를 멈추게 하는 데에 보탬이 없고 그저 그들의 병력을 보태 줄 뿐입니다. 이들을 마땅히 후미진 고을에 나누어 유치하고 모두 송환하지 말아서 저들이 아득하게 우리의 사정을 몰라 계책을 세울 수 없도록 하는 것이 옳습니다. 이렇게 한 뒤에 변방의 방비를 더욱 엄중히 하고 조금도 느슨함이 없도록 하여 저들의 침범을 막는다면, 저들은 장차 와도 얻을 것이 없고 가도 먹을 것이 없게 되어 형세가 더욱 궁해서 화친을 비는 마음이 어쩔 수 없이 간절한 진심에서 나올 것입니다. 이런 상황이 된 다음에 세약선(歲約船)[14]과 통사(通使)만을 허락하고 또 지급하는 물품의 수량을 정한다면 저들은 장차 공손히 명을 따를 것이고 화친이 오래 지속될 것을 보장할 수 있습니다. 이런 이후에야 이 왜인들의 송환 여부를 다시 논의할 수 있습니다. 신의 생각은 이와 같습니다.

그런데 여러 사람들의 논의는 다음과 같습니다. "우리나라 남쪽 지방은 방비가 허술하여 교활하고 사나운 왜노들이 항상 도적질을 일삼으니, 이를 진정시키고 막는 것이 가장 어렵습니다. 만약 제대로 된 방비가 이루어지지 않으면 연해 인근의 고을들을 드나들며 도적질과 약탈을 행하여 백성들은 미처 피하지 못하고 장수는 미처 구원하지 못하게 되니, 그 피해가 그지없이 심합니다. 이 때문에 역대 조정에서 왜인들을 매우 후하게 대했던 것입니다. 얼마 전에 발생한 삼포의 반란은

14 세약선(歲約船) : 해마다 미리 약속에 의해 그 수량을 정하여 보낼 수 있도록 허락한 무역선이다.

은혜를 저버리고 악행을 자행함이 심하였으니 비록 남김없이 다 죽여도 애석할 것이 없습니다. 그러나 끝내 화친하지 않을 수 없으니, 화친하지 않으면 피해를 방비하기 어렵습니다. 지금 평시라 등이 비록 고변을 핑계로 삼았지만 실제로는 우리와 화친할 수 있는 단서를 살피러 온 것입니다. 지금 만약 그를 유치하고서 전에 왔던 왜인들과 아울러 송환하지 않으면 저들은 장차 우리가 그들을 다 죽였으리라 생각하고는 원망과 분노의 마음을 더욱 깊이 가질 것입니다. 또 우리가 엄히 대하는 것을 보게 되면 화친은 끝내 이룰 수 없으리라 스스로 생각하고서 마침내 도적질과 약탈의 계책을 세워 아침저녁으로 변경을 침범하는 일이 해마다 계속될 것이니, 우리가 입을 피해는 더욱 심해집니다.

왜노의 반란을 겪은 뒤로 방비하는 일이 다소나마 완비된 듯하지만 자신해서는 안 됩니다. 만약 불행히도 서북 지역에 경보가 발생하면 남쪽 변경을 지키던 장졸을 어쩔 수 없이 서북으로 나누어야 합니다. 적병은 강하고 우리 병사는 약하니 계책을 세우기 어려울 듯합니다. 지금 평시라와 이라다라만 남겨 두고 나머지 왜인들을 모두 송환하면 도주(島主) 이하 모두 스스로를 난을 꾸몄음을 알고 우리나라에서 조금도 용서하지 않을까 염려하다가, 우리나라에서 이 일에 대해 심하게 다스리지 않고, 왔던 왜노들을 모두 돌아가도록 한 것을 보고는 장차 성조(聖朝)의 천지와도 같은 큰 덕에 감동하여 화친할 수 있는 단서가 있으리라 기대하며 개와 쥐가 물어뜯으려는 것과 같은 마음을 사그라뜨릴 것입니다. 이와 같이 한 뒤에 그들이 성심으로 화친을 비는 것에 따라 통사를 허락하면 변경의 근심이 풀릴 수 있습니다. 저들이 만약 반드시 도적질을 하고 사나운 짓을 하고자 한다면 비록 이 35명의 왜인이 없더라도 어찌 제멋대로 행동하지 못하여 굳이 이 35명의 왜인을 기다린 뒤에야 비로소 그 기세를 더욱 펼치겠습니까. 보내더라도 도적의 세력을 돕는 데에는 이르지 않을 것이며, 그들의 날카로운 마음을 사그라뜨릴 수 있을 것입니다."

신이 여러 사람들의 논의에서 나온 계책을 살펴보니 신의 생각보다 나은 것 같았습니다. 그래서 신이 전날에도 여러 사람들의 논의에 따라 의견을 올렸습니다. 계책에는 장단이 있고 생각에는 득실이 있습니다. 적을 헤아리는 계책은 예나 지금이나 어렵고 지금의 기무(幾務)는 관계되는 바가 실로 중대합니다. 여러 계책을 널리 받아들여 살펴보면 반드시 최상의 방안을 얻을 수 있을 것입니다. 삼가 바라건대 성상께서 재결하소서.

장 狀

병조 판서를 사직하고 대제학의 후임에 남곤을 천거하는 장[15]

辭兵曹判書擧南袞代大提學狀

신은 성품이 본래 좀스럽고 둔한데 실상과 맞지 않게 성상의 크나큰 은혜를 입어 높은 반열에까지 올랐습니다. 터럭만큼의 보탬도 되지 못하고 맡은 일을 제대로 수행하지 못할 뿐이니, 견책을 당할까 항상 두려워 전전긍긍하며 어찌할 바를 모르겠습니다. 몇 개월 전부터는 정신이 가물가물하고 기력이 시들시들하며 시야는 마치 안개나 얇은 비단으로 앞을 막아 놓은 것처럼 흐릿합니다. 또 건망증이 생겨 행한 모든 일 중 며칠이 못 되어 열에 여섯 일곱은 잊어버립니다. 관리와 치료를 늦춘다면 고질이 될까 염려스럽습니다. 게다가 신은 병무(兵務)에 어두워 변방의 일을 잘 알지 못하고 맡고 있는 본직의 일은 긴요

15 병조……장 : 《중종실록》 10년 6월 24일 기사에 사직을 청하는 글이 실려 있으며, 거듭 사직하였으나 윤허받지 못하였다고 하였다. 남곤(南袞, 1471~1527)은 본관은 의령(宜寧), 자는 사화(士華), 호는 지정(止亭)이다. 신용개와는 사가독서(賜暇讀書)를 함께 하였다. 1519년(중종14) 기묘사화(己卯士禍)를 일으킨 뒤에 좌의정을 거쳐 영의정에 이르렀다.

하고도 복잡합니다. 비록 몸과 마음을 다하더라도 군국(軍國)의 중대한 일을 그르치게 될까 염려스럽습니다. 돌이켜 스스로 생각해 보건대 어찌 감당할 수 있겠습니까.

또 신은 젊어서는 널리 배우지 못하였고, 늙어서는 문장력이 부족한데도 오래도록 문병(文柄)을 쥐고서 사람들의 기대에 만족을 주지 못하였습니다. 신이 살펴보건대 의정부 우참찬 남곤(南袞)은 학문은 경사(經史)를 꿰고 있고 재주는 나라를 빛낼 수가 있습니다. 문형(文衡)의 직임을 이 사람에게 맡기는 것이 합당하니, 신같이 노둔한 자가 주제넘게 차지하여서는 안 됩니다. 삼가 바라건대 자애로운 성상께서는 병든 몸을 보전하려는 신의 간절함을 불쌍히 여기고 어진 이를 천거하는 신의 정성을 헤아려, 신이 한가한 곳에 나아갈 수 있도록 허락하여 관직의 일이 잘못되지 않도록 하시고, 남곤을 등용하여 문형의 직임을 맡겨 신과 같은 자가 오래도록 중요한 자리를 더럽히는 일이 없도록 해 주소서. 지극한 바람을 가눌 수 없습니다. 신이 절하고 머리를 조아리고서 삼가 죽음을 무릅쓰고 아룁니다.

좌의정을 사직하는 장[16]

辭左議政狀

신은 전에 앓던 부종(浮腫)이 빨리 낫지 않는 상황이고 성품도 노둔한데 중대한 직임을 오래도록 아무 하는 일 없이 차지하고만 있습니다. 사유를 갖추어 사직을 청하였으나 아직 윤허를 받지 못하였고, 이어 병을 조리할 것을 허락하셨으니 성상의 은혜가 망극합니다. 돌아보건대 신은 재주가 부족하여 마땅히 은총 어린 명을 받아서는 안 되는데, 녹봉과 자리에 연연하여 위로는 적임자를 제대로 등용하지 못하였다는 잘못을 저지르게 하고 제 자신은 분수에 맞지 않는 자리에 처하여 시일을 끌며 일을 그르쳤다는 비난만을 초래하였습니다. 게다가 근년에는 재변이 거듭 발생하고 곡식은 여물지 않아 정사가 제대로 확립되지 못하고 백성들은 즐겁게 살아가지 못하고 있습니다. 지금 또 농사철에 우박이 내려 벼가 손상되고 가뭄으로 피해를 입었는데 서북 지역이 더욱 심합니다. 마땅히 어진 이를 가려 뽑아 직임을 맡기고 정교(政敎)를 닦아 밝혀서 위로는 하늘의 견책에 답하고 아래로는 백성들의 일을 소생시켜야 합니다. 그리고 신처럼 녹만 축내는 사람은 한산한 곳에 내쳐야 하니, 병이 점차 더해져 쉬기만 하면서 그대로 자리를 차지하고 있게 해서는 안 됩니다. 신의 체직을 명하고 충성스럽고 뛰어난 사람에

16 좌의정을 사직하는 장 : 신용개는 1518년(중종13) 1월에 좌의정이 되었는데, 그해 4월부터 이듬해 10월 죽을 때까지 병으로 여러 차례 사직을 청하였으나 윤허를 받지 못하였다.

게 후임을 맡기시어 신이 몸을 거두어 한가한 데로 물러나 마음 편히 병든 몸을 보전하면서 어진 이가 등용되는 길을 막지 않도록 하소서. 그리하신다면 아마도 거의 교화가 행해지고 폐단이 제거되어 재앙이 아름다움으로 변하여 하늘의 뜻에 부합할 수 있고 지극한 다스림의 공효를 볼 수 있을 것이니, 나라의 입장에서도 큰 다행이며 공론의 입장에서도 큰 다행입니다. 신이 절하고 머리를 조아리고서 삼가 죽음을 무릅쓰고 아룁니다.

또 좌의정을 사직하는 장
又狀

신은 재주가 직임을 감당할 수 없고 몸은 또 병이 들어 한산한 곳으로 물러나기를 청하고서 공론에 합당하게 되기를 바랐는데, 비답이 내려온 것을 보니 이를 윤허하지 않으셨습니다. 우러러 성은을 받들고서는 비록 깊이 감격하였지만 굽어 신을 돌아보고는 그저 황송한 마음만 더하였습니다

신이 근년의 일을 가만히 살펴보건대 나쁜 기운이 조화로움을 손상하고 재앙이 거듭 이르러 능묘와 사당에서 재변이 일어나고 괴이한 일들이 발생하며 비, 볕, 더위, 추위, 바람 등 모든 것이 순조롭지 못합니다. 지금 또 서울에 지진이 하루 서너 차례 발생하여 집들이 전부 흔들리고 혹은 무너진 경우도 있으며 심지어 성벽이 무너지기도 하였으니, 무슨 변이가 이렇게 극심하단 말입니까. 땅은 음(陰)이니 이치상 마땅히 안정되어야 하는데, 양(陽)이 잠복하여 나오지 못하고 음이 양을 압박하여 양기가 위로 오르지 못하게 하면 지진이 생기게 됩니다. 음이 양을 타고서 그 질서를 따르지 않으면 그 응험(應驗)은 반드시 클 것이니 두려워하지 않을 수 있겠습니까.

옛사람이 말하기를 "음이 성하여 상도에 반하게 되면 지진이 일어나는데, 이는 신하가 강해지고, 후비(后妃)가 전횡을 하고, 오랑캐가 중화(中華)를 범하고, 소인의 도가 자라고, 도적이 이르고, 배반하는 신하가 생기는 조짐이 된다."라고 하였습니다. 그리고 또 말하기를 "신하가 강성해져 장차 요동하여 임금을 해치는 응험이 된다."라고 하였고,

또 말하기를 “신하의 일 처리가 비록 바르더라도 전횡을 하면 반드시 지진이 있게 된다.”라고 하였고, 또 말하기를 “땅의 이치는 고요함을 귀하게 여기니, 자주 흔들리고 요동치는 것은 전쟁이 일어나고 백성이 수고롭게 될 조짐이다.”라고 하였고, 또 말하기를 “백성은 땅에 안착하여 사는 사람들인데 장차 크게 요동한다면 큰 지진이 일어난다.”라고 하였고, 또 말하기를 “지진이 4월에 발생하면 오곡이 익지 못하여 사람들이 크게 굶주리고, 지진이 5월에 발생하면 사람들이 떠돌게 된다.”라고 하였습니다. 재변은 비록 ‘어떤 재변이 어떤 일의 조짐이 된다’고 할 수는 없지만, 옛사람들의 말은 또한 사리에 맞고 그 조짐이 들어맞는 경우도 많으니, 마음을 가다듬어 반성하면서 하늘의 뜻에 응하는 실제를 마음을 다해 강구하여 조치하여야 합니다.

지금 남방과 북방의 오랑캐 정세는 보장하기 어렵고 농사일은 정말 급한데 가뭄의 피해를 입으니, 흉년이 들어 백성들이 유랑하고 군사를 일으켜 대중을 동요시킬까 염려스럽습니다. 그리고 어진 이와 어리석은 자가 한데 섞여 나와 소인의 도가 자라고, 비방과 칭찬이 진실을 어지럽히고 염치가 정도를 잃었으니, 신하가 강성하여 국정을 전횡하고 혹은 왕후의 집안에서 방자한 일을 할까 두렵습니다. 삼가 바라건대 전하께서는 그림자를 보고서 형체를 바로잡아 싹트기 전에 환란을 막으시되, 성심으로 경계하고 두려워하여 항상 재변을 만난 처음처럼 하십시오. 그리하여 폐단을 제거하고 부족함을 메우기를 차례대로 거행하면 아마도 거의 하늘의 견책에 답하고 재앙의 조짐을 아름다움으로 만들 수 있을 것입니다. 신은 지금 사직을 청하고 명을 기다리는데 병도 아직 낫지 않아 놀랍고 두려운 마음으로 시일을 보내며 대궐에도 나아가지 못하고 있습니다. 외람되이 재상의 자리에 끼여 아무 하는 일 없이 녹봉만 축내며 직무를 놓아두고 있으니 견책을 피하기 어렵습니다. 삼가 어리석은 생각을 말씀드려 우러러 성상의 귓전을 더럽혔으니 지극히 황송한 마음 가누지 못하겠습니다. 삼가 죽음을 무릅쓰고 아룁니다.

또 좌의정을 사직하는 장

又狀

신은 성품이 용렬한데 젊어서는 근원에 깊이 들어가 마음으로 터득하는 공부가 부족하였고 장성하여서는 용맹하게 나아가 힘써 행하는 실제가 없었습니다. 세상에 쓰일 만한 장점이 조금도 없는데 잘못 성상의 은혜를 입어 분수에 맞지 않는 자리에 발탁되어 위로는 임금의 직무를 보좌하지 못하고 아래로는 세상의 일을 담당하지 못하였습니다. 조화롭게 다스리는 일에 몽매하여 천재(天災)와 시변(時變)이 잇달아 허물을 꾸짖는 일을 초래하였고 교화를 일으키는 일에 어두워 선비들의 기풍과 세상의 습속을 날로 투박하게 만들었습니다. 백성들이 굶주림과 추위에 시달려 궁핍한데도 구원할 줄을 모르고 세상일이 해이해져 잘못되어 가는데도 진작시킬 줄을 몰라 심원한 계책으로 묵은 병폐를 치유하지도 못하고 고금을 잘 변통하여 시의에 맞게 적용하지도 못합니다. 또 한 명의 어진 인재도 천거하지 못하고 하나의 훌륭한 계책도 세우지 못하여 모든 일 처리에 조금의 보탬도 되지 못하니, 신같이 용렬하고 못난 자가 어찌 오래도록 재상의 자리를 주제넘게 차지하여 성상의 밝은 다스림에 누가 되어서야 되겠습니까. 게다가 신의 나이는 지금 이미 쉰일곱입니다. 비록 아직 늙었다고 할 수는 없지만 작년 봄에 아프기 시작한 이후로 정신은 날로 사그라들고 몸뚱이는 점차 기력이 없어집니다. 피곤하여 기운이 없고, 눕고만 싶어 하며 움직이기는 싫고, 자고 먹는 것이 다 편치 않고, 잠결인 듯 혼미하고, 건망증으로 거듭 들어야 하는 등 여러 증상이 한꺼번에 생기니, 약으로도 치료가 안 되고 뜸으로도 효험이 없습니다. 비록 지금은 병석에 눕지 않아 애써 직무에 나아가고는 있지만 정신이 버티지 못하니 어찌 시행할 수 있는 일이 있겠습니까.

신은 본래 재주도 없고 현명하지도 않은데 또 깊이 병이 들었습니다. 만약 일의 이치와 몸의 기력을 헤아리지 않고 함부로 이러한 중임을 맡은 채 시일만 끈다면, 제 몸이 저 연약한 갯버들보다도 먼저 시들어 버릴 뿐만이 아니라 반드시 나라의 큰일도 그르치는 우환이 있을 것입니다. 신의 몸이야 어찌되건 그만이지만 나라의 일을 그르치게 될 것이 두렵습니다. 삼가 바라건대 속히 신의 직임을 거두어 신을 한신한 곳에 있게 하시고 재주와 덕을 갖춘 인재를 뽑아 신의 직임을 대신하도록 하소서. 그리하신다면 기강이 진작되고 다스림의 교화도 융성해질 것이며 신 또한 마음 편히 병든 몸을 보살피며 여생을 잘 보낼 수 있을 것입니다. 지극한 바람을 가눌 수 없습니다.

또 좌의정을 사직하는 장

又狀

신의 용렬하면서도 둔한 성품과 얕은 지식은 성상께서 밝게 아시는 바인데 주제넘게 특별한 은총을 입어 중임을 맡은 지 지금 벌써 4년이 되었습니다.[17] 하는 일 없이 녹봉만 축내면서 아무런 보탬도 없이 어진 이의 진출을 막고 걸맞지 않은 자리를 차지하고 있으니, 장차 어디에 쓰겠습니까. 정승을 가려 뽑아 임무를 맡겨 음양을 조화롭게 다스리며 만백성을 친히 보살피고 모든 관료들의 모범이 되라는 주상의 뜻을 크게 어겼습니다. 게다가 정신이 잦아들고 기력이 쇠잔한 상태가 갈수록 점점 심해지고, 지금은 또 창증(脹症)이 생겨 배가 북처럼 불러 굽혔다 펴거나 숨 쉬는 것도 너무 힘들고 불편합니다. 말미를 받아 20여 일 몸조리를 해 보았으나 조금도 차도가 없으니, 신의 증세를 자세히 살펴보건대 열흘이나 한 달 정도로 치료될 수 있는 상황이 아닙니다. 병이 없을 때에도 이미 직임을 감당할 수 없었고 병이 다시 심해져 오랫동안 직무를 수행하지 못하고 있으니, 정사에 방해되고 다스림에 해를 끼치는 것이 이루 말할 수 없는 정도입니다. 사직하여 물러나려고 하였는데 지금 성상께서 특별히 내신(內臣)을 보내어 문병하고 내의(內醫)를 보내어 병을 돌보아 주시니, 천지와 같은 깊은 은혜는 신이 비록 열 번 죽더라도 보답할 수가 없습니다.

17 중임을……되었습니다 : 1516년(중종11) 우의정을 맡은 때부터 1519년 좌의정의 사직을 청하는 해까지의 기간을 말한다.

다만 생각건대 병든 몸은 나라의 중책을 맡을 그릇이 아니고 의정부는 병을 치료하는 장소가 아닙니다. 함부로 병든 몸뚱이를 이끌고서 오래도록 분수에 맞지 않는 자리를 차지하고 있으니, 공적으로나 사적으로나 어찌 사리에 합당하겠습니까. 삼가 바라건대 속히 신의 직임을 거두고 어질고 능력 있는 사람으로 교체하소서. 그리하여 신으로 하여금 물러나 쉬며 병을 조리하면서 남은 목숨을 보전할 수 있도록 해 주시면 그지없이 다행일 것입니다. 지극히 두렵고 황송한 마음 가누지 못하겠습니다. 삼가 죽음을 무릅쓰고 아룁니다.-비답을 내려 윤허하지 않는다고 하였다-

또 좌의정을 사직하는 장

又狀

신은 본래 재능이 없는데 또 병까지 들어 어진 이의 진출을 막고 관직을 비워 두고 있으니 근심스러운 마음 깊습니다. 사직을 청하는 글을 올렸으나 아직 윤허를 받지 못하였고 도리어 위로와 격려를 해 주셨습니다. 칭찬하며 장려하신 성상의 말씀은 신이 감당할 바가 아니고 하해와 같은 깊은 은혜는 이 몸이 가루가 된다 한들 갚을 수가 없습니다. 다만 생각건대 신의 도량과 식견은 나라를 경영하기에 부족하고 병의 근원은 깊어 고질이 되었으니, 어찌 깊은 병을 끌어안은 채 막중한 자리를 차지하여 그저 쓸데없이 의약만을 축내며 융숭한 위임을 그르쳐서야 되겠습니까. 신이 반복하여 생각해 보아도 제자리가 아닌 자리를 함부로 차지하면 분명 힘이 부쳐 일을 그르치는 근심이 있게 될 것이고, 한가한 곳으로 물러나 병을 돌보면 만족함을 알아 몸을 보전하려는 바람을 거의 이룰 수 있을 것입니다. 감히 병의 위중함을 가지고 지엄한 성상을 번거롭게 하며 다시 사직을 청합니다. 삼가 바라건대 자애로운 성상께서는 신의 간절함을 굽어살피시어 속히 신의 직임을 거두어 조정에는 책임지고 다스리는 정승이 있게 하고 병든 신은 다시 살아날 수 있는 은혜를 입도록 해 주소서. 그리하신다면 공적으로나 사적으로나 그지없이 다행일 것입니다.-한림(翰林) 채세영(蔡世英)을 보내어 사직의 글을 집에 다시 돌려주고서 하교하기를 "대신이 병이 있다고 해서 갑작스레 체직할 수도 없고 대신의 진퇴 또한 어려움이 있으니, 사직하지 말고 마음 편히 병을 다스리도록 하라."라고 하였다.-

또 좌의정을 사직하는 장
又狀

신은 고창증(鼓脹症)을 앓아 오래도록 낫지 않아서 전에 이미 여러 차례 사직을 청하였는데 아직 윤허를 받지 못하였습니다. 지금 다시 성상께 귀찮게 아뢰자니 황공한 마음에 어찌할 바를 모르겠습니다. 다만 생각건대 신의 병이 지금까지 오랫동안 낫지 않아 직무를 수행하지 못한 지 오래입니다. 재변(災變)이 거듭 발생하고 일은 많고도 무기 운데 온갖 책무가 집중된 사람이 멍하니 하나도 다스림에 관여함이 없습니다. 신이 반복하여 생각해 보아도 모든 정사를 총괄하여 다스리는 관사를 안일하게 병든 몸을 조리하는 곳으로 삼으니 어찌 사리에 합당하겠습니까. 이것이 신이 감히 하루라도 마음을 편히 가질 수 없는 점입니다. 삼가 바라건대 자애로운 성상께서는 삼공(三公) 직임의 막중함을 생각하고 병든 신하가 사직을 청하는 간절함을 불쌍히 여기시어, 속히 신의 직임을 거두어 신을 한산한 곳에 있게 하여 마음 편히 병든 몸을 잘 조섭하여 미천한 자의 여생을 조금이나마 연장할 수 있도록 해 주소서. 하늘 같은 성상의 은혜를 날마다 바라고 있습니다.-비답을 내려 윤허하지 않는다고 하였다.-

제문 祭文

영의정 유공[18] 순정 에 대한 제문

祭領議政柳公 順汀 文

정덕(正德) 8년인 계유년(1513, 중종8) 정월 신미삭(辛未朔) 24일 갑오(甲午)에, 한성부 판윤 강혼(姜渾), 예조 판서 신용개, 호조 판서 장순손(張順孫), 이조 판서 김전(金詮), 형조 판서 박열(朴說), 이조 참판 성세순(成世純)이 삼가 맑은 술과 여러 음식으로 제수를 마련하여 의정부 영의정 유공의 영전에 공경히 제사를 지냅니다.

아아, 공이시여	吁嗟乎公
이 지경에 이르셨도다	而至於斯
하늘이 영걸한 이를 내시어	天生英傑
어려운 시대를 구제하게 했는데	亨屯濟時

18 유공(柳公) : 유순정(柳順汀, 1459~1512)을 가리킨다. 본관은 진주(晉州), 자는 지옹(智翁)이다. 김종직(金宗直)의 문인이며, 문과에 급제하여 우의정, 좌의정, 영의정 등을 역임하였다. 중종반정에 참여하여 정국 공신(靖國功臣)에 책록되었다. 무예에도 뛰어나 야인 정벌과 왜변 진압의 업적이 있다. 신용개가 그에 대한 만사를 지었다. 《二樂亭集 卷3 柳政丞挽詞》

맡긴 임무가 무거웠으니　既托之重
마땅히 멀리 베풀어야 하거늘　宜遠其施
하늘이여, 무슨 마음이기에　天乎何心
갑자기 이분을 빼앗아 갔는가　而遽奪茲
공이 젊었을 적에　公少之時
문과 무를 겸비하였기에　文武全備
사람들 모두 멀리 기대하며　人咸遠期
장상의 그릇이라 하였더니　將相之器
결국 나라의 동량이 되어　卒爲邦棟
온 천하를 정돈하였고　整頓天地
성상을 도와 쇠한 기운 복돋아　翊聖扶衰
사직이 의지하는 바이었는데　社稷所恃
하늘이여, 무슨 마음이기에　天乎何心
갑자기 이분을 빼앗아 갔는가　而遽奪是
훈업이 세상에 높았고　勳業高世
덕망이 남보다 뛰어나　德望出人
조물주가 시기심이 많아　造物多忌
어진 이를 오래 살지 못하게 한 것인가　而不壽仁
아아, 공이시여　吁嗟乎公
벌써 근원 세상으로 돌아갔구려　其已返眞
우리들이 지우를 받아서　吾儕受知
모두 평소 교분을 맺었으니　俱有分素
이에 벼슬하기 전부터　爰自韋布
일찍이 우러러 사모하였네　夙存景慕

삶과 죽음이 여기에 이르러	幽明到此
이미 더디고 빠름으로 나뉘었지만	已分淹速
음성과 용모는 옆에 계시는 듯	音容如在
마음과 눈에 선하기만 한데	耿耿心目
한번 곡하며 제수를 올리자니	一哭而奠
간장이 끊어지는 것 같도다	腸肝若摧
변변치 않은 음식 흠향하시고	冀歆菲薄
진심 어린 우리의 슬픔 알아주소서	照我誠哀
상향	尙饗

박 정[19] 담손 에 대한 제문

祭朴正 聃孫 文

정덕(正德) 12년인 정축년(1517, 중종12) 윤12월 임신삭(壬申朔) 3일 갑술(甲戌)에, 의정부 우의정 신용개가 삼가 변변치 않은 제수를 차려 놓고 고(故) 사도시 정(司䆃寺正) 박공의 영전에 공경히 제사를 지냅니다.

생각건대 영령은 惟靈
심지가 굳세고도 단단하며 心志確固
성품은 실질에 힘쓰고 곧아서 性質實直
허위를 일삼지 않았고 不事虛僞
꾸밈을 일삼지 않았어라 不事矯飾
관직을 맡고 일을 처리하면서 治官理事
절조를 굽히지 않았으니 執守不撓
오직 이러함을 간직하였기에 惟其有是
가는 곳마다 성과를 거두었네 所至收效
그러나 남을 따르지 않아 然不徇人
편들지 않는 사람이 많았으니 人多不右

19 박 정(朴正) : 사도시 정을 지낸 박담손(朴聃孫, ?~1517)을 가리킨다. 본관은 고령(高靈)이다. 그의 아들 박은(朴誾)이 신용개의 사위이다. 신용개가 그에 대한 만사를 지었다. 《二樂亭集 卷2 朴正挽詞》

마침내 관직을 잃었으나	竟失官守
실제로는 그의 잘못 아니었네[20]	實非其咎
일찍이 훌륭한 아들을 잃어[21]	早喪良嗣
넋이 나가고 마음도 활기를 잃었는데	魂迷心死
만년에는 훌륭한 사위를 잃어[22]	晩失佳壻
쌓인 아픔이 골수에 사무쳤네	積痛侵髓
아아, 한번 병이 들더니	嗚呼一疾
갑자기 영원한 이별에 이르렀네	遽至長辭
하늘이여, 애통하도다	天乎痛哉
죽고 사는 것을 누가 주관하는가	予奪誰尸
나와는 사돈을 맺었으니	我忝姻婭
참으로 한집안과 같은데	寔同一家
아이들이 집안에 가득하나	兒孫滿室
다시 누구를 의지하리오	誰更依些
생각이 여기에 미치니	念及於玆
말을 따라 눈물이 흐르누나	淚隨言垂
변변치 않은 음식을 올리나니	聊薦菲薄

20 그러나……아니었네 : 박담손이 사도시 정을 맡았을 때에는 성품이 비루하여 직임에 걸맞지 않다는 대간의 탄핵을 받았고, 고령의 경재소(京在所)의 임원으로 있을 때에는 초둔(草芚)을 방납(防納)하고 그 값을 민간에서 거두었다는 이유로 또 대간의 탄핵을 받아 추고(推考)되었다. 《中宗實錄 12年 6月 9日, 16日》

21 일찍이……잃어 : 맏아들 박은이 1504년(연산군10) 갑자사화에 연루되어 죽었다.

22 만년에는……잃어 : 사위 안처성(安處誠)이 1517년(중종12) 8월에 박담손보다 몇 개월 앞서 죽었다. 《容齋集 卷10 奉正大夫守軍資監正安公墓碣銘》

바라건대 흠향하소서	冀右歆之
상향	尙饗

이요정집

제10권

行狀 행장

墓誌 묘지

행장 行狀

고양부원군 신공 행장
高陽府院君申公行狀

공의 휘는 준(浚)[1]이고, 자는 언시(彦施)이며, 고령현(高靈縣) 사람이다. 의정부 영의정 문충공(文忠公) 숙주(叔舟)의 아들이고, 공조 좌참판(工曹坐參判) 장(檣)의 손자이다. 증조 포시(包翅)는 공조 참의를 지냈고, 고조 덕린(德隣)은 예의 판서(禮儀判書)를 지냈다. 8대조인 검교 군기감사(檢校軍器監事) 성용(成用)부터는 대대로 문과를 통해 관직에 나아가고 다른 길로는 진출하지 않았는데 높은 관직을 서로 이으며 대대로 명문가가 되었으며, 문충공에 이르러 더욱 융성하였다.

문충공이 증(贈) 영의정부사(領議政府事) 윤경연(尹景淵)의 따님에게 장가들어 정통(正統) 갑자년(1444, 세종26)에 공을 낳았다. 공은 문벌이 있는 집안에서 생장하였으나 어려서부터 이미 교만하고 방자한 습성이 없었으며, 놀이와 행동에도 자질구레하지 않았고 매우 원대한 기상이 있었다. 처음에는 문음(門蔭)으로 무반직(武班職)을 제수받아 여러 관직을 거쳐 3품에 이르렀으나, 전심으로 과기 공부를 하며 조심

1 준(浚) : 신용개의 아버지인 면(沔)의 친동생으로, 신용개에게는 숙부가 된다.

의 직임에 따라 관직을 제수받는 것을 달갑게 여기지 않더니, 성화(成化) 경인년(1470, 성종1) 겨울에 문과에 급제하여 병조 참지에 제수되었다. 신묘년(1471) 여름에는 성종이 보좌하는 신료들의 노고에 보답하여 공에게 순성좌리 공신(純誠佐理功臣)이라는 공신호를 하사하였다. 임진년(1472) 여름에는 참의로 승진하였다. 을미년(1475) 여름에 부친상을 당하여 3년간 여묘살이를 하였고, 정유년(1477) 가을 상복을 벗고서는 승정원 동부승지에 제수되었는데 누차 자리를 옮겨 도승지에 이르렀다. 무술년(1478) 여름에는 단계를 뛰어넘어 가정대부(嘉靖大夫)의 자급을 받아 호조 참판에 제수되었고, 공훈으로 고양군(高陽君)에 봉해졌다. 경자년(1480) 봄에는 이조 참판으로 자리를 옮기고 동지의금부사를 겸직하였다. 임인년(1482) 봄에는 외직으로 나가 충청도 관찰사가 되었다. 계묘년(1483) 여름에는 예조 참판에 제수되었고, 가을에는 자헌대부(資憲大夫)로 품계가 올라 고양군 겸 도총부도총관(高陽君兼都摠府都摠管)이 되었다. 갑진년(1484) 여름에는 영안도 관찰사(永安道觀察使)에 제수되었다. 병오년(1486) 여름에는 임기가 다하여 한성부 판윤(漢城府判尹)에 제수되었고, 가을에는 이조 판서로 자리를 옮겼다. 정미년(1487) 가을에는 공조 판서에 제수되고 동지경연사를 겸직하였다. 임자년(1492) 봄에는 의정부 우참찬에 제수되었다. 계축년(1493) 가을에는 한성부 판윤에 다시 제수되었고 지경연사를 겸직하였다. 을묘년(1495, 연산군1) 봄에는 또 공조 판서가 되었다. 정사년(1497) 겨울에는 정헌대부(正憲大夫)로 품계가 더해졌는데, 형조 판서로 자리를 옮기고 지경연사는 그대로 맡았다. 무오년(1498) 봄에는 사헌부 대사헌에 제수되었다가 얼마 지나지 않아 공조 판서에 제수되었고, 가을에는 또 한성부 판윤이 되었다. 경신년(1500) 여름에는 다시 우참찬에 제수되었다. 신유년(1501) 여름에는 좌참찬으로 승진하였다. 갑자년(1504) 봄에는 숭정대부(崇政大夫)로 품계가 더해졌다. 을축년(1505) 가을에는 숭록대부(崇祿大夫)로 품계가 더해졌다. 병인년(1506, 중종1) 가을에는 좌찬성으로 승진하였다. 그리고 성상을 추대한 공으로 책훈되어 정국 공신(靖國功臣)의 공신호를 하사받았고 보국대부(輔國大夫)로 품계가 더해졌으며 고양부원군(高陽府院君)에 봉해졌고, 영경연사(領經筵事)를 겸직하였다. 기사년(1509) 7월에 병으로 집의 정침(正寢)에서 돌아가셨는데, 향년 66세였다. 부고가 전해지자 성상께서는 조회와 시장을 정지하고서 관원을 보내 조제(弔祭)하고 은혜로운 부의를 더해 주었다.

공은 타고난 성품이 너그럽고 후덕하였으며 순수하고 성실하여 마음에 굴곡이 없었기에 사람을 대하고 일을 하면서 진실하였고 교만과 꾸밈이 없었다. 사람들이 비록 거스르는 경우가 있더라도 더불어 따지지 않았으니, 이 때문에 사람들도 거스르는 일이 없어졌다. 평소 빠른 말투와 서두르는 얼굴빛이 없어 자제들을 대하고 하인들을 부리면서도 한결같이 인자하였다. 그러나 항상 자신을 잘 검속하였다. 젊어 현달하였지만 마음에 검소함을 간직하여 화려하고 성대한 것을 일삼지 않아 사는 집은 협소하였고 바깥마당은 말을 돌리지 못할 정도였다. 그러나 항상 편한 마음으로 온화하고 평온하였으며 소탈하고 조용하였으니, 바라보면 대인군자임을 알 수 있었다. 중외의 여러 직임을 역임하면서 누차 중임을 맡았는데 이르는 곳마다 치적이 있었고 한 번도 재앙이 없었다. 하나하나 세세히 따지는 것을 명철함으로 여기지 않고 자질구레함을 일삼지 않았지만 모든 일이 잘 다스려졌다. 문충공이 일찍이 네 번이나 공신에 녹훈되어서[2] 덕망이 한 시대에 높았는데, 공이 아름다운 자취를 계승하여 거듭 공신에 책봉되고 품계도 끝까지 올랐으니, 가문의 전통을 잘 이었다고 할 만하다.

판관 유수창(柳秀昌)의 따님에게 장가들어 아들과 딸을 각각 1명씩 낳았다. 아들 복순(復淳)은 첨지중추부사이고, 딸은 종실인 금천부정(錦川副正) 이변(李抃)에게 시집갔다. 서자와 서녀는 3명이고, 내외로 손자와 손녀가 모두 13명이다.

2 문충공이……녹훈되어서 : 신숙주는 1453년(단종1) 계유정난 이후 수충협책정난 공신(輸忠協策靖難功臣)에, 1455년(세조1) 세조가 즉위한 이후 동덕좌익 공신(同德佐翼功臣)에, 1468년(예종 즉위년) 남이(南怡)의 난을 평정한 이후 보사병기정난익대 공신(保社炳幾定難翊戴功臣)에, 1471년(성종2) 왕실을 잘 보좌한 공으로 순성명량경제홍화좌리 공신(純誠明亮經濟弘化佐理功臣)에 책봉되었다. 《保閑齋集 附錄 碑銘》

묘지 墓誌

밀원부원군 박공 묘지명
密原府院君朴公墓誌銘

밀원부원군 박공의 휘는 건(楗)이고, 자는 자계(子啓)이며, 본관은 밀양(密陽)이다. 아버지 휘 중손(仲孫)은 의정부 좌참찬을 지냈고 정난공신(靖難功臣)에 책훈되었으며 응천군(凝川君)에 봉해졌다. 조부 휘 절문(切問)은 젊어 과거에 급제하여 권지 교서관정자(權知校書館正字)로 선발되었으나 일찍 죽었고, 증조 휘 강생(剛生)은 안변 대도호부사(安邊大都護府使)를 지냈다.

참찬공이 공조 정랑 문공 승조(文公承祚)의 따님에게 장가들어 갑인년(1434, 세종16) 12월에 공을 낳았다. 공은 문벌이 있는 집안에서 태어났으나 어려서부터 부귀함을 추구하는 습관이 없었고 성품도 단정하고 엄숙하며 온화하고 진실되었다. 학문에 독실하게 뜻을 두어 약관의 나이에 학문이 이미 이루어졌으니, 20세에 경태(景泰) 계유년(1453, 단종1)의 과거에서 3등으로 급제하여 집현전 수찬으로 발탁되었고 이후 부교리로 승진하였다. 광릉조(光陵朝)에 집현전이 혁파되어 자리를 옮겨 성균관 직강에 제수되었다. 얼마 후 이조 정랑으로 자리를 옮겼고 지제교(知製敎)와 세자좌문학(世子左文學)을 겸직하였는데 이후로 항상 지제교의 직함을 가지고 성균 사예(成均司藝), 의정부 검상(議政府檢詳), 의정부 사인(議政府舍人), 성균 사성(成均司成), 예문관 직제학을 역임하였다. 성화(成化) 1년인 을유년(1465, 세조11)에 승정원 우부승지에 제수되었다가 우승지로 승진하였다. 부친상을 당하였다가 상복을 벗고는 전라도 관찰사에 제수되었고, 한성부 우윤, 한성부 좌윤, 공조 참판, 병조 참판, 예조 참판, 강원도 관찰사, 경상도 관찰사, 평안도 관찰사, 사헌부 대사헌을 역임하였다. 홍치(弘治) 임자년(1492, 성종23)에는 한성부 판윤으로 특별히 제수되었다가 형조 판서로 자리를 옮겼다. 무오년(1498, 연산군4)에는 단계를 뛰어넘어 숭정대부(崇政大夫)에 올라 의정부 좌참찬에 제수되었고 얼마 지나지 않아 찬성(贊成)으로 승진하였다. 갑자년(1504)에 연산군의 뜻이 어그러지고 정사가 황폐해진 시절을 만나서는 노성한 대신 중 곤액에서 벗어난 사람이 없었는데 공도 외직으로 밀려나 함경도 관찰사에 제수되었고, 임기를 마치고 나서 판중추부사에 제수되었다. 정덕(正德) 병인년(1506, 중종1) 가을에 성명한 임금께서 나라를 중흥한 때를 만나서는 참여하여 돕고 받들어 추대하여 정국 공신(靖國功臣)에 이름을 올렸고 밀원군(密原君)에 봉해졌으며, 다시 의정부 좌찬성에 제수되었다. 그리고 얼마 후 부원군(府院君)으로 승진하였고 영경연사가 되었다. 기사년(1509) 윤9월 5일에 병으로 세상을 떠났는데 향년 76세였다. 부고가 전해지자 성상께서는 조회와 시장을 정지하고서 은혜로운 부의를 더해 주었다. 다음 달에 양주(楊州) 서산(西山) 장흥리(長興里) 해좌사향(亥坐巳向)의 언덕에 장사 지냈는데, 관에서 장사 지내는 일을 돌보아 주어 미비한 점이 조금도 없었다.

공은 벼슬을 시작하면서부터 말년까지 모두 57년 동안 여섯 조정을 섬겼는데 내외에 뛰어남을 드날렸고, 처음부터 끝까지 변함없이 공손하고 삼가며 성실하고 부지런하였다. 마음 씀이 공경하면서 곧고 자신을 단속하기를 의리에 합당하게 하여 모나거나 특이한 행적을 일삼지 않고 구차하게 영합하지도 않았다. 남과 따지지 않고 남에게 미움을 받지도 않아 관직에 있으면서는 재앙이 없었고 자신의 몸에도 허물이 생기지 않았다. 타고난 성품은 효성스럽고 우애로워 친척과 화목하였고 집에서는 검소하여 화려함을 일삼지 않았으며, 빈객과 벗을 맞이하는 것을 즐기지 않고 항상 담박하게 스스로의 모습을 유지하였다. 관직에 있을 때에는 차분한 마음으로 정도를 지키며 남들 때문에 법을 왜곡하지 않았고 사적인 일로 공무를 그르치지도 않았다. 또 행정 실무에도 뛰어나 일 처리가 물 흐르는 듯하여 일이 섞이지 않고 사람들은 속이지 못하였다. 두 번 대사헌이 되었는데 요란스럽고도 세밀하게 규찰하지는 않았지만 소정의 기강이 저절로 엄숙해졌고, 네 번 한성부의 직임을 맡고 한 번 형조 판서가 되었는데 죄상을 얽어매는 것에 힘쓰지 않고 온 마음으로 불쌍히 여기고 공경하여 억울한 일이 없도록 거듭 옥사를 살폈으며, 다섯 도의 관찰사를 맡았을 때에는 책상에 묵혀 둔 장부가 없고 뜰에는 억울한 백성들이 없었으며 겉으로 드러나지 않도록 깊이 감추고 남보다 특이하기를 추구하지 않았다. 아, 세상에는 자잘하게 특이함을 내세우려는 자도 있고, 용렬하고 나약하게 대충 넘어가려는 자도 있고, 뜻을 굽혀서 영합하기를 힘쓰는 자도 있다. 그러나 공은 특이함을 내세우지도 않고 대충 넘어가지도 않고 영합하기를 힘쓰지도 않아서 오직 진실된 마음으로 정도를 지켰으니, 침착하고 담박하고 소탈하고 조용하여 강하면서도 부드러움을 갖추고 너그러우면서도 용맹함을 갖춘 군자라고 할 만하다. 지위가 숭품(崇品)에 이르고 장수하여 70세를 넘긴 것은 요행이 아니었다.

부인 최씨(崔氏)는 부평 부사(富平府使) 최윤(崔昀)의 따님이다. 아들 셋과 딸 하나를 낳았다. 승환(承煥)은 천안 군수(天安郡守)가 되었고, 승수(承燧)는 병조 참지가 되었고, 승약(承爚)은 계묘년(1483, 성종14)의 문과에 급제하여 의정부 검상이 되었고, 딸은 이조 판서 신용개에게 시집갔는데, 모두 공보다 앞서 일찍 죽었다. 측실에게서 아들 하나를 두었는데 승명(承明)이다.

승환은 딸 하나를 낳았는데, 참봉 민광문(閔光門)에게 시집갔다. 승수는 아들 둘과 딸 둘을 낳았는데, 아들은 위(葳)와 규(葵)이고 딸은 사평(司評) 신홍보(愼弘輔)에게 시집갔다. 승약은 아들 둘을 낳았는데 분(芬)과 훈(薰)이다. 분은 진사에 합격하였으나 일찍 죽었다. 신용개의 처는 아들 둘과 딸 둘을 낳았는데, 아들 신종(申淙)은 참봉이 되었으나 일찍 죽었고, 아들 신한(申瀚)은 정묘년(1507, 중종2)에 생원시에 합격하여 선전관이 되었고, 큰딸은 수찬 박은(朴誾)에게 시집갔다. 내외로 손자와 손녀, 증손자와 증손녀 몇 명이 있다.

장사를 지내려 할 때에 사손(嗣孫)인 위(葳)가 나에게 묘지명을 청하였다. 내가 겨우 15세 때에 공의 집안에 장가들어 지금까지 33년을 모셨기에 공의 실상을 가장 상세히 잘 안다. 그리고 직책이 사관이라 항상 남에게 믿을 만한 것만을 취하니 가감하는 바가 있을 수 없다. 또 공의 마음 씀씀이와 행적은 사람들의 이목에 남아 있는 것이 많아 증거로 삼을 수 있으니 명(銘)을 짓는 것이 어찌 감히 사사로울 수 있겠는가. 명은 다음과 같다.

선행이 쌓인 곳에 경사가 모여　　善之積慶所會

대대로 문벌을 이루다가 공에게서 더욱 커졌어라	世門閥公更大
겸손과 공손의 마음으로 법도를 지켜	心謙恭守規矩
여섯 조정을 섬기며 큰 보필의 신하 되었고	事六朝爲碩輔
훈업이 기록되어 공신록에 이름을 올리니	紀勳業有鐵券
아름다운 이름 드리워져 여론이 성대하네	垂令名盛物論
치적과 행실 드러내어 묘지에 간직하니	表治行藏玄宅
하늘이 이를 도와 영원토록 보우하리라	天佑斯保萬百

박 부사 의영 의 어머니 강씨 묘지명

朴府使 義榮 母姜氏墓誌銘

부인의 성은 강씨(姜氏)로 진주(晉州)의 명망 있는 집안이다. 지돈녕부사 대민공(戴愍公 강석덕(姜碩德))의 따님이고, 동북면 도순문사(東北面都巡問使) 회백(淮伯)의 손녀이다. 증조는 시(蓍)로 고려 때에 문하찬성사(門下贊成事)를 지냈고, 고조는 군보(君寶)로 봉산군(鳳山郡)에 봉해졌다. 대민공이 영의정 심온(沈溫)의 따님에게 장가들어 부인을 낳았다. 공이 부인의 뛰어난 자질을 사랑하여 배필을 가려 뽑아 밀산군(密山君) 박중손(朴仲孫)의 아들 박미(朴楣)에게 시집보냈는데, 박미는 예조 참의가 되었다. 박미가 죽고 17년 후인 정덕(正德) 기사년(1509, 중종4) 12월 11일에 부인이 병 없이 세상을 떠났는데 향년 73세였다.

아들 다섯과 딸 하나를 낳았다. 장남 박의영(朴義榮)은 예조 참의를 거쳐 외직을 청하여 인천 부사(仁川府使)가 되었고, 다음 박광영(朴光榮)은 성균관 사예이고, 다음 박증영(朴增榮)은 사간원 헌납이고, 다음 박소영(朴召榮)은 형조 참의이고, 다음은 박안영(朴安榮)이다. 딸은 아무개에게 시집갔다. 박안영과 딸은 모두 후사가 없이 죽었다. 네 아들이 모두 문과를 통해 관직에 나아가 조정에서 큰 명성이 있었으니 사람들이 원대하게 될 것을 기대하였고, 박증영은 학문적 명망이 높았다. 선부인(先夫人)이 돌아가셨을 때에 내외로 손자는 모두 21명이었다. 달을 넘겨 이듬해 경오년(1510) 2월 15일에 고양군(高陽郡)에 있는 참의공(參議公)의 묘소 왼쪽에 장사 지냈는데, 남편을 따른 것이다. 장사를 지내려 할 적에 삼남인 박증영이 내가 인척이 되고[3] 또 문장을 하는 관직을 맡았다는 이유로 묘소에 남길 묘지명을 부탁하기에 감히 사양하지 못하였다.

삼가 살펴보건대 부인이 참의공을 모신 것은 약관의 나이 때부터 참의의 관직에 이르기까지 40여 년인데 공경과 유순함을 간직하며 어김이 없었다. 자손에게는 의리와 반듯함으로 가르치고 친척과는 정성과 믿음으로 화목하였으며, 하인을 부리면서는 위엄이 있으면서도 은혜로웠고 첩을 대하면서는 은혜를 베풀면서도 예에 알맞게 하여 그들의 소생을 거두어 돌보기를 한결같이 공이 계실 때와 마찬가지로 하였다. 그리고 집에 제사가 있으면 반드시 공경히 재계하며 정성을 다하였다. 공이 일찍이 광주 목사(光州牧使)가 된 적이 있는데 임기가 차서 돌아올 때에 고을의 수령이 전별 선물을 주자 부인이 단호하게 물리치고 말하기를 "청렴하고 삼가는 우리 집안에 누를 끼칠 수 없습니다."라고 하였다. 부인은 곧고도 순하며 삼가고 검약하여 부인의 덕을 이와 같이 온전히 갖추었으니 한 세상의 모범이 될 만하다. 이에 명(銘)을 지을 만하다. 명은 다음과 같다.

거짓 세상 버리고 참세상으로 돌아가	棄假而歸眞
저 구천 세상으로 공을 따라가시었네	從公于九原
선행에는 보답이 없을 수 없으니	善無有不報

3 내가 인척이 되고 : 신용개의 부인은 밀양 박씨(密陽朴氏)로 박건(朴楗)의 딸인데, 박건은 강씨 부인의 남편인 박미(朴楣)의 동생이다. 즉 죽은 강씨 부인은 신용개에게 처백모(妻伯母)가 된다.

우공의 집안에 경사가 클 것이고[4] 慶大於于門
이름은 꽃다워서 세상에 드러나니 名芳而世顯
기나긴 밤이 어둡지는 않으리라 長夜之不昏

4 선행에는……것이고 : 선덕을 쌓은 집안에는 후손에게 경사가 있다는 말이다. 한(漢)나라의 우공(于公)이 지방관을 지내며 옥사를 공평하게 처리하면서 자신의 음덕으로 자손 중에 큰 인물이 나올 것이라며 큰 수레가 지나갈 수 있도록 대문을 크게 만들라고 하였는데, 과연 그의 아들 우정국(于定國)이 승상이 되었다. 《漢書 于定國傳》

첨지사 임공 묘지명
僉知事任公墓誌銘

군의 휘는 맹영(孟瑛)이고, 성은 임씨(任氏)이며, 본관은 풍천(豐川)이다. 성품이 굳세며 날카롭고 말과 웃음이 적어 사람들을 허여하는 것이 적었고 의롭지 않은 것에 마음이 흔들리지 않았다. 어려서 학문을 독실히 하여 성화(成化) 갑오년(1474, 성종5)의 생원시에 합격하였다. 한결같은 마음으로 과거 공부에 매진하여 장차 시일이 지난 후에 과거에 급제하려고 하였고 다른 길을 통해 관직에 나아가는 것을 부끄럽게 여겼다. 홍치(弘治) 갑인년(1494)에 비로소 벼슬에 나아가 귀후서 별제(歸厚署別提)가 되었고, 의금부 도사로 자리를 옮겼다. 이후 상의원 직장(尙衣院直長), 군기시 주부(軍器寺主簿), 군기시 판관, 호조 좌랑, 장례원 사의(掌隷院司議), 사옹원 첨정(司饔院僉正) 등을 역임하였다. 정덕(正德) 병인년(1506, 중종1) 가을에 성명한 임금께서 나라를 중흥한 때를 만나서는 원종공신(原從功臣)으로서 절충장군(折衝將軍)으로 품계가 올랐고 첨지중추부사가 되었다.

기사년(1509) 7월 8일 병으로 세상을 떠났는데, 향년 58세였다. 달을 넘겨 11월 27일에 과천현(果川縣) 수리산(隨理山)에 장사 지냈다. 장사를 지내려 할 적에 그의 맏아들 국성(國成)이 애통한 마음을 품고서 이조 판서인 나에게 묘지명을 청하며 말하기를,

"돌아가신 아버지는 청송 부사(靑松府使) 휘 숙(淑)의 아들이며 지중추부사 휘 효인(孝仁)의 손자입니다. 증조 휘 중선(仲善)은 증(贈) 이조 참판이고, 외조부 경여(慶餘)는 증 병조 참판입니다. 내외

로 모두 명문가인데 조상의 직임에 따라 관직을 제수받는 것을 달갑게 여기지 않았고, 과거에 급제하지 못한 것을 늘 한스러워하여 당상관의 지위에 오르기는 하였지만 마음속으로 항상 흡족해하지 않았습니다. 환갑이 못 되는 나이에 갑자기 세상을 떠나셨으니, 하늘을 우러러 애통해하고 있습니다. 살펴보건대 우리 집안의 선영에는 좋은 묏자리가 없어서 저의 외조부인 영성군(鈴城君) 윤탄(尹坦)의 묘소 옆에 자리를 잡아 안치하였습니다. 다만 생각해 보건대 저나 동생들인 국평(國平), 국형(國衡), 국균(國鈞)이 모두 아직 성취하지 못하여 남들 사이에 끼지 못하고 있으니 아버지의 이름을 유명(幽明) 간에 드러낼 수가 없습니다. 여동생은 둘인데 큰아이가 공의 아들인 선전관 신한(申澣)에게 시집갔으니 공은 우리 집안과는 한집안입니다. 그리고 공이 현재 문형(文衡)을 맡고 있으니, 공의 한마디 말을 얻어 후세에 밝히고자 합니다."

하였다. 내가 그 간절하고 진실된 말을 듣고는 나도 모르게 눈물을 흘렸다. 이에 마침내 다음과 같이 명(銘)을 짓는다.

밝은 날을 떠나 무덤으로 가시니	去白日就窀穸
득과 실이 모두 옛 자취로다	得與失俱陳跡
행실과 치적 드러내어 빗돌에 새기니	表行治銘貞石
만년토록 이 유택을 보우하소서	於萬年保兹宅

영가부원군 김공 묘지명

永嘉府院君金公墓誌銘

영의정 김공 휘 수동(壽童)의 자는 미수(眉叟)이고, 그의 선조는 안동(安東)에서 나왔다. 고려조에 휘 방경(方慶)이 있었는데 나라에 큰 공훈을 세워 대대로 이름난 문벌이 되었다. 이후 휘 사형(士衡)에 이르러 우리 태조를 도와 개국 공신(開國功臣)에 책록되었고 지위는 좌정승(左政丞)에 올랐고 상락부원군(上洛府院君)에 봉해졌다. 이분이 동지중추원사 휘 승(陞)을 낳았는데 뒤에 의정부 좌찬성에 증직되었다. 찬성공이 중추부 동지사(中樞府同知事) 휘 종숙(宗淑)을 낳았는데 뒤에 의정부 영의정에 증직되었다. 의정공의 아들 적(磧)은 첨지중추부사인데 바로 공의 아버지이며, 뒤에 공의 관직에 맞추어 영의정으로 증직되었다. 승정원 동부승지 안질(安質)의 따님을 아내로 맞아 천순(天順) 정축년(1457, 세조3) 1월 기묘일에 공을 낳았다.

공은 젖먹이 때부터 이미 단정한 기상이 있어 비범함을 타고났다는 것을 사람들이 알았다. 겨우 다섯 살에 어머니를 여의어 의지할 바를 잃었다. 일곱 살에 글을 지을 수 있었으니, 백숙(伯叔)인 상락부원군 김질(金礩)이 매우 사랑하였고 극히 칭찬하며 말하기를 "대대로 이어온 가업을 실추하지 않고 다시 우리 집안을 크게 일으킬 사람은 분명이 아이일 것이다."라고 하였다. 약관에 이르지 않은 나이에 학문을 크게 이루어 성화(成化) 갑오년(1474, 성종5)의 생원시에 합격하였고, 정유년(1477)의 문과에 급제하여 권지 승문원부정자(權知承文院副正字)에 보임되었다. 몇 개월 지나지 않아 예문관 검열에 선발되었고 자리를 옮겨 홍문관정자 겸 승문원정자가 되었다. 예서(隸書)를 잘 쓰고 사대문서인 표주문(表奏文)을 잘 지었기에 이때부터 통정대부(通政大夫)에 오를 때까지 항상 승문(承文)의 직임을 맡았다.

기해년(1479)에 승정원 주서에 제수되었고, 임기가 찬 뒤에 군기시 주부(軍器寺主簿)로 승진되었다가 사헌부 감찰, 예조 좌랑, 호조 좌랑, 세자시강원 사서(世子侍講院司書)를 역임하였다. 거듭 홍문관에 들어가 부수찬이 되었고 사간원 정언으로 자리를 옮겼다가 다시 홍문관 수찬에 제수되었다. 홍치(弘治) 무신년(1488)에 교리로 승진하였다. 기유년(1489)에 이조 정랑에 제수되었고, 얼마 있다가 의정부 검상(議政府檢詳)에 제수되었다가 의정부 사인(議政府舍人)으로 승진하였다. 신해년(1491) 가을에 부친상을 당하였다가 상복을 벗고는 사도시 첨정(司䆃寺僉正)에 제수되었고, 사헌부 장령과 세자시강원 필선으로 자리를 옮겼다.

을묘년(1495, 연산군1)에 황제가 사신을 보내어 성종(成宗)의 죽음에 부의와 제사를 내리고 새로운 왕을 책봉하였다. 전례에 중국 사신이 우리나라에 오면 반드시 조칙(詔勅)을 반포하고 맞이하는 의식에 관해 자세히 따지는데 의견을 주고받으면서 정하기 어려웠던 경우가 많았다. 조정에서는 공이 예를 잘 알고 숙달되었다는 이유로 문례관(問禮官)에 충원하였는데, 명나라 사신이 공의 예에 맞는 태도를 보고 또 의식의 상세함과 익숙함에 대해 논의해 보고는 더 이상 따져 묻는 것이 없었다. 이해 여름에 홍문관 전한에 제수되었고, 가을에 직제학으로 승진하였다. 병진년(1496) 가을에 특별히 품계를 세 단계 뛰어넘고 부제학에 제수되었다. 정사년(1497) 봄에 승정원 동부승지에 제수되고 누차 승진하여 좌승지에 이르렀으며, 품계는 가선대부(嘉善大夫)로 더해졌다. 무오년(1498) 가을에 외직으로 나가 전라도 관찰사가 되었는데 겨울에 계모(繼母)의 병으로 사임하였고, 예조 참판에 제수되었다. 얼마 후 가정대부(嘉靖大夫)로 품계가 올랐으며 본직을 그대로 맡은 채 동지춘추관사를 겸직하였다. 기미년(1499)에 성절사(聖節使)로 명나라의 서울에 갔고, 돌아와서는 경상도 관찰사에 제수되었다. 경신년(1500)에 동지중추부사에 제수되었고, 신유년(1501)에 형조 참판과 이조 참판으로 자리를 옮겼고, 임술년(1502)에 경기 관찰사가 되었다. 계해년(1503) 봄에 형조 판서에 제수되어 불려 왔고 얼마 후 홍문관 제학과 지춘추관사를 겸직하였다. 가을에는 자리를 옮겨 이조 판서에 제수되고 나머지 직임은 그대로 맡았으며, 그대로 지의금부사와 도총부 도총관을 겸직하였다. 갑자년(1504) 여름에 정헌대부(正憲大夫)로 품계가 더해졌고, 겨울에는 숭정대부(崇政大夫)로 더해졌다. 을축년(1505) 가을에 숭록대부(崇祿大夫)로 더해졌고 의정부 우찬성에 제수되었다. 그대로 이조 판서를 겸직하고 나머지 직임도 그대로 맡았다. 당시 임금의 마음이 황폐하고 어지러워 갑자년부터 폭정이 날로 가혹해졌으니, 이전에 일을 논했던 대신과 대간 들에 대해 과거를 돌이켜 죄를 물어 거의 다 죽이고 귀양을 보냈다. 죽은 자나 먼 친척도 화를 면하지 못하였고 미천한 서민들도 당시의 금기에 조금이라도 저촉되면 모두 죽음에 처해졌으니, 중외의 모든 사람들이 두려워하면서 당장이라도 무슨 화를 당할지 보장하지 못하였다. 공이 추관(推官)이 되어 죄상을 따질 때에 마음을 다해 구원하여 너그럽게 처리하고자 힘썼으니, 공의 덕으로 온전히 목숨을 부지한 사람이 매우 많았다.

병인년(1506) 3월에 계모상을 당했는데, 당시 단상제(短喪制)[5]를 시행하였고 이를 어긴 자는 중형에 처해졌기에 5월에 상기를 마치고 다시 우찬성에 제수되었으니, 당시의 제도를 어기는 것이 두려워 감히 본마음을 다하지 못한 것이다. 7월에 승진하여 우의정에 제수되었다. 9월에 성상을 추대하여 보위에 오르게 하고는 바로 물러나 상기를 마칠 것을 청하였으나, 성상이 정사가 무너진 뒤라 나라에 일이 많고 합당하게 일이 처리되기 위해서는 반드시 대신이 필요하다고 하여 그 청을 윤허하지 않고 병충분의익운정국 공신(秉忠奮義翊運靖國功臣)의 공신호를 하사하고 좌의정으로 승진시켰으며 영가부원군(永嘉府院君)에 봉하였다. 공이 다시 관직에서 물러나 상기를 마칠 것을 청하며 말로 글로 재차 삼차 간절히 애원하고서야 비로소 윤허를 받았다. 무진년(1508, 중종3) 여름에 상복을 벗고 다시 부원군에 봉해졌으며 영경연사를 겸직하였다. 기사년(1509) 여름에 문과(文科) 전시(殿試)를 주관하여 김정국(金正國) 등 18명을 선발하였다. 경오년(1510) 봄에 영의정 겸 영경연홍문관예문관춘추관관상감사에 제수되었고, 훈봉(勳封)은 전과 같았다. 문과 전시를 주관하여 이려(李膂) 등 33명을 선발하였다. 신미년(1511) 봄에 문과 전시를 주관하여 강태수(姜台壽) 등 16명을 선발하였다. 임신년(1512) 봄에 병에 걸려 오랫동안 낫지 않자 거듭 상소를 올려 사직하였는데, 상은 이를 윤허하지 않고 내의(內醫)를 보내어 항상 곁에서 치료하게 하였고 또 자주 승지를 보내어 문병하였다. 공이 오랫동안 병으로 집에만 있었다는 이유로 녹봉을 받지 않았는데 상이 듣고는 특별히 명하여 하사하였다. 공의 병은 온갖 처방으로도 효과가 없었고 7월에 이르러서는 매우 위중해져 7일 무인일 밤에 숨을

5 단상제(短喪制) : 거상(居喪)의 기간 하루를 한 달로 계산하는 이일역월제(以日易月制)로, 상기를 짧게 마치는 것이다.

거두었으니, 향년 56세였다. 아, 슬프도다. 부고가 전해지자 상이 매우 슬퍼하여 조회를 3일간 중지하였고 규정보다 많은 부의를 내렸다. 공경과 대부로부터 선비와 일반 백성에 이르기까지 애통해하지 않는 이가 없었고 조문과 제사를 위해 찾아오는 동료와 벗들이 날마다 끊이지 않았다.

양천현(陽川縣) 치소(治所)의 남쪽 장군소리(將軍所里) 을좌신향(乙坐辛向)의 언덕에 좋은 자리를 잡아 같은 해 9월 13일 갑신일에 장사 지내려 하였는데, 정해 놓은 날짜에 임박하여 공의 막내아우인 첨지사(僉知事) 김수경(金壽卿)이 글을 써서 예조 판서인 나에게 묘지명을 부탁하였다. 나는 공에게 지우(知遇)를 받은 것이 오래되었고 관청에서 모시고 일한 것도 전후로 한두 번이 아니라 공의 심사를 또 잘 안다. 생각건대 공의 행실과 치적은 역사책에 기록되어 있으니 이를 기록할 필요가 없다. 그러나 무덤에 남기는 글 또한 후세에 알리는 것이니, 내가 비록 차마 명(銘)을 쓸 수는 없지만 또한 감히 명을 쓰지 않을 수도 없다.

공은 타고난 자질이 밝고 총명하며 성품은 대범하고 소박하였다. 형제와 함께 지낼 때에는 기쁜 마음으로 화락하고 친척을 대하면서는 비록 먼 친척이라도 한결같이 모두 화목하였으며, 공손함과 검소함으로 스스로를 단속하여 복장의 아름다움을 꾸미는 데 힘쓰지 않았고, 마음 씀이 인자하여 다른 사람들과 거스르는 일이 없었다. 세 조정을 섬기면서 명성을 드날려 청요직(淸要職)에 올랐고 일 처리가 정확하고 능숙하여 모두 일이 상황과 사리에 합당하였다. 복잡하여 처리하기 어려운 일이라도 실마리를 잘 찾았고 난해하여 풀기 어려운 일이라도 여유롭게 잘 해결하여 마침내 경연(經筵)과 대각(臺閣)에 출입하였고,

큰 도의 관찰사를 세 번 맡았으며 육경(六卿)을 거쳐 결국 정승의 자리에까지 올라 모든 신료들의 모범이 되었고 우리 성상이 나라를 중흥하여 성대한 다스림을 펴는 것을 도왔다. 세상에서는 공을 의지하여 중하게 여기고 있었는데 하늘이 갑자기 공을 빼앗아 갔으니 애통하다. 인자(仁者)는 장수하고 남을 살린 음덕이 있는 사람은 하늘이 반드시 보답을 하는데, 공처럼 어질고 덕이 있으면서 장수하지도 못하고 보답을 받지도 못한 것은 어째서인가.

공의 부인은 군기시 판관(軍器寺判官) 이계희(李季禧)의 따님인데 자식이 없다. 측실에게서 아들 둘과 딸 하나를 두었는데, 장남 혼(渾)은 훈음(勳蔭)으로 수의부위(修義副尉) 부사용(副司勇)에 제수되었고 나머지는 어리다. 명은 다음과 같다.

현명함은 나라 다스릴 그릇이 되니	賢爲國器
하늘이 헛되이 공을 낸 것 아니요	天不虛生
재주는 큰일을 맡을 수 있었으니	才可大受
학문을 통하여 이루어 낸 것이라네	由學乃成
현명함과 재주가	惟賢惟才
공의 한 몸에 다 모였으니	是叢公身
정미하고 총명하고도 요령이 있었고	精敏有幹
바르고 순수함을 여기에 보태었네	飾以端純
청요직을 맡으면서는 인망이 두터웠고	望孚淸要
얽혀 복잡한 일을 예리하게 처리하였으니	利別盤錯
작은 일이건 큰일이건	以小以大
두루 쓰고 널리 베풀었네	用周施博

시대의 불운을 만나서는　　遭時運否
영무자와 같이 어리석었고[6]　　甯子如愚
성주를 도와 다스림을 일으켜　　翊聖興治
기린각에 초상이 걸리었네[7]　　麟閣有圖
정승의 자리에 올라 의지함이 중하였고　　鼎鉉倚重
만백성이 우러르고 있었는데　　萬民所仰
태성이 갈라졌구나.[8] 무에 그리 바빴던고　　台拆何忙
백성들은 슬픔에 하던 일 멈추었네　　舂杵不相
승화하여 근원으로 돌아가시니　　乘化還元
나라의 동량이 꺾이고 말았지만　　邦棟其摧
아름다운 이름은 사라지지 않아　　芳名不亡
후세에 비추어져 밝게 빛나리라　　照映方來

6 시대의……어리석었고 : 연산군 시대의 처신을 비유한 것이다. 영무자(甯武子)는 춘추 시대 위(衛)나라의 대부로, 성공(成公)이 무도하여 나라가 어지러웠지만 어려움을 피하지 않고 힘을 다하여 자신을 보전하면서 임금을 구제하였는데, 공자가 "영무자는 나라에 도가 있을 때에는 지혜롭고 나라에 도가 없을 때에는 어리석었으니, 그 지혜는 따를 수 있지만 그 어리석음은 따를 수가 없다."라고 칭송하였다. 《論語 公冶長》

7 성주를……걸리었네 : 중종반정에 참여하여 공신이 된 것을 말한다.

8 태성(台星)이 갈라졌구나 : 정승의 죽음을 암시한다. 태성은 정승을 상징하는 별이다.

의정부 영의정 성공 묘지명

議政府領議政成公墓誌銘

창녕(昌寧)의 성보(姓譜)에서 성씨(成氏)가 가장 두드러지는데, 그중에서도 나라에 공훈을 세우고 덕성과 업적이 모두 우뚝한 사람은 공이 당연히 으뜸이다. 공의 휘는 희안(希顔)이고 자는 우옹(愚翁)이다. 선고(先考) 돈녕부 판관 휘 찬(瓚)이 공정대왕(恭靖大王 정종(定宗))의 아들인 덕천군(德泉君) 이후생(李厚生)의 따님에게 장가들어 천순(天順) 신사년(1461, 세조7) 1월 갑자일에 공을 낳았다. 공을 낳을 즈음에 모부인이 꿈을 꾸었는데, 신령이 나타나 지팡이를 주면서 말하기를 "이것을 가지고 있으면 너희 집안을 복록으로 크게 빛나게 할 수 있을 것이다."라고 하였다. 부인이 마음속으로 신기하게 생각하였다. 공은 조금 자라서는 총명하고 빼어나 남들에 비해 특출하였다. 아이들과 어울려 놀 때에는 항상 군진을 펼치고 호령하는 모양을 만들고서는 스스로 대장이라 칭하며 지휘하였는데 감히 어기는 사람이 없었으며, 글을 읽고 문장을 배운 뒤에는 화려한 문장력을 일찍 갖추게 되었다.

성화(成化) 경자년(1480, 성종11)의 생원시에 합격하였고, 을사년(1485)의 과거에 급제하여 예문관 검열에 제수되었으며, 홍문관에 선발되어 들어가 정자(正字)가 되었고 승진하여 부수찬에 이르렀다. 홍치(弘治) 신해년(1491)에 부친상을 당하여 3년간 여묘살이를 하며 아침저녁으로 직접 음식을 장만하여 올렸다. 하루는 아우 희옹(希雍)과 함께 골짜기에 들어가 마를 캐서 제사에 올리려고 하였는데, 마침 피곤하여 바위 위에서 잠시 함께 잠이 들었다. 꿈에 돌아가신 아버지가

"도적이 나타났다."라고 소리를 질러 공이 놀라 깨어 살펴보니, 커다란 호랑이가 어슬렁대며 냇물을 건너오고 있었다. 공이 곧바로 아우와 함께 돌을 던지며 대적하여 화를 면하였으니, 사람들은 효심에 감응하여 이루어진 일이라고 하였다. 상복을 벗고는 예빈시 주부(禮賓寺主簿)에 제수되었는데, 성묘(成廟)께서 대궐로 불러 전교하기를 "그대가 상기를 잘 마쳤다는 것을 알고는 참으로 위안이 되고 기쁘오."라고 하고는 매〔鷹〕를 하사하며 "그대가 비록 아비를 잃었으나, 듣자 하니 노모가 있다고 하니 공무의 여가에 성 밖으로 나가 사냥을 하여 맛있는 음식으로 봉양하면 좋을 것 같소."라고 하였으니, 성상께서 얼마나 특별히 보살펴 주셨는지를 알 수 있다. 얼마 후 사간원 정언에 제수되었는데, 간언을 올려 성상의 뜻을 거슬렀다. 상이 노하여 말한 바를 써서 올리라고 명하자 공이 곧바로 강개한 상소를 올리며 말이 더욱 절실하고 곧았는데, 상이 더욱 노하여 공을 파직하였다. 얼마 지나지 않아 다시 벼슬에 나와 시강원 사서(侍講院司書)가 되었다. 갑인년(1494)에 홍문관 수찬으로 자리를 옮겼고, 승진하여 교리가 되었다. 한어이문질정관(漢語吏文質正官)으로 경사(京師)에 다녀왔는데, 황제가 하사한 옷과 비단을 모부인께 드려 누이들 혼사 비용으로 삼았으며 감히 자신을 위해서는 하나도 사용하지 않았다.

병진년(1496, 연산군2)에 병조 정랑으로 자리를 옮겼다. 무오년(1498)에 승진하여 사섬시 첨정(司贍寺僉正)에 제수되었고, 한성부 서윤(漢城府庶尹), 광흥창 수(廣興倉守)로 자리를 옮겼다. 당시에 사초(史草)와 관련된 옥사가 크게 일어났는데,[9] 유자광(柳子光)이 그 일에

9 당시에……일어났는데 : 유자광 등 훈구 세력이, 김일손(金馹孫)의 사초에 실린 김

대한 국문에 참여하여 갖가지 죄상을 엮어 선량한 사람들을 연루시켜 일망타진하려고 하였다. 공이 담당 낭관이 되어 그 사이에서 주선하여 구원하는 바가 많자, 유자광이 미워하여 노려보며 욕을 하였고 심지어 공을 죄인의 무리로 지목하여 함께 벌을 받게 하려고 하였다. 공이 엄정한 낯빛으로 굽히지 않으며 어투가 강개하자 유자광이 결국 공의 의지를 빼앗지 못하였다. 예빈시와 군기시(軍器寺)의 부정(副正)을 거쳐 자리를 옮겨 내섬시(內贍寺)와 군기시의 정(正)에 제수되었다.

신유년(1501)에 유구국(琉球國)에서 사신을 보내어 방문해 왔는데 공이 선위사(宣慰使)가 되어 응접을 합당하게 잘하니 사신이 공경하며 감복하였다. 하루는 사신이 압연관(押宴官)인 영의정 한치형(韓致亨)에게 묻기를 "선위사와 같은 현명한 사람이 재상이 되지 못하고 오히려 낮은 지위에 있는 것은 어째서입니까?"라고 하니, 답하기를 "선위사의 현명함은 주상도 아는 바입니다. 그렇기 때문에 그에게 이웃 나라의 사신을 응대하게 한 것입니다."라고 하였다.

임술년(1502) 겨울에 특별히 형조 참의에 제수되고 품계는 통정대부(通政大夫)가 되었다. 계해년(1503)에 사은사(謝恩使)로 경사에 갔고 돌아와 예조 참의에 제수되었다. 갑자년(1504) 여름에 형조 참판에 제수되고 품계는 가선대부(嘉善大夫)에 올랐으며, 얼마 후 품계가 가정대부(嘉靖大夫)로 오르고 이조 참판에 제수되었다. 공이 연산군이 임금의 도를 잃은 것을 보고는 근심하는 마음이 얼굴에 드러났다. 한번은 연산군이 양화도(楊花渡)로 놀러 나가 재상들과 연회를 즐기면서

종직(金宗直)의 〈조의제문(弔義帝文)〉이 세조를 비방한 내용이라고 문제를 삼으며 사림을 탄압한 무오사화를 가리킨다.

각각 시를 짓도록 한 적이 있는데, 공이 지어 올린 시에 넌지시 풍자하여 잘못을 간하는 말이 있었다. 연산군이 크게 노하여 매우 준엄하게 꾸짖자 사람들은 일이 어떻게 될지 알 수 없어 두려워하였다. 공이 공손한 말로 대답하니 연산군의 화가 조금 누그러졌다. 그렇지만 공을 서반(西班)의 말직으로 좌천시켜 부사용(副司勇)의 자리를 맡게 한 것이 3년이나 되었다. 연산군의 황포함이 날로 심해졌으니, 예컨대 상기(喪期)를 줄이고,[10] 금표(禁標)를 세우고,[11] 미녀들을 뽑아 바치게 하고, 준마(駿馬)를 구해 바치게 하고, 진기한 보물을 모으고, 토목공사를 일으키고, 사람들이 마주하여 논의하는 일을 금지하는 법을 만들고, 시국에 대해 말하는 사람을 죽이거나 귀양 보내는 등 하지 않는 일이 없었다. 사람들이 손만 흔들어도 죄에 저촉되므로 조정에서건 민간에서건 서로 눈짓만 하며 당장이라도 무슨 화를 당할지 보장할 수 없었고, 민생은 궁핍해서 불만을 품고 반란을 생각하게 되었다.

공이 비록 물러나 집에 있으면서도 매번 생각이 나라의 일에 미치면 눈물을 훔치고 가슴을 치며 개연히 잘못을 바로잡고자 하는 마음을 가졌기에, 은밀하게 박원종(朴元宗), 유순정(柳順汀)과 함께 성주(聖主)를 추대하여 나라를 안정시키기를 도모하였다. 그리하여 병인년(1506, 중종1) 9월 2일에 창의(倡義)하여 거사를 행하니 대소 신료와 군민이 미리 모의하지 않았는데도 함께하였다. 자순왕대비(慈順王大

10 상기(喪期)를 줄이고 : 법으로 거상(居喪) 기간을 줄여 삼년상을 지내지 못하게 하고 이를 어기는 자는 엄벌에 처하였다.

11 금표(禁標)를 세우고 : 사냥터와 연회장을 조성한 뒤 금표를 세워 일반인의 출입을 금지한 것을 가리킨다.

妃)[12]께 나아가 아뢰고 위로 종묘에 고한 뒤에 연산을 임금에서 내려 연산군으로 봉하고, 사저에 있던 지금의 성상을 도와 궁에 들어와 보위에 오르도록 하였다. 나라에 크게 사면을 베풀고 유배 갔던 사람들을 모두 돌려보냈으며 바르지 못한 정책들을 혁파하고 옛 법도를 회복하니, 모든 백성들이 기뻐 환호하고 국운이 안정되었다. 공신으로 책훈되어 형조 판서에 제수되고 창산군(昌山君)에 봉해졌고 품계는 정헌대부(正憲大夫)가 되었으며 병충분의결책익운정국 공신(秉忠奮義決策翊運靖國功臣)이라는 공신호를 하사받았다. 10월에 숭정대부(崇政大夫)로 품계가 올랐고, 판의금부사를 겸하였다. 당시 국정이 처음 바로잡혀 인심이 아직 안정되지 않아 옥사가 자주 일어났는데 공이 애써 억울한 처분이 없도록 거듭 옥사를 살피며 차분히 진정시키니 사람들의 마음이 공을 의지하여 안정되었다. 또 폐조(廢朝)의 살육을 겪은 뒤라 선비들의 기상이 꺾여 모두들 살피고 머뭇거리면서 감히 할 말을 다 하지 못하였고, 간혹 언관의 직책을 맡아 기탄없이 말하는 자가 있으면 대신들이 좋아하지 않기도 하였는데, 공만은 그들을 장려하였고 성상을 만날 때마다 너그러이 포용할 것을 권하였다. 자신이 비록 여러 차례 탄핵을 당하였으나 또한 성내지 않았으며, 도리어 공론이 다시 펴진 것을 국가의 다행으로 여겼다. 선비들이 이를 믿고 의지하여 모두 스스로의 힘을 다할 것을 생각하였으니, 곧은 도가 크게 행해지고 나라의 명맥이 굳건히 안정된 것은 모두 공의 힘이었다. 11월에 보국숭록대부(輔國崇祿大夫)로 품계가 올랐고 창산부원군(昌山府院君)에 봉해졌으

12 자순왕대비(慈順王大妃) : 연산군의 생모인 윤씨(尹氏)가 폐위된 뒤에 왕비에 책봉된 성종의 계비 정현왕후(貞顯王后)로, 중종의 생모이다.

며, 영경연사와 이조 판서와 오위도총부 도총관(五衛都摠府都摠管)을 겸하였다. 성상이 즉위한 뒤로 황제에게 거듭 고명(誥命)을 청하였지만 모두 윤허를 받지 못하였는데, 공이 가서 마침내 고명을 받아 돌아오니 성상이 특별히 토지와 노비를 하사하여 노고를 포상하였다. 이해에 사국(史局)을 열어 《연산군일기(燕山君日記)》를 편수하였는데 공이 이 일을 총괄하였다.

기사년(1509) 가을에 의정부 우의정에 제수되고 영경연사와 감춘추관사(監春秋館事)를 겸직하였으며, 품계가 대광보국숭록대부(大匡輔國崇祿大夫)로 더해졌다. 경오년(1510) 여름에 남방의 왜노(倭奴)가 반란을 일으키자 상이 군기(軍機)의 중대한 일로 여겨 공에게 명하여 판병조사(判兵曹事)를 겸하도록 하였다. 임신년(1512) 겨울에 좌의정으로 승진하였고, 계유년(1513) 봄에 영의정으로 승진하였다. 상이 더욱 깊이 총애하고 의지하사 공은 항상 차고 넘치는 것을 경계로 삼아 여러 차례 사직을 청하였으나 윤허를 받지 못하였다. 여름에 감기를 앓아 다시 글을 올려 사직을 청하였으나 상이 비답을 내려 윤허하지 않았고 또 내관을 보내어 문병하고 관복과 보화를 하사하였으며 어서(御書)를 내려 근심의 뜻을 보이니 공이 감격의 마음을 이기지 못하였다. 이어 다시 사직을 청하는 간절한 뜻을 아뢰었고 이에 대해 윤허의 명을 얻지 못하자, 오랜 병으로 직무를 수행하지 못함을 깊이 근심하면서 집안사람들에게 봉록을 받지 말 것을 당부하였다. 상이 그 소식을 듣고서 너그러운 뜻으로 타이르자 그런 뒤에야 받았다. 7월 계사일이 되어서는 병이 위중해져 처소를 정침(正寢)으로 옮기도록 하였다. 상이 소식을 듣고는 급히 승지를 보내어 하고 싶은 말을 물으니 "성상께서 어진 이를 등용하고 간언을 받아들이시기를 바랄 뿐입니다."라고 대답하였다. 내관이 계속 연이어 당도하여 어서를 보여 주었는데 그 글에 "지금 경의 증세를 들으니 내가 매우 애통하오. 경의 아들 률(瑮)을 특별히 당상관에 올려 나의 망극한 마음을 보이고자 하오."라고 하였다. 이때 공이 거의 목숨이 끊어져 눈이 감기려고 하였는데, 어서를 보고는 겨우 목구멍에서 소리를 내며 말하기를 "조정의 직임은 신중해야 하는데 성은이 어찌 이에 이르렀단 말인가."라고 하였다. 내관이 문을 나서자 공이 세상을 떠났으니, 향년 53세였다. 나이가 덕에 미치지 못하였으니 애통하다. 죽음을 목전에 두고서도 이와 같이 차분하였으니, 공의 평소 마음가짐을 알 수 있다.

공은 타고난 자품이 지혜롭고 이치에 밝았는데 거기에 학문을 더하였으며, 기국이 넓고 모나지 않아 자질구레함은 좋아하지 않았다. 마음 속엔 굳건히 지키는 바가 있어 우원(迂遠)한 데로 빠지지 않았으며, 굳세고 과단하여 의로운 일을 행하는 데에 용맹하였으며, 충효의 성품을 지녀 인간이 지켜야 하는 기본 도리에 충실하였다. 어려서부터 사귀었던 사람들은 모두 한 시대의 영걸과 현인 들인데 항상 신의를 서로 권면하며 사리에 맞지 않는 과격함을 명예로 삼지 않았다. 글을 읽을 때에는 문구에 얽매이지 않고 대의를 꿰뚫으려 힘썼고, 지조가 굳세고 바르며 논의가 정확하여 사업을 여유 있게 시행하였다. 세상을 잘 다스리고 백성을 잘 구제할 재주를 가지고서 마침내 세상에 다시없을 공훈을 이루었으니, 옛날에 이른바 사직(社稷)의 신하란 말이 공을 두고 한 말이 아니겠는가. 조정에서 벼슬한 30년 동안 그의 언행과 정사는 명백하고 광대하여 우뚝이 사람들의 눈과 귀에 남아 있으니 사라질 수가 없을 것이다. 집안의 살림살이는 간소하여 비록 공훈과 지위가 높았지만 뜰 안이 텅 빈 것이 마치 한미한 선비 같았다. 모부인을 모시면서는 안색을 살펴 마음 편하게 해 드리고 뜻을 어기는 일이 없었으며 공무를 마치고 돌아와서는 반드시 안부를 여쭈었는데 아무리 비바람이 심하게 몰아쳐도 그만둔 적이 없었다. 친척들을 사랑으로 돌보고 도왔으며 재산을 불리지 않고 토지를 넓히지 않았다. 어진 이와 선비를 좋아하여 그들에게서 하나의 장점이라도 발견하면 마치 자신이 그러한 것처럼 기뻐하였으며, 후배들을 대하면서는 마음을 활짝 열었고 겉으로만 꾸민 적이 없었다. 병석에서 이미 지친 상태인데도 손님이나 친척을 보게 되면 오히려 더듬더듬 나라의 일을 말하였다. 공이 돌아가신 날에는 동네의 어린애들조차 애통해하며 슬퍼하지 않는 이가 없었다. 부고가 전해지자 성상은 크게 슬퍼하여 3일간 조회를 정지하고 특별히 후하게 부의를 내렸으며 내관을 보내어 조문하였다. 삼공 이하 모든 관원은 상사(喪事)에 참여하여 초상을 마친 뒤에 물러났다. 아, 사람들에게 미친 공의 공덕이 깊어, 남들이 미칠 수 없을 정도로 살아서는 존경을 받고 죽어서는 애도를 받았으니, 아아, 위대하도다. 달을 넘겨 10월 27일 신유일에 양주(楊州) 치소(治所) 서쪽 서산리(西山里)의 해좌사향(亥坐巳向)의 언덕에 장사 지냈으니, 선고공(先考公)의 묘역 안쪽으로, 예법을 따른 것이다.

선고공은 공의 공훈과 작위에 맞춰 추충적덕병의보조 공신(推忠積德秉義補祚功臣) 의정부 영의정 창산부원군에 추증되었고, 모부인은 정경부인(貞敬夫人)에 봉해졌다. 조부인 사온서 직장동정(司醞署直長同正) 휘 효연(孝淵)은 의정부 좌찬성에 추증되었고, 증조부인 첨지중추원사 휘 부(溥)는 병조 판서에 추증되었고, 고조인 휘 사달(士達)은 추충협리 공신(推忠協理功臣)으로 중대광(重大匡) 예문관 대제학을 지냈고, 창산군(昌山君)에 봉해졌으며, 시호가 문효공(文孝公)이다.

공은 증 사헌부 장령 조익상(趙益祥)의 따님에게 장가들어 아들 하나와 딸 셋을 낳았는데, 아들 률(瑮)은 정국 공신(靖國功臣)에 들어 상의원 첨정(尙衣院僉正)이 되었고, 딸들은 모두 어리다. 측실에게서는 아들 둘과 딸 하나를 두었는데, 역시 모두 어리다. 률은 종실인 덕진군(德津君) 이활(李濊)의 딸에게 장가들어 딸 하나를 낳았는데 어리다.

장사를 지내려 할 때에 맏아들 률이 공의 가계(家系), 치적과 행적, 벼슬 내력, 누린 햇수 등을 적어 와 슬픔을 머금고서 우찬성인 나에게 부탁하며 말하기를 "어르신은 돌아가신 아버지와 오랜 교분이 있어 아버지에 대해 아는 사람으로는 어르신만 한 분이 없습니다. 묘지명을 지어 유명(幽明)에 고하기를 바랍니다."라고 하였다. 아, 내가 어찌 차마 공의 묘지명을 지을 수 있겠는가. 그러나 내가 관직에 나아가기 전부터 이미 공과는 서로 마음이 통하여 우의를 맺었으며 모시고 따른 것이 가장 오래라 공의 전체적인 모습을 가장 자세히 알고 있다. 그리고 맏아들의 슬픔과 간절함을 또 저버릴 수 없으니, 묘지명 짓는 일을 어찌 감히 사양할 수 있겠는가. 명(銘)은 다음과 같다.

공이 나오시어 세상에 이름을 빛내니	公來名世
하늘이 그 그릇을 크게 한 것이었네	天大其器
충성과 의리를 세웠으며	植以忠義
재주와 지혜를 운용하였네	運以才智
화려한 문장과 군사적 지략을 지녔고	文華武略
경술에 근본하여 실무 정사에 능했으니	經術吏治
대소의 모든 것이 다 갖추어져	小大咸備
적용하여 사용함에 다함이 없었어라	應用不匱

성종의 인정과 대우를 받아　遇知成廟
경연에서 생각을 논하였고　論思邇英
마침내 그 날개를 펼치어　遂展厥翼
아름다운 명성 멀리까지 드날렸네　遠揚休聲
중간에 국운이 막히게 되어서는　中遭運否
백성들은 혹독한 괴롭힘을 당하고　毒痡群氓
종묘사직은 의지할 곳을 잃었으니　宗祊失倚
기울어진 나라를 누가 지탱하겠는가　孰支其傾
공이 충성과 지혜로 떨쳐 일어나　公奮忠智
뜻을 독실히 하여 막힌 세상 밝혔으니　志篤亨屯
성상을 도와 태평 시대를 열어　翊聖開泰
신령과 사람을 위안하였도다　慰安神人
범보다 사나운 가혹한 정치 사라져　苛政去虎
만물이 봄기운을 함께 누렸고　萬物同春
이끌어 언로가 통하도록 하였으니　贊通言路
선비들의 의기가 다시 펴지었네　士氣復伸
오 년간 정승의 자리에 있으면서　台鼎五載
재상의 도가 더욱 융성하였으니　相道益隆
방현령의 지략과 두여회의 결단력이며[13]　房謀杜斷
송경의 바름과 요숭의 소통이로다[14]　宋正姚通

13 방현령(房玄齡)의……결단력이며 : 방현령과 두여회(杜如晦)는 당나라 태종(太宗) 때의 재상으로 태종 정관(貞觀) 연간의 치세를 이룬 공이 있는데, 방현령은 훌륭한 계책을 잘 내고 두여회는 이에 대한 결단을 잘하였다. 《舊唐書 房玄齡杜如晦列傳》

관원들의 으뜸에 자리하여 領袖搢紳
모든 신료들의 모범이 되었으며 表率臣工
사업은 덕을 따라서 넓어져서 業隨德廣
이룬 공이 더없이 성대하였네 功莫與豐
성상의 은혜는 더욱 돈독하였지만 聖恩彌篤
깊은 병이 갑자기 빌미가 되었으니 二豎遽祟
하늘은 어찌 이리도 빨리 공의 목숨을 앗아가 天何奪速
백성들에게 의지할 곳 잃게 하였는가 俾民失庇
몸이야 깊은 어둠 속으로 돌아갔지만 身歸厚夜
이름은 함께 감춰지지 않으리라 名不俱閟
명을 지어 후세에 밝히노니 薦銘昭後
이에 무덤에 묻어 두노라 藏于幽隧

14 송경(宋璟)의……소통이로다 : 송경과 요숭(姚崇)은 당나라 현종(玄宗) 때의 재상으로 현종 개원(開元) 연간의 치세를 이룬 공이 있는데, 송경은 법을 숭상하고 요숭은 소통을 숭상하였다.《通鑑節要 卷41 唐紀 玄宗明皇帝下》

정경부인 최씨 묘지명

貞敬夫人崔氏墓誌銘

부인의 성은 최씨(崔氏)로 전주(全州)의 명문 집안이다. 증조부 휘 사의(士儀)는 숭정대부(崇政大夫) 판돈녕부사(判敦寧府事)로 시호는 양도공(良度公)이고, 조부 휘 후(厚)는 통정대부(通政大夫) 첨지돈녕부사(僉知敦寧府事)이고, 선고(先考) 휘 윤(昀)은 통정대부 부평 도호부사(富平都護府使)이다. 외조부인 진사 이공지(李公祗)는 본관이 단양(丹陽)으로 여러 차례 춘천 도호부사(春川都護府使)를 지냈으며 이후에 관직을 잃고 집에 거처하였다. 내외의 집안이 모두 이름난 세족(世族)이다.

기미년(1439, 세종21) 6월 16일에 부인이 태어났는데, 어려서부터 성품이 남달랐다. 계례(笄禮)를 행한 뒤에 의정부 좌참찬 박중손(朴仲孫) 공의 셋째 아들인 밀원부원군(密原府院君) 박건(朴楗)에게 시집갔다. 집안 살림을 말쑥하게 꾸리고 부지런히 길쌈하여 하나의 일도 흠결이 없었고 하인들은 감히 속이는 일이 없었으니 집안의 법도가 잘 확립되었다. 밀원공이 벼슬에 나아가기 전부터 반려가 되었는데, 밀원공은 다섯 조정에서 두루 벼슬을 하여 높고 중요한 자리에 올랐으며 공신록에 이름을 올리고 지위가 최고의 품계에까지 올랐다. 부인은 처음부터 끝까지 그 아름다움을 짝하여 정경부인 작위에 봉해졌으니, 하늘이 복을 내린 것이 아니라면 여기에 이를 수 있었겠는가.

밀원공은 기사년(1509, 중종4)에 세상을 떠나 양주(楊州) 치소(治所) 서쪽 장흥리(長興里) 해좌사향(亥坐巳向)의 언덕에 장사 지냈고,

6년 뒤인 갑술년(1514) 여름 6월 25일에 부인도 세상을 떠났으니 누린 햇수가 모두 76세였다. 이해 9월 25일에 밀원공 묘소의 좌측에 장사 지냈으니 예법을 따른 것이다.

3남 1녀를 두었는데, 장남은 승환(承煥)으로 천안 군수(天安郡守)이고, 다음은 승수(承燧)로 병조 참지이고, 다음은 승약(承爚)으로 의정부 검상(議政府檢詳)이며, 딸은 나 신용개에게 시집왔다. 아들과 딸은 모두 먼저 죽었다. 내외로 손자와 증손은 모두 30명인데, 모두 밀원공의 비지(碑誌)에 적혀 있기에 여기에는 적지 않는다.

아아, 밀원공과 부인은 나이와 관작이 모두 높았으니 덕을 쌓은 경사가 매우 큰 것이다. 그러나 자녀들은 모두 슬하에 남아 있지 않았으니, 하늘이 유독 이것에 인색했던 것은 어째서인가? 내가 15세에 이 집안에 장가들었는데 가르침과 보살핌 속에 성장하여 이공(貳公)의 반열에 들게 되었으니, 받은 은혜가 참으로 깊다 하겠다. 삼가 집안의 내력 및 명망과 덕행을 서술하여 신도(神道)에 묻어 후세에 알리노라. 이는 모두 사실에 근거하여 기록하고 감히 지나친 말을 두지 않았다. 마침내 절하고 다음과 같이 명을 짓노라.

살아서는 똑같이 훌륭하더니	生匹休
죽어서도 무덤을 함께하네	歿同原
길이 행운을 간직하여	永保吉
후손에게 복을 내리소서	慶後昆

이요정집

제11권

묘지 墓誌

결성 현감 권공 묘지명

結城縣監權公墓誌銘

공의 휘는 료(燎)이고, 자는 언명(彦明)이며, 본관은 안동(安東)이다. 을해년(1455, 세조1) 10월 모일에 태어나 51세인 을축년(1505, 연산군 11) 5월 모일에 결성 현감으로 있으면서 관청에서 죽었으며, 모년 모월 모일에 충주(忠州) 아무 마을 모좌모향(某坐某向)의 언덕에 장사 지냈으니 선영(先塋)을 따른 것이다.[1] 원조(遠祖)인 김행(金幸)은 신라의 종실이었는데, 고려 태조가 나라를 통일할 때에 가장 먼저 그 의로움을 따랐다. 태조가 '기미를 밝게 살펴 권도(權道)에 통달하였다'고 하여 마침내 권씨(權氏)로 성(姓)을 하사하고 길창군공(吉昌郡公)에 봉하였다. 이후 대대로 명문 가문으로 이어져 왔다. 본조에 들어와서 문충공(文忠公) 휘 근(近)이 좌명 공신(佐命功臣)으로서 길창군(吉昌君)에 봉해지고 우리나라 이학(理學)의 종장이 되었는데, 공에게 증조가 된다. 안숙공(安肅公)인 호조 판서 휘 준(蹲)은 정난 공신(靖難功臣)으로서 안천군(安川君)에 봉해졌는데 공의 조부가 된다. 마전 군수(麻田郡守) 휘 념(念)이 공의 아버지이고, 사재감 정(司宰監正) 최저(崔渚)가 공의 외조부이다.

공은 부평 교수(富平敎授) 김석손(金碩孫)의 따님에게 장가들어 아

1 충주(忠州)……것이다 : 현재 충청북도 음성군(陰城郡) 생극면(笙極面) 방축리(防築里)에 묘가 있으며, 묘역에는 부모의 묘도 함께 조성되어 있다. 방축리는 원래 충주에 속해 있었는데, 1906년 음성군에 편입되었다.

들 셋을 낳았다. 첫째는 복(福)인데 계해년(1503)의 문과에서 갑과 1등으로 합격하여 병조 좌랑이 되었고, 다음은 례(禮)이고, 그다음은 상(祥)이다. 복은 승문원 정자 변강지(卞綱之)의 딸에게 장가들어 아들 둘을 낳았는데, 첫째는 인(仁)이고 다음은 숙(俶)이다. 례는 백성수(柏城守) 이원(李源)의 딸에게 장가들었다. 상은 아직 장가들지 않았다.

공은 성품이 공손하고 검소하며 맑고 신중하여 독실히 공무에 임하였고, 사람을 대하고 일을 하면서는 온화한 기운이 감돌았다. 젊어 학문에 전심하였으나 여러 번의 시험에서 성취를 이루지 못하다가 마침내 벼슬에 나아가게 되어서는 거듭 의금부 경력(義禁府經歷)이 되었다. 그리고 상의원(尙衣院)과 종부시(宗簿寺)의 주부(主簿), 사헌부 감찰, 개령(開寧)과 결성 두 고을의 현감을 역임하였다. 가는 곳마다 일이 잘 다스려져 명성과 치적이 모두 드러났고, 고을의 수령이 되어서는 정사가 공평하고 백성이 화목하여 모두 공이 떠난 뒤에 사모하였다. 부모의 상을 당하여서는 정성 어린 효심으로 슬퍼하여 모두 3년간의 여막 생활을 하였다. 사는 집의 마룻대와 지붕이 모두 파손되었는데도 서까래 하나 기와 하나도 고치려 하지 않으며 말하기를 "우리 집안이 대대로 청렴함을 지켜 왔는데 내가 지금 두 고을의 수령을 맡아 조금이라도 집을 수리한다면 사람들이 나를 보고 공적인 것을 훔쳐서 자신을 윤택하게 하였다고 말하지 않겠는가."라고 하고는 마침내 종신토록 그러한 일을 하지 않았다. 그리고 비록 병이 위중한 지경에 이르렀으나 오히려 근엄하게 백성들에 대한 말만 할 뿐 한마디도 사사로움을 언급하지 않았으니, 공을 선인(善人)이라고 말할 수 있을 것이다. 그러나 애석하게도 관직이 덕에 걸맞지 않았고 수명도 오래 누리지 못하였다.

공의 아들인 좌랑이 홍문관 대제학인 나에게 글을 보내어 묘지명을 지어 달라고 부탁하였다. 내가 충청 수사(忠淸水使)로 있을 때[2]에 공이 결성의 수령으로 있었다. 결성은 땅이 수영(水營)과 연이어 있어 그의 사람됨과 정사를 베푸는 실상을 내가 상세히 기억하며 또 좌랑과는 함께 황제의 경사(京師)에 가서 그의 훌륭한 면모를 볼 수 있었다. 이를 통해 공의 집안에서의 가르침이 근본한 바가 있고 후대로 전해진 남은 경사가 유래가 있으며 좌랑은 또 공의 가문을 창대하게 할 수 있는 사람임을 알아서, 공의 묘지명에 말할 수 있는 것이다. 마침내 다음과 같이 명을 짓노라.

마음을 닦고 관직을 삼가 수행하였는데 修于心恪乎職
수명과 지위가 덕에 미치지 못하였구나 年與位不滿德
아아, 공의 무덤이 吁嗟公之室
이미 인온하고 견고해졌네 旣安且固
선산으로 돌아가 묻혔으니 先隴是歸
저승길을 헤매진 않으리라 不迷冥路

2 내가……때 : 신용개는 1502년에 충청도 수군절도사로 임명되었다. 《燕山君日記 8年 10月 21日》

의정부 우찬성 박공 묘지명

議政府右贊成朴公墓誌銘

의정부 우찬성 박공의 휘는 열(說)이며, 자는 열지(說之)이다. 갑신년(1464, 세조10)에 태어나 정축년(1517, 중종12)에 세상을 떠났으니, 향년 54세이다. 명망과 훌륭한 덕을 지니고서 수명을 오래 누리지 못하였으니, 아아 애통하다. 박씨는 밀양(密陽)의 이름난 성씨로, 원조(遠祖) 휘 화(華)는 관직이 문하좌시중(門下左侍中)에 이르렀고, 그의 증손인 신녕 감무(新寧監務) 휘 의림(義林)에 이르러서는 이조 참판에 추증되었는데 공에게 증조가 된다. 이분이 목천 현감(木川縣監) 휘 유(維)를 낳았는데 병조 판서에 추증되었고 공에게 조부가 된다. 판서공(判書公)의 아들은 사옹원 첨정(司饔院僉正)을 지내고 의정부 우찬성에 추증된 휘 사동(思東)인데 바로 공의 아버지이다. 정경부인(貞敬夫人)인 창원 박씨(昌原朴氏)는 지박천군사(知博川郡事) 박전(朴旃)의 소생으로 공에게 어머니가 된다. 집안의 계통이 멀리서부터 대대로 이어져 왔고 공에 이르러 다시 가문을 번성시켰으니, 어찌 대대로 삼가고 조심하여 복록을 쌓은 결과가 아니겠는가.

공은 어려서부터 학문을 좋아하였기에 이른 나이에 성취를 이루어 성화(成化) 계묘년(1483, 성종14)의 생원시에 합격하였다. 홍치(弘治) 기유년(1489) 문과에 합격하여 승문원 부정자(承文院副正字)로 선발되었고, 이어 정자(正字), 저작(著作), 박사(博士)로 승진하였다. 을묘년(1495, 연산군1)에 사헌부 감찰에 제수되었고, 홍문관에 뽑혀 들어가 수찬이 되었으며, 이조좌랑 겸 승문원교검(吏曹佐郎兼承文院校

檢)으로 자리를 옮겼는데, 이때부터 당상에 오를 때까지 항상 승문(承文)의 직임을 맡았다. 정사년(1497)에 중시(重試)에 합격하였고, 홍문관 부교리가 되었다가 얼마 후 호조 정랑으로 자리를 옮겼다. 기미년(1499)에 사재감 첨정(司宰監僉正)으로 승진하였고, 승문원 교감(承文院校勘)을 거쳐 사헌부 장령에 제수되었으며, 다시 홍문관에 들어가 부응교가 되었다. 경신년(1500)에 다시 장령에 제수되었다가 승진하여 군기시 부정(軍器寺副正), 사옹원 정, 봉상시 정(奉常寺正), 홍문관 직제학 겸 예문관응교에 제수되었다. 예문관 응교는 반드시 장차 문형(文衡)을 맡을 사람을 선발하여 맡기는 자리이니, 높이 평가되어 뽑힌 것이다. 임술년(1502)에 승진하여 부제학에 제수되었다. 계해년(1503)에 승정원 우부승지에 제수되었다가 도승지로 승진하였고 특별히 가선대부(嘉善大夫)의 품계가 주어졌다. 얼마 후 형조 참판으로 자리를 옮겼고, 호조와 공조의 참판, 동지중추부사 겸 동지춘추관성균관사를 역임하였다. 무진년(1508, 중종3)에 이조 참판에 제수되었다. 기사년(1509)에 특별히 공조 판서로 승진하였고, 얼마 후 사헌부 대사헌에 제수되었으며, 또 승진하여 의정부우참찬 겸 도총부도총관이 되었다. 경오년(1510)에 예조판서 겸 지의금부사 홍문관제학으로 자리를 옮겼고, 얼마 지나지 않아 이조 판서로 자리를 옮겼다. 그리고 공조와 형조의 판서, 좌참찬과 우참찬, 대사헌, 이조와 예조의 판서 등을 역임하였다. 병자년(1516)에 승진하여 의정부 우찬성에 제수되었다.

아아, 공은 지키는 것이 반듯하고 마음속에서 터득된 바가 얕지 않아 사업으로 펼칠 때에는 절로 계획이 짜여졌다. 이른 나이에 두루 관직을 역임하며 대각(臺閣)과 경연의 자리에 출입하였고, 공조와 예조 두 관서의 판서를 두 번 역임하고, 이조 판서를 세 번 역임하고, 사헌부의 수장을 네 번 맡았고, 다섯 차례 참찬과 찬성이 되었으니, 사람들의 신망이 갈수록 두터웠다. 공은 어려서 아버지를 여의었으나 사모하는 마음이 줄어들지 않았으며 어머니를 모시면서는 성심 어린 효성이 더욱 독실하였다. 형제간에는 우애하고 벗을 대할 때에는 신의가 있었으며, 삼가는 마음으로 자신을 단속하여 남과 틀어지는 일이 없었다. 안팎으로 자신을 닦는 것이 이와 같았으니 참으로 단정한 군자였다. 아아, 이러한 사람을 세상에 오래 살게 하지 않았으니, 아득한 하늘의 이치는 끝내 믿을 수 없는 것인가. 이해[3] 2월 14일에 세상을 떠나 달을 넘겨 4월 25일에 고양군(高陽郡) 치소(治所) 남쪽 다원리(多院里) 모좌모향의 언덕에 장사 지냈으니, 슬프다.

공은 상장군(上將軍) 권순(權淳)의 따님에게 장가들어 딸 하나를 낳아 진사 조성(趙晟)에게 시집보냈는데, 아들 하나를 낳았고 아직 어리다. 아들이 없어 조카 세정(世貞)을 후사로 삼았으니 슬프다. 장사를 지내려 할 때에 나 의정부 우의정 신용개가 공과 벗이라는 이유로 나에게 묘지명을 지어 달라고 요청하였다. 나는 공과 젊어서부터 마음이 일치하여 막역한 교분을 맺어 왔다. 지금 공을 잃어 애통한 마음 그만둘 수 없으니 어찌 차마 묘지명을 쓸 수 있겠는가. 그러나 나보다 상세히 공을 아는 사람은 없으니, 내가 묘지명을 쓰지 않으면 누가 묘지명을 쓰겠는가. 마침내 다음과 같이 명을 짓노라.

삼가며 수양하여 마음을 변치 않았고	謹而修心不移
행동하는 바는 마땅하지 않음이 없었네	於所履無不宜

3 이해 : 중종 12년인 1517년이다.

나라가 의지하여 장차 큰일을 하려 하였는데	國之倚將大爲
하늘은 어찌 앗아 가 갑자기 이 지경에 이르렀나	天何奪遽至斯
공의 죽음을 곡하는 것은 나라를 위한 것이네	哭公歸國非私
아아, 나의 마음을 공은 알리라	嗟予心公所知
어둡고 어두운 밤에 아침은 어느 때런고	冥冥夜朝何時
영원토록 신이 보호하고 지키리라	於萬年神護持

문성부원군 유공 묘지명

文城府院君柳公墓誌銘

하늘이 너그럽고 후하며 넓고 큰 자질을 사람에게 부여하는 것은 그 사람을 후하게 해 주려는 것이 아니라 장차 큰 임무를 내려 널리 베풀도록 하기 위해서이다. 이미 그 임무를 크게 하여 그 쓰임을 넓게 한 뒤에는 또 그 자신을 장수하게 하고 그 후손을 복되게 하니, 하늘이 선한 사람에게 복을 내리는 것은 어긋남이 없다. 문성부원군 유공은 하늘에서 그 자질을 받아 자신의 몸을 선하게 하고 그 보답을 누린 사람이라고 할 만하다.

공의 휘는 순(洵)이고, 자는 희명(希明)이다. 문화(文化)의 큰 문벌로 고조인 휘 만수(蔓殊)는 관직이 숭록대부(崇祿大夫) 의정부 찬성사(議政府贊成事)에 이르렀고, 증조인 가정대부(嘉靖大夫) 상의중추원사(商議中樞院事) 휘 원지(原之)는 뒤에 이조 판서에 추증되었고, 조부인 한성부 판관(漢城府判官) 휘 종(淙)은 뒤에 의정부 좌찬성(議政府左贊成)에 추증되었고, 아버지인 세자좌세마(世子左洗馬) 휘 사공(思恭)은 뒤에 추충적덕보조 공신(推忠積德補祚功臣) 의정부 영의정 문천부원군(文川府院君)에 추증되었는데, 벼슬이 증직된 것은 모두 공의 공훈과 지위에 맞춘 것이다. 어머니 남양 홍씨(南陽洪氏)는 판경성절제사(判鏡城節制使) 홍상직(洪尙直)의 소생으로 역시 명문 집안이다. 정통(正統) 신유년(1441, 세종23)에 공을 낳았다.

공은 어린아이 때부터 기품이 일찍 성숙하였고 대부인이 또 성품이 엄격하여 옳고 반듯함을 가르치니, 젖을 떼기도 전에 글을 읽을 줄 알고 대체의 뜻을 이해하였다. 집에 책이 없어 늘 다른 사람에게 빌려 읽었는데 책 하나를 얻으면 밤낮으로 익히고 외워 반드시 정밀하게 익힌 뒤에 돌려주었다. 겨우 15세쯤이 되어 남학(南學)에서 공부할 때 금릉(金陵)에 관한 사(詞)를 지었는데 표현과 뜻이 다 노련하고 굳건하여 문단의 대가들이 모두 추켜세우고 감복하며 원대하게 될 것을 기대하였다.

천순(天順) 기묘년(1459, 세조5)에 사마시에 으뜸으로 합격하였고, 임오년(1462)에 문과에 합격하여 권지 승문원정자(權知承文院正字)에 선발되었고, 이어 승정원 주서에 제수되었다. 성화(成化) 을유년(1465)에 성균관주부 겸 예문봉교(成均館主簿兼藝文奉敎)와 호조좌랑 겸 지제교에 차례로 제수되었다. 병술년(1466)에 중시(重試)와 발영시(拔英試)에 합격하였고, 자리를 옮겨 이조 정랑에 제수되었다. 기축년(1469, 예종1)에 부친상을 당하였고, 상복을 벗고는 도로 옛 직임에 제수되었다. 이어 예문관의 응교, 전한(典翰), 직제학으로 승진하였고, 얼마 후에는 홍문관 부제학으로 승진하였다. 성종(成宗)이 명하여 불러 미인도(美人圖)를 내려 주며 시를 지어 올리라고 하였는데, 그 시의 마지막 연에 "임금께서 이제부터 성색을 멀리하여, 미인도만 펼쳐도 미간을 찌푸리시리.〔君王自是疎聲色, 展畫猶應寄一顰.〕"라고 하였다. 임금이 훌륭하다고 칭찬하고서 장인에게 명하여 잘 꾸며 족자로 만들라고 하였으니, 지금도 그림을 보관하는 창고에 보관되어 있다. 얼마 후 승정원 동부승지에 제수되었고, 이어 우부승지에 제수되었다. 기해년(1479, 성종10)에 모친상을 당하였고, 상기를 마친 뒤에 병조참지에 제수되었다. 계묘년(1483)에 특별히 가선대부(嘉善大夫)의 품계가 더해졌으며 전라도 관찰사에 제수되었고, 조정으로 돌아와 공조 참판에 제수되었다. 이후 사헌부 대사헌, 예조・형조・병조의 참판, 동지중추 겸 동지경연성균관의금부사 도총부부총관, 개성부 유수(開城府留守), 성균관 대사성을 역임하였는데 맡은 곳 모두 명성과 치적이 있었다. 을사년(1485)에 흉년을 만나 명을 받들고서 호서(湖西) 지역을 진휼하며 많은 사람들을 온전히 살려 내자 백성들이 모두 공을 의지하였다. 홍치(弘治) 계축년(1493)에 특별히 자헌대부(資憲大夫)의 품계가 더해졌으며 공조 판서에 제수되었고, 이어 형조와 이조의 판서가 되었으며 지춘추관사를 겸하였다.

무오년(1498, 연산군4)에 《성종실록》을 편수하면서 사초(史草)와 관련된 일에 연루되어 잠시 파직되었다가[4] 몇 개월 뒤에 한성부 판윤에 제수되었고, 이어 의정부 좌참찬, 호조판서 겸 예문관제학에 제수되었다. 임술년(1502)에 특별히 숭정대부(崇政大夫)의 품계에 올랐으며 의정부 우찬성에 제수되었다. 계해년(1503)에 우의정으로 승진하였고, 갑자년(1504)에 다시 승진하여 영의정에 이르렀다. 당시는 사리에 어둡고 사나운 연산군 시절이라 정사가 황폐해졌고 임금이 자신의 뜻을 어기는 사람들을 죽였으니 화가 문 앞에까지 다다랐다. 공은 영의정의 자리에 처하여 자리를 떠나려고 하였으나 사직을 할 수가 없었고 잘못을 바로잡으려고 하였으나 꺼리고 싫어하는 심기를 거스를 뿐이었으니, 오르락내리락 애쓰면서 항상 근심하고 애태우며 가슴 아파하였다.

4 무오년에……파직되었다가 : 무오년에 《성종실록》을 편수하는 과정에서 김일손(金馹孫)의 사초(史草)에 김종직(金宗直)이 지은 〈조의제문(弔義帝文)〉이 포함되어 있었는데, 이 글이 세조(世祖)의 왕위 찬탈을 풍자한 글이라는 문제가 제기되어 이와 관계된 많은 이들이 죽었다. 이를 무오사화(戊午士禍)라고 한다. 이때에 유순은 문제의 사초를 보고도 즉시 보고하지 않았다는 이유로 파직되었다. 《燃藜室記述 卷6 戊午史禍》

정덕(正德) 병인년(1506, 중종1)에 이르러 성상이 하늘의 뜻에 부응하여 왕위에 올랐는데, 은혜를 미루어 공훈을 책록하여 병충분의익운정국 공신(秉忠奮義翊運靖國功臣)의 공신호를 하사하고 문성부원군에 봉하였으며 아울러 토지와 노비를 하사하였다. 공이 의정(議政)의 직임을 재삼 힘껏 사직하였으나, 비답을 내려 윤허하지 않았다. 기사년(1509)에 또 굳게 사직하여 마침내 의정의 직임이 교체되었고 문성부원군 겸 영경연사(文城府院君兼領經筵事)가 되었다. 경오년(1510)에 치사하니, 궤안과 지팡이를 하사하고 직임은 그대로 유지하게 하였다. 갑술년(1514)에 영의정의 자리가 비게 되었는데, 대신들이 마땅히 노성한 사람을 등용해야 한다고 아뢰자 임금이 더욱 다시 공을 등용하고 싶어서 마침내 다시 공을 정승에 임명하였다. 공이 사직하였으나 윤허를 받지 못하였다. 병자년(1516)에 또 굳건하고 간절하게 사직을 청하니, 상이 이르기를 "여러 조정을 거친 노성한 신하로 내가 크게 의지하고 있었다. 거듭 늙음과 질병을 이유로 물러나기를 청하였으나 나의 생각에 영의정의 진퇴를 가벼이 할 수 없어 윤허해 주기 어려웠다. 그런데 지금 더욱 절실히 청하며 마음과 뜻이 절박하니, 억지로나마 그 뜻에 따라 기무(機務)를 면하게 하여 편히 몸을 보양할 수 있도록 하노라."라고 하고, 도로 부원군에 봉하였다. 정축년(1517)에 병이 깊어지자 상이 내의원에 명하여 치료해 주도록 하였고, 때때로 임금을 위한 주방에서 만든 음식을 하사하였으며, 승지를 보내어 병을 살피도록 하였다. 5월에 병이 위중해져 집에서 세상을 떠났으니, 향년 77세였다. 부고가 전해지자 상이 무척 애통해하며 특별히 부의를 더해 주고 조제(弔祭)를 예에 맞추어 하도록 하였다. 그리고 바로 사옹원(司饔院)에 명하여 자신에게 올리는 음식을 간소하게 하도록 하였는데, 승정원이 고기로 만든 반찬을 들이도록 할 것을 청하자, 상이 이르기를 "문성부원군은 여러 조정을 거친 노성한 신하이다. 지금 그가 영원히 떠났다는 소식을 들으니 애통한 마음 그지없다. 바로 고기 음식을 들이도록 하는 것을 차마 하지 못하겠다."라고 하였다. 이해 모월 모일에 양주(楊州) 동촌(東村) 무둔산(無屯山) 팔야리(八夜里) 모좌모향(某坐某向)의 언덕에 장사 지냈다. 관청에서 장사 지내는 일을 돌보아 조금도 부족함이 없었으니, 살아서는 존경을 받고 죽어서는 애도를 받음이, 아아, 갖추어졌구나.

공은 타고난 자품이 순수하고 성실하며 너그럽고 온화하였다. 어려서부터 대인(大人)의 기품과 국량을 지녀 사람들이 모두 큰일을 할 그릇임을 알았다. 일찍부터 학문을 좋아하여 서적을 깊이 탐독하며 나태한 마음을 가지지 않았고, 연이어 세 번 과거에 합격하여 크게 문장을 드러냈다. 바쁜 직무 가운데에서도 책을 멀리한 적이 없고 널리 경전과 역사책을 읽어 마음 가득 성취를 이루었으며, 제자백가도 모두 빠짐없이 탐구하였다. 글을 읽으면서는 조금이라도 의심되거나 어렵게 느껴지는 것이 있으면 여러 책을 통해 고증하며 종일토록 탐구하고 생각하여 반드시 완전히 이해할 수 있도록 하였다. 자학(字學)에 대해서도 매우 정밀하게 탐구하였고, 의방(醫方)과 지리(地理)에 대해서도 힘써 연구하지 않음이 없었다. 항상 방을 깨끗이 청소하고서 좌우에 서적을 두었으니, 맑고 깨끗하여 마치 벼슬 없이 글을 읽는 서생(書生)과도 같았으며 아무 보탬 없는 유희는 전혀 가까이하지 않았다. 지은 문장은 전아하고 굳세면서 법도에 맞아 옛사람의 기상이 있었고 세속 사람들의 상투적인 틀에 빠지지 않았다. 성품은 또 검약하여 의복과 용구 들은 정갈하기만 하면 되었다고 여기고서 화려함을 좋아하지 않았으며, 극히 존귀한 지위에 오르고서도 처신이 간소하여 잔치를 베풀어 놀고 음악을 즐기는 것을 좋아하지 않았으니, 부귀를 누린 40여 년 동안 단지 궤안과 지팡이를 하사받은 뒤에 한 번 잔치를 열어 음악을 연주했을 뿐이다. 반드시 법도로 자제들을 가르치고 온화하면서도 엄숙하게 집안을 다스려 위아래의 질서가 문란하지 않았다. 형제에게는 우애가 더욱 돈독하여 형 위(渭)가 포천(抱川)에 살 때 매우 가난하자 철마다 옷을 지어 보냈는데, 겨울에는 반드시 두텁고 따뜻하게 하고 여름에는 반드시 가볍고 얇게 하였다. 그리고 모든 생활 도구도 공에 의지하여 궁핍하지 않을 수 있었다. 동생 침(沈)이 병을 앓아 항상 약이 필요하였는데 공이 직접 의서를 살펴보고 의원을 불러 따로 약을 조제하여 치료하였으며, 의복과 용품도 형과 견주어 똑같이 베풀어 주었다. 아아, 공은 재주가 넉넉하고 덕이 두터우며 선을 좋아하는 사람이었다. 젊은 나이에 과거에 급제하여 청요직(淸要職)에서 명성을 날렸고 경대부를 거쳐 마침내 최고의 지위에 이르렀다. 지위는 모든 신료들의 으뜸이 되었고 나이는 70세를 넘겼으면서도 조금의 재앙도 없어 집안의 경사가 그치지 않았고 복록이 후세로 이어졌다.

부지통례문사(副知通禮門事) 장계증(張繼曾)의 따님에게 장가들어 아들 둘과 딸 둘을 낳았다. 큰아들은 응룡(應龍)인데 정국 공신(靖國功臣)에 책훈되어 지금 동지돈녕부사 문원군(文原君)이 되었고, 다음은 응대(應臺)인데 군기시 판관(軍器寺判官)을 역임하였으며 공보다 먼저 죽었다. 큰딸은 사도시 첨정(司䆃寺僉正) 안숙(安塾)에게 시집갔고, 다음은 사천 현감(泗川縣監) 이장견(李長堅)에게 시집갔다.

문원군인 응룡은 종실 암성수(巖城守)[5]의 딸에게 장가들어 아들 둘을 낳았는데, 경원(敬元)과 경장(敬長)이다. 경장은 진사시에 합격하였다.

판관인 응대는 전취(前娶)인 직장(直長) 이사종(李嗣宗)의 딸에게서 딸 하나를 낳았는데 진사 채세영(蔡世英)에게 시집갔고, 후취(後娶)인 상호군 조권(趙權)의 딸에게서 딸 하나를 낳았는데 어리다.

첨정인 안숙은 아들 둘과 딸 하나를 낳았는데, 아들은 안애인(安愛仁)과 안애의(安愛義)이며 딸은 시산부정(詩山副正) 이정숙(李正叔)에게 시집갔다.

현감인 이장견은 아들 하나와 딸 하나를 낳았는데, 아들은 이복남(李福男)이고, 딸은 유학을 공부하는 선비인 경세인(慶世仁)에게 시집갔다.

장사를 지내려 할 때에 공의 아들 문원군이 공의 관직 이력과 행적을 가지고 와 의정부 우의정인 나 신용개에게 묘지명을 지어 달라고 요청하였다. 나는 공을 옆에서 모시면서 공에게 인정을 받은 지가 오래되었기에 공의 실제 모습을 상세히 잘 알고 있으니, 공의 묘지명을 짓는 일을 어찌 감히 사양할 수 있겠는가. 명은 다음과 같다.

안으로 쌓인 것이 두터워	內積之厚
밖으로 드러나는 것이 크고	外發斯大
재주와 학문 남보다 뛰어나	才學出人
성군과 명신이 함께 만났도다	風雲有會
너그러우면서 포용력을 겸하니	寬裕兼容

5 종실 암성수(巖城守) : 태종의 서자 후령군(厚寧君) 이간(李衦)의 아들인 이륜(李倫)이다.

군자의 큰 도량이며	君子之量
훈업을 이루고 세상을 구제하여	勳業經濟
지위는 영의정에 올랐도다	位崇上相
하늘은 그 선함에 복을 내려	天福厥善
장수의 아름다움을 누리게 했고	胡考之休
복록과 자손이 다하지 않아	祚胤不匱
복과 경사가 이어져 흐르네	祉延慶流
몸은 변화에 따라 떠나갔지만	身與化游
이름은 실질을 따라 전해지리라	名隨實垂
여기 무덤에 묘지명을 두니	幽堂有誌
후인들은 공을 생각하리라	後人之思

광성군 김공[6]의 부인 진씨 묘지명
光城君金公夫人陳氏墓誌銘

부인의 성은 진씨(陳氏)로 삼척부(三陟府)의 명문 집안이다. 고(故) 동중추원사(同中樞院事) 휘 충귀(忠貴)의 증손이고, 지고성군사(知固城郡事) 휘 명례(明禮)의 손녀이다. 아버지 휘 계손(繼孫)은 무과에 급제하여 중군 사직(中軍司直)이 되었으나 운명이 기구하여 높은 관직에 오르지는 못하였으며, 판내자시사(判內資寺事) 김매경(金邁卿)의 따님에게 장가들어 부인을 낳았다.

부인은 정숙한 품성을 타고나서 어린아이 때부터 이미 매우 남달랐으니, 부모와 친척들이 모두 애지중지하였다. 마땅한 배필을 가려 마침내 김씨 집안에 시집가서 공안(恭安)의 시호를 받은 광성군(光城君) 김공의 부인이 되었다. 공안공이 먼저 혼인한 부인을 잃고 짝을 찾지 못하고 있었는데, 어머니인 정경부인(貞敬夫人) 모씨(某氏)[7]가 부인의 소문을 듣고서 맞이하여 계실(繼室)로 삼았으니, 곧고 순한 아름다움으로 집안을 화목하게 하였다. 부인을 맞이하기 1년 전에 공안공이 과거에 급제하여 처음 벼슬길에 나아갔는데, 이후 훌륭한 부인을 얻어 내조를 받으니 집안의 가르침이 일찍 이루어져 공안공이 나중에 크게

6 광성군(光城君) 김공(金公) : 김겸광(金謙光, 1419~1490)으로, 본관은 광산(光山), 자는 휘경(撝卿)이다. 문과에 급제하여 예조 판서, 좌참찬 등을 역임하였다. 1471년(성종2) 좌리 공신(佐理功臣)에 책록되어 광성군에 봉해졌다.

7 어머니인 정경부인(貞敬夫人) 모씨(某氏) : 안동 김씨(安東金氏)로, 성천 도호부사(成川都護府使)를 지낸 김명리(金明理)의 딸이다.

현달하게 되었다. 공이 평안도의 관찰사와 절도사가 되고 개성(開城)의 부윤(府尹)이 되었을 때에 부인이 모두 따라갔는데, 두루 내조의 아름다움을 드러내고 바깥일에 대해서는 아무런 간여가 없자, 이르는 곳마다 사람들이 감복하여 떠난 뒤에는 칭송하며 그리워하지 않는 이가 없었다. 부인은 성품이 온화하고 자애로웠으며 일에 임하여서는 검소하고 부지런하여, 평소에 항상 새벽에 일어나고 늦은 밤이 되어서야 잠자리에 들었으며 하인을 부릴 때에는 매우 너그러워 한 번도 심하게 다스리지 않으니 모두 스스로 공경하고 두려워하였다. 자녀들을 올바름과 반듯함으로 가르치니 그 규범이 모두 교훈이 될 만하였고, 친구들을 후하게 대하고 이웃과는 화목하여 조금이라도 부귀를 자랑하려는 마음을 가진 적이 없었다. 공안공의 전처가 낳은 딸이 군수 최세현(崔世賢)에게 시집갔는데, 자신이 낳은 자식과 똑같이 사랑하여 조금의 차이도 두지 않았다.

공안공이 세상을 떠나자 연산현(連山縣) 치소(治所) 서쪽 우수리(牛首里) 모좌모향(某坐某向)의 언덕에 장사 지냈는데, 부인은 슬픔과 그리움이 지극하여 무덤 곁에서 지내며 제사의 기물을 마련하는 모든 일을 아침저녁으로 반드시 직접 하였고, 직접 하지 않으면 마치 성의가 없는 것처럼 여기며 시간이 지날수록 더욱 정성을 쏟았다. 상기를 마치고 서울로 돌아와서는 초하루와 보름에 반드시 제사를 지냈고, 특이한 음식을 얻으면 반드시 사당에 올렸으며 매번 절기를 만날 때마다 제사 지내는 일을 게을리하지 않았다. 세월이 이미 오래 지났으나 추모의 마음은 더욱 깊어져 무덤 근처의 집으로 다시 돌아와 살았다. 공안공이 죽고 나서 16년 뒤인 을축년(1505, 연산군11) 7월 3일에 병으로 세상을 떠났으니 향년 71세였다. 병이 위중했을 때에 정신이 혼미하지 않아 찬찬히 말을 하여 자식들에게 서로 우애하라고 훈계하니, 자식들은 재산으로 다투는 일이 없었고, 곁에 있던 손자들은 모두 은혜를 미루어 각별히 생각하였다. 아아, 부인의 아름다운 덕을 하늘이 돌보아 복록과 경사를 내리고 자손을 번창하게 하였다. 공안공은 의정부의 직임인 참찬(參贊)으로 공신각(功臣閣)에 공훈이 새겨졌고, 부인 또한 그 아름다움에 짝하여 다섯 아들과 두 딸을 낳았고 겸하여 오래 장수하였으니, 이는 참으로 마땅한 것이다. 세상을 떠난 뒤에 달을 넘겨 공안공의 묘소 왼쪽에 함께 장사 지냈으니, 예법에 따른 것이다.

큰아들은 극회(克恢)이고, 다음은 극치(克恥), 다음은 극핍(克愊), 다음은 극개(克愷), 다음은 극제(克悌)인데 모두 훌륭하다는 평판이 있었고, 집안의 가르침을 어기지 않았다. 극회는 통례원 좌통례(通禮院左通禮)가 되었고, 극치는 창릉 참봉(昌陵參奉)이 되었으나 부인보다 먼저 죽었고, 극핍은 과거 시험에 급제하여 홍문관 교리가 되었으나 형인 극회와 함께 언사(言事)에 연좌되어 외방으로 귀양 가 아직 돌아오지 못하였고, 극개는 사마시에 합격하여 사과(司果)가 되었고, 극제는 빙고 별좌(氷庫別坐)가 되었다. 큰딸은 고(故) 감찰 최지성(崔知成)에게 시집갔고, 다음은 통사랑(通仕郎) 이복정(李福禎)에게 시집갔다. ……

교리인 극핍이 벼슬에서 떠나 있는 나에게 소식을 전하여 묘지명을 지어 달라 청하였는데[8] 그 말이 매우 슬프고 간절하였다. 나는 교리와

8 벼슬에서……청하였는데 : 신용개는 1504년에 갑자사화에 연루되어 영광(靈光)으로 유배되었다가, 1506년 중종반정 이후에 다시 벼슬에 올랐다. 진씨 부인이 죽은 해는 1505년이므로 이 묘지명도 유배 기간에 지어진 것으로 보인다.

오랜 교분이 있고 최세현의 따님이 나의 형(신용관(申用灌))에게 시집와서 우리 집안의 총부(冢婦)가 되었기에 부인의 아름다움에 대해 나보다 더 상세하게 아는 사람이 없으니, 부인의 묘지명을 짓는 것이 합당하다. 명은 다음과 같다.

하늘이 진실로 덕과 더불어	天固與德
나이까지 후하게 해 주셨네	厚之以年
선영에 일삼던 곳으로 돌아가시니	歸所事于塋
무덤 이미 편안하고도 견고해졌네	宅旣安且固
가르침을 후손에게 전하였으니	教垂爾後昆
남은 경사가 끝없이 이어지리라	餘慶之綿綿

고양부원군 신공 묘지명

高陽府院君申公墓誌銘

나의 숙부 신공(申公)은 휘가 준(浚)이고, 자는 언시(彦施)이며, 고령현(高靈縣) 사람이다. 의정부 영의정 문충공(文忠公) 휘 숙주(叔舟)의 아들이고, 공조 좌참판 휘 장(檣)의 손자이다. 증조 휘 포시(包翅)는 공조 참의를 지냈고, 고조 휘 덕린(德隣)은 전의 판서(典儀判書)를 지냈다. 어머니 윤씨(尹氏)는 영의정부사(領議政府事)에 추증된 휘 경연(景淵)의 따님이다. 내외가 모두 문벌이었으나 어려서부터 교만한 습속이 없었고 마음이 드넓어 원대한 기상을 지녔다.

성화(成化) 경인년(1470, 성종1)의 문과에 급제하여 병조 참지에 제수되었다. 신묘년(1471) 여름에 좌리 공신(佐理功臣)에 이름을 올렸고, 임진년(1472)에 참의로 승진하였다. 을미년(1475) 여름에 부친상을 당하였고, 정유년(1477) 가을에 상복을 벗고서 승정원 동부승지에 제수되었으며, 이어 도승지에 이르렀다. 무술년(1478) 여름에 호조 참판에 제수되었고, 공훈으로 고양군(高陽君)에 봉해졌다. 경자년(1480) 봄에 이조 참판으로 자리를 옮기고 동지의금부사를 겸하였다. 임인년(1482) 봄에 외직으로 나가 충청도 관찰사가 되었다. 계묘년(1483) 여름에 예조 참판에 제수되었고, 가을에 특별히 자헌대부(資憲大夫)로 품계가 올랐으며 고양군 겸 도총부도총관(高陽君兼都摠府都摠管)이 되었다. 갑진년(1484)에 영안도 관찰사(永安道觀察使)에 제수되었고, 임기가 차서 한성부 판윤에 제수되었다가 이조 판서로 자리를 옮겼으며, 정미년(1487) 가을에 공조 판서로 자리를 옮겼다. 임자년

(1492) 봄에 의정부우참찬 겸 지경연사에 제수되었고, 계축년(1493) 가을에 한성부 판윤에 다시 제수되었다. 을묘년(1495, 연산군1)에 또 공조 판서가 되었고, 정사년(1497) 겨울에 형조 판서로 자리를 옮겼다. 무오년(1498) 여름에 사헌부 대사헌에 제수되었고, 가을에는 또 공조 판서에 제수되었으며, 이어 한성부 판윤이 되었다. 경신년(1500)에 또 우참찬에 제수되었고, 신유년(1501)에 좌참찬으로 승진하였고, 병인년(1506)에 좌찬성으로 승진하였다. 성상을 추대하여 정국 공신(靖國功臣)의 공신호를 하사받고 보국대부(輔國大夫)로 품계가 더해졌으며, 고양부원군에 봉해지고 영경연사(領經筵事)를 겸하였다. 기사년(1509, 중종4) 7월 모일에 병으로 세상을 떠났으니, 향년 66세였다. 이해 9월 모일에 양주(楊州) 송산리(松山里) 선영 가까운 언덕에 장사 지냈다.

공은 성품이 너그럽고 후덕하였으며 순수하고 성실하여 사람을 대하고 일을 하면서 꾸밈없이 진솔하였으며 세세히 따지는 것을 명철함으로 여기지 않았다. 젊어 현달하여 중외의 여러 직임을 역임하면서 누차 중임을 맡았는데 한 번도 재앙이 없었다. 문충공이 일찍이 네 번이나 공신에 녹훈되어서[9] 공훈과 덕이 한 시대의 으뜸이었는데, 공이 아름다운 자취를 계승하여 거듭 공신에 책봉되고 품계도 끝까지 올랐으니 가문의 전통을 잘 이었다고 할 만하다.

9 문충공이……녹훈되어서 : 신숙주는 1453년(단종1) 계유정난 이후 수충협책정난공신(輸忠協策靖難功臣)에, 1455년(세조1) 세조가 즉위한 이후 동덕좌익 공신(同德佐翼功臣)에, 1468년(예종 즉위년) 남이(南怡)의 옥사를 다스린 이후 보사병기정난익대공신(保社炳幾定難翊戴功臣)에, 1471년(성종2) 왕실을 잘 보좌한 공으로 순성명량경제홍화좌리 공신(純誠明亮經濟弘化佐理功臣)에 책봉되었다. 《保閑齋集 附錄 碑銘》

공은 모 직함 아무개의 따님에게 장가들어[10] 아들 하나와 딸 하나를 낳았는데, 아들 복순(復淳)은 첨지중추부사이고, 딸은 종실인 금천부정(錦川副正) 아무개[11]에게 시집갔다. 손자와 손녀는 모두 몇 명이 된다. 측실은 아들 둘과 딸 하나를 낳았는데, 아들은 아무개와 아무개이며,[12] 딸은 서강령(西江令) 아무개[13]에게 시집갔다. 조카인 모 직함의 아무개[14]가 삼가 묘지(墓誌)를 쓰고 명을 짓는다. 명은 다음과 같다.

덕의 국량이 넓었으며	德量之洪
이룬 공훈이 높았도다	勳業之隆
명성을 밝게 빛내었으니	燀赫聲名
살아 영광 죽어선 사람들이 애도하네	哀榮終始
근원의 참세상으로 돌아가	歸源反眞
이곳 그윽한 곳에 자리를 잡았도다	卜玆幽室
선을 쌓아 경사가 있으리니	善積而慶
영원토록 길함을 보존하리	永世保吉

10 모……장가들어 : 판관을 지낸 유수창(柳秀昌)의 딸에게 장가들었다.

11 종실인 금천부정(錦川副正) 아무개 : 이변(李抃)을 가리킨다.

12 아들은 아무개와 아무개이며 : 신복형(申復亨)과 신복린(申復潾)이다. 《高靈申氏晉州譜》

13 서강령(西江令) 아무개 : 이범찬(李凡讚)을 가리킨다. 《高靈申氏晉州譜》

14 조카인……아무개 : 신용개가 신준의 조카인 자신을 지칭한 말이다.

신 경력 말평 부부의 합장 묘지명
申經歷 末平 夫妻合葬墓誌銘

개성 경력(開城經歷) 신군(申君)의 휘는 말평(末平)이고, 자는 사균(士鈞)이다. 58세인 정덕(正德) 기사년(1509, 중종4) 11월에 병으로 세상을 떠났고, 부인 숙인(淑人) 권씨(權氏)도 그 죽음을 슬퍼하다가 지나치게 몸이 상하여 또한 그다음 달에 세상을 떠났다. 이듬해 1월에 양주(楊州) 치소(治所) 남쪽 아차산(峨嵯山) 망오리(忘吾里) 진좌술향(辰坐戌向)의 언덕에 합장하였다. 그의 맏아들인 홍문관 부응교 상(鏛)이 내외의 가계(家系), 누린 햇수, 치적과 행적 등을 서술하여 편지를 보내 나에게 묘지명을 지어 달라고 부탁하였다. 내가 일찍이 응교와 함께 역사를 편수(編修)하였기에 오래전부터 서로 어울리며 마음으로 교분을 맺어 왔다. 경력공(經歷公)에게 이러한 아들이 있어 장차 가문을 더욱 창대하게 할 것이라고 늘 찬탄하고 있었으니, 어찌 차마 그 부탁을 저버리고서 한마디 말도 하지 않을 수 있겠는가.

신씨(申氏)는 평산(平山)의 저명한 성씨이다. 고려를 개국할 때에 휘 숭겸(崇謙)이란 분이 있었는데 가장 앞서 추대한 공이 있어 이후 묘정(廟庭)에 배향되었다. 이때부터 대대로 그 아름다움을 이루어 현달하고 알려진 사람이 많다. 우리나라에 들어와서는 휘 안(晏)이란 분이 아들의 지위에 맞춰 의정부 좌의정에 추증되었는데 군의 증조가 된다. 그의 아들 좌의정 휘 개(槩)는 시호가 문희(文僖)인데 세종의 묘정에 배향되었다. 이분이 휘 자준(自準)을 낳았는데 관직이 충청도 관찰사에 이르렀으며 군에게는 아버지가 된다. 섭호군(攝護軍) 이신전

(李愼全)의 따님에게 장가들어 군을 낳았는데, 이씨(李氏)도 전의(全義)의 명망 있는 집안이다.

군은 어려서 총명하였고 성장하여 글을 읽고 문장을 짓게 되어서는 성화(成化) 경자년(1480, 성종11)의 진사시에 합격하였다. 갑진년(1484)에 음보(蔭補)로 겸장악원직장(兼掌樂院直長)이 되었고, 얼마 후 겸주부(兼主簿)로 승진하였다. 사도시(司導寺)・사옹시(司饔寺)・예빈시(禮賓寺)・의영고(義盈庫)의 주부, 사헌부 감찰, 경기좌도 수운판관(京畿左道水運判官), 가평 현감(加平縣監)을 거쳐 승진하여 충익부 도사(忠翊府都事), 돈녕부첨정 겸 연방원첨정(敦寧府僉正兼聯芳院僉正)이 되었다. 병인년(1506, 중종1) 가을 성상이 보위에 오르는 때를 맞아 원종공신(原從功臣)에 책록되고 통훈대부(通訓大夫)의 품계가 더해졌다. 무진년(1508)에 종친부 전첨(宗親府典籤)에 제수되었다. 기사년(1509)에 개성부 경력에 제수되었다. 병에 걸려 오랫동안 낫지 않아 해임되고자 하였는데, 동료들은 "업무가 극심한 자리가 아니니 관직에 있으면서 병을 조리할 수 있다."라고 하였다. 군이 말하기를 "관직의 일을 돌보지 못하면서 자리를 탐하고 벼슬에 연연하여 눌러앉는 것은 나의 뜻이 아니다."라고 하고는, 곧바로 관직을 버리고 돌아가 집에서 세상을 떠났다. 숙인(淑人)은 지나치게 애통한 나머지 병이 생겨 목숨이 위태로워졌다. 좌우에서 약을 복용할 것을 권하였으나 물리치며 먹지 않고 말하기를 "부부가 죽음을 함께하자고 공이 일찍이 말하였는데, 지금 공이 죽고 아들딸 모두 혼사를 마쳤으니 약을 먹고 살길을 찾아 무엇을 바라겠는가."라고 하였다. 마침내 일어나지 못하였는데, 이때 나이가 56세였으니, 슬프다.

군은 성품이 순박하고 조심스러우며 중후하였다. 그리고 부모에게 효도하고 형제간에 우애하였으며 생활은 검소하여, 제사를 맞이하여서는 반드시 정성을 다하였고 형제를 대할 때에는 사랑을 극진히 하였으며 화려한 옷은 몸에 가까이하지 않았다. 집안을 다스리는 데는 법도가 있고 자식들을 올바름과 반듯함으로 가르쳤다. 관직에 있으면서는 부지런하고 삼가 몸가짐을 청렴하게 하고 아랫사람 부리기는 간소하게 하니, 거쳤던 모든 곳에서 떠난 뒤에 군을 사모하는 마음을 가졌다. 가슴속은 또 한가롭고 담백하여 영달한 자리에 나아가는 것을 즐거워하지 않았고, 평소 지낼 때에는 손에서 책을 놓지 않아 여러 역사책과 《장자(莊子)》와 《열자(列子)》를 즐겨 보았다. 피곤하면 거문고를 타며 시원스레 읊조리곤 하였는데, 비록 명리(名利)의 굴레에 몸이 묶여 있더라도 모든 것을 떨쳐 버린 듯 세상 밖의 먼 생각을 가지고 있었다. 일하는 여가에는 반드시 아름다운 산수를 찾아 피곤함을 잊었다. 정미한 사물의 이치와 오묘한 제작법을 모두 깨쳤으니 예컨대 음율(音律), 산수(算數), 도화(圖畫) 같은 기예는 모두 그가 잘하는 것이었다. 성묘조(成廟朝)에 공이 정밀하고 영민하여 《율려신서(律呂新書)》를 배울 만한 자로 천거되어, 김응기(金應箕)에게 나아가 전수받으라는 명이 내려졌다.[15] 군이 깊이 탐구하고 잘 이해하여 그윽한 이치를 크게 터득하였다. 군이 음악에 정통하였기에 여러 직무를 역임하는 내내 항상 장악원(掌樂院)의 직무를 겸하였다.

15 성묘조(成廟朝)에……내려졌다 : 김응기(金應箕, 1455~1519)의 본관은 선산(善山), 자는 미수(眉叟), 호는 병암(屛菴)이다. 문과에 급제하여 우의정, 좌의정, 영중추부사 등을 역임하였다. 음악에 정통하여 경연에서 《율려신서》를 강하기도 하였다. 《成宗實錄 15年 5月 12日》 1489년 4월 12일, 첩자(妾子) 중에 총명한 자 10인을 뽑아 김응기에게 《율려신서》를 배우도록 하였고, 조관(朝官) 중에는 정운(鄭耘)과 신말평이 음률을 잘 이해하여 이에 전심토록 하였다. 《成宗實錄 20年 4月 12日》

숙인 또한 성품이 맑고 공정하였으며 근검을 타고났다. 평생 급하게 말을 하거나 갑자기 낯빛을 바꾸는 경우가 없었고, 자녀들을 돌보면서는 똑같이 사랑을 베풀어 누구에게는 후하게 하고 누구에게는 박하게 하는 적이 없었으며, 하인들을 대할 때에는 은혜와 위엄을 함께 보여 규방의 범절이 온화하면서도 엄숙하였으니, 군이 크게 공경하고 중시하였다. 원조(遠祖) 김행(金幸)은 신라 말기에 고려 태조(太祖)에게 협조하였는데, 김행이 기미에 밝고 권도(權道)를 안다고 하며 권씨(權氏)로 성(姓)을 하사하여, 권씨가 마침내 안동(安東)의 큰 성씨가 되었다. 휘 근(近)에 이르러서는 우리 조정에서 벼슬하여 좌명 공신(佐命功臣)에 책록되고 벼슬이 의정부 찬성사에 이르렀으며, 길창군(吉昌君)에 봉해졌고 시호는 문충(文忠)이다. 문충공이 휘 제(踶)를 낳았는데 의정부 우찬성이 되었으며 시호는 문경(文景)이다. 문경공이 휘 람(擥)을 낳았는데 세조(世祖)를 추대하여 정난 좌익 공신(靖難佐翼功臣)에 책훈되고 의정부 좌의정이 되었으며, 길창부원군(吉昌府院君)에 봉해졌고 시호가 익평(翼平)이며 묘정(廟庭)에 배향되었다. 익평공이 철원부원군(鐵原府院君) 이공(李公) 휘 원(原)의 따님에게 장가들어 숙인을 낳았다. 신씨와 권씨가 모두 안팎으로 공훈을 세운 명문 집안이다. 군과 숙인의 아름다운 자질은 부여받은 것이 다 연원이 있으니, 남은 경사가 그치지 않았다.

아들 둘과 딸 다섯을 낳았다. 큰아들이 바로 상(鏛)인데 계해년(1503, 연산군9)의 문과 별시에 합격하였고, 종실인 부림군(富林君) 이식(李湜)의 딸에게 장가들어 아들과 딸을 각각 한 명씩 낳았는데 아직 어리다. 다음은 탁(鐸)인데 진사시에 합격하였고, 학생 김극(金克)의 딸에게 장가들어 아들 하나를 낳았는데 아직 어리다. 큰딸은 대호군 한호(韓皓)에게 시집가서 딸 하나를 낳았는데, 군보다 먼저 죽었다. 다음은 부평 부사(富平府使) 오세훈(吳世勳)에게 시집가서 아들과 딸을 각각 세 명씩 낳았다. 다음은 첨사(僉使) 박귀수(朴龜壽)에게 시집갔는데 일찍 죽었다. 다음은 전력부위(展力副尉) 이귀령(李龜齡)에게 시집가서 딸 하나를 낳았다. 다음은 승사랑(承仕郞) 오복정(吳福貞)에게 시집가서 아들 하나를 낳았다.

아아, 하늘이 착함에 대해 보답하는 것은 그 자신이 아니면 그 후손에게 하는 법이니, 군이 크게 현달하지 못한 것은 하늘이 장차 의탁함이 있어서일 것이다. 명은 다음과 같다.

마음이 선량하여 心之良
행동엔 후회하는 바가 없고 行無所悔
관직에 이름 올렸으나 名于官
진퇴를 구차하게 하지 않았으며 不苟進退
어진 조력자를 얻어 得賢助
내외로 가르침을 이루었도다 敎成外內
하늘이 착한 이에게 복을 내리면서 天福善
어찌 나이를 많이 주지 않았던가 胡不與年
참된 근원의 세상으로 돌아가기를 歸眞源
앞서지도 않고 뒤서지도 않았으며 不後不先
죽어 머무르는 무덤을 함께하니 室同穴
이미 편안하고도 견고하도다 旣安且堅
복록은 그대 후세에 전해져서 福祿爾後嗣
남은 경사가 다하지 않으리라 餘慶之不匱

청원군 한공 묘지명

清原君韓公墓誌銘

공의 휘는 위(偉)이고, 자는 굉보(宏父)이다. 성은 한씨(韓氏)인데 가계가 청주(淸州)에서 나왔다. 원조(遠祖) 휘 란(蘭)은 고려 태조를 도운 공이 있어 태사(太師)에 봉해졌고, 이로부터 대대로 복록이 이어져 한씨가 세상에 이름난 가문이 되었다. 우리나라에 들어와서는 휘 녕(寧)이란 분이 있어서 병조 판서에 추증되었는데, 공에게 고조가 된다. 판서공이 휘 영정(永矴)을 낳았는데 의정부 영의정에 추증되었다. 이 분이 휘 확(確)을 낳았는데, 정난 좌익 공신(靖難佐翼功臣)에 책훈되고 서원부원군(西原府院君)에 봉해졌으며 관직은 의정부 좌의정에 이르렀고 시호는 양절(襄節)이다. 양절공의 아들 휘 치의(致義)는 좌리 공신(佐理功臣)에 책록되고 청양군(淸陽君)에 봉해졌으며, 병조 판서로 관직을 마쳤고 시호는 장도(章悼)이다. 장도공이 전의(全義)의 명문가인 지풍천군사(知豐川郡事) 이항전(李恒全)의 따님에게 장가들어 성화(成化) 을유년(1465, 세조11)에 공을 낳았다.

공은 어려서부터 영특하여 다른 아이들과 달랐다. 문음(門蔭)으로 여러 산계(散階)를 거쳐 21세인 을사년(1485, 성종16)에 동부 주부(東部主簿)에 제수되었다가 사헌부 감찰과 사복시 주부(司僕寺主簿)로 자리를 옮겼다. 홍치(弘治) 기유년(1489)에 강원도 도사(江原道都事)에 제수되었고 임기가 차서 군자감 판관(軍資監判官)으로 자리를 옮겼으며, 사복시의 판관(判官)과 첨정(僉正), 충훈부 경력(忠勳府經歷)을 역임하였다. 무오년(1498, 연산군4)에 강화 도호부사(江華都護府使)

에 제수되었는데 아전들은 공을 두려워하고 백성들은 공을 사모하였기에 최고의 등급으로 평가되어 보고되었다. 경신년(1500) 가을에 특별히 통정대부(通政大夫)로 품계가 올랐고 승진하여 공조 참의에 제수되었다. 임술년(1502)에 승정원 동부승지로 발탁되었고 여러 차례 승진하여 좌승지에 이르렀다. 계해년(1503)에 가선대부(嘉善大夫)로 품계가 올랐고, 한성부 우윤(漢城府右尹)에 제수되었다. 얼마 후 동지중추부사로 자리를 옮겼으며 아버지의 공훈을 세습하여 청원군에 제수되었다. 이해 가을에 천추절을 하례하는 사신으로 황조(皇朝)에 다녀왔다. 갑자년(1504) 봄에 도총부 부총관(都摠府副摠管)을 겸하였고, 여름에 소혜왕후(昭惠王后)가 승하하였는데 공을 수릉관(守陵官)으로 삼았다. 당시에 임금이 황포하고 정사가 어그러져서 공이 죄가 없는데도 파직되었으나 수릉관은 그대로 맡았다. 을축년(1505)에 능을 잘 지킨 공로가 인정되어 가정대부(嘉靖大夫)로 품계가 더해졌으나 끝내 복직이 되지는 않았다. 정덕(正德) 병인년(1506)에 모친상을 당하였고, 성상이 보위에 오르는 때를 만나 원종공신(原從功臣) 2등에 책록되었다. 겨울에 특명으로 자급이 한 단계 더해졌으니, 능을 잘 지킨 공로를 뒤미처 보상한 것이다. 무진년(1508, 중종3)에 상복을 벗고서 자헌대부(資憲大夫)에 올랐고 청원군 겸 도총부도총관(淸原君兼都摠府都摠管)에 제수되었다. 경오년(1510)에 지중추부사로 자리를 옮겼다. 신미년(1511) 4월 무자일에 병으로 집에서 세상을 떠나니 향년 47세였다. 부고가 전해지자 조회를 중지하였고 조제(弔祭)를 예법에 맞게 하였다. 달을 넘겨 모월에 과천현(果川縣) 수리산(隨理山) 모향(某向)의 언덕에 장사 지냈다.

공의 맏아들 수선(守善)이 슬픔을 머금고 편지를 보내어 예조 판서

인 나에게 묘지명을 지어 달라고 청하며 말하기를,

"돌아가신 아버지께서는 부귀한 집안에서 나고 자랐지만 교만한 기색이 전혀 없었으며, 지위가 2품에 이르렀지만 남을 대하면서 부귀함을 드러내지 않았습니다. 평생 첩을 두지 않았으며, 청렴과 부지런함으로 관직에 임하여 이르는 곳마다 명성과 치적이 있었습니다. 형제와 친척을 대하면서는 즐거움과 사랑을 지극히 하였고 하인을 부리면서는 너그럽게 하였으며, 자제들을 올바름과 반듯함으로 경계하여 조상에게 누가 되지 않도록 하였습니다. 병이 위중해지자 급히 좌우에게 부축하여 일으키도록 한 뒤에 집안사람들과 마지막 인사를 하며 '내가 일컬을 만한 덕이 없는데 재상의 지위에까지 올랐으니 영예와 행운이 이미 극에 달한 것이다. 지금 죽은들 무슨 한이 있겠는가.'라고 말하고는 갑자기 세상을 떠나셨습니다. 나이가 아직 예순도 되지 않았는데 갑자기 죽음을 맞이하였으니, 지극한 애통한 마음 끝이 없습니다. 바라건대 문한(文翰)을 주관하는 분의 한마디 말씀을 얻어 무덤에 간직하여 후세까지 보존해 전하고자 합니다."

하였다. 내가 그의 말을 슬프게 여기고 또 이어 생각하니 공과는 승정원과 도총부에서 오랫동안 서로 어울려서 공의 실제 사실을 자세히 알고 있는데, 맏아들의 말을 살펴보니 지나침이 없다. 또 공의 맏아들은 나의 형님인 군수 신용관(申用灌)의 딸에게 장가들어 우리 집안과는 사돈 관계이니, 묘지명에 대한 부탁을 어찌 감히 사양할 수 있겠는가.

공은 먼저 청주 목사(淸州牧使) 강자정(姜子正)의 따님에게 장가들었는데 후사가 없이 공보다 먼저 죽었으며, 뒤에 선공감 정(繕工監正) 안우삼(安友參)의 따님에게 장가들어 아들 둘을 낳았다. 장남이 바로 수선이고, 다음이 수도(守道)인데 판관 최인수(崔仁壽)의 딸에게 장가들었다. 명은 다음과 같다.

대대로 이어진 높은 지위를 잘 계승하여	世貂蟬能繼承
명문가를 유지하면서도 교만하지 않았네	保名門不驕矜
하늘이 관직은 주었으나 나이에는 인색하니	天畀官嗇於壽
주고 뺏는 이치 아득하여 궁구하기 어렵네	之與奪莽難究
여기에 유택을 정하여 편안하고 견고하니	宅于玆安且堅
신명이 보우하사 만년토록 영원하리라	神佑護萬爲年

사헌부 대사헌 성공 묘지명

司憲府大司憲成公墓誌銘

사헌부 대사헌 성공(成公)의 휘는 세순(世純)이고, 자는 대순(大純)이다. 향년 52세로, 정덕(正德) 갑술년(1514, 중종9) 1월 27일에 병으로 세상을 떠났다. 4월 4일에 파주(坡州) 향양리(向陽里)에서 장사 지내려 하였는데, 공의 아들과 사위가 공의 나이, 행적, 관직 이력을 가지고 우찬성인 나에게 묘지명을 지어 달라고 청하였다. 아, 나와 공은 마음으로 사귄 막역한 관계였다. 공이 죽은 이후로 창자가 갈가리 찢겼으니 어찌 차마 그의 묘지명을 지을 수 있겠는가. 그러나 공을 나보다 더 자세히 아는 사람은 없으리니 의리상 또한 감히 사양할 수가 없다.

공은 창녕인(昌寧人)이다. 아버지 휘 충달(忠達)은 김포 현령(金浦縣令)을 지냈는데 공의 지위에 맞춰 이조 판서에 추증되었다. 조부 휘 득식(得識)은 한성 부윤(漢城府尹)을 지냈다. 증조 휘 억(抑)은 판중추원사(判中樞院事)를 지냈고 시호는 희정공(僖靖公)이다. 판서공이 첨지중추부사 조원수(趙元壽)의 따님에게 장가들어 천순(天順) 계미년(1463, 세조9) 5월 모일에 공을 낳았다. 조씨(趙氏) 또한 배천(白川)의 저명한 성씨이다.

공은 어려서부터 단아하였고 빼어나면서도 반듯하여 아무런 흠이 없는 윤기 나는 옥과 같았다. 자란 뒤에 학문이 이루어져 홍치(弘治) 임자년(1492, 성종23)에 갑과(甲科)로 과거에 급제하여 평시서 직장(平市署直長)에 제수되었고, 얼마 후 한성부 참군(漢城府參軍)으로 자리를 옮겼다. 이후 시강원 사서(侍講院司書), 형조 좌랑을 역임하였고,

홍문관에 선발되어 교리, 응교, 전한, 직제학 등의 직임을 맡았다. 신유년(1501, 연산군7)에 모친상을 당하였고 상복을 벗은 뒤에는 다시 전한에 제수되었다. 승정원 동부승지로 승진하고 이어 우승지에 이르렀는데 병으로 사직하였다. 공조 참의로 자리를 옮겼다가 얼마 후에는 사간원 대사간에 제수되었으며, 특별히 가선대부(嘉善大夫)로 품계가 올랐다. 병인년(1506) 가을에 동지중추부사에 제수되었고 하성절사(賀聖節使)로 연경(燕京)에 다녀왔다. 이어 한성부 좌윤(漢城府左尹), 전라와 충청 두 도의 관찰사, 이조·호조·형조·공조의 참판, 수 지중추부사(守知中樞府事)를 역임하였고, 대사헌으로 관직을 마쳤다. 맡은 관직은 모두 청요직(淸要職)이었고 이르는 곳마다 명성과 업적이 드러나 사람들이 바야흐로 공이 재상이 될 것이라 기대하였다. 그런데 나이 겨우 반백 년에 지위가 덕에 부합하지도 않았는데 갑자기 저세상으로 떠났으니, 애통하도다.

공은 타고난 자질이 준엄하고 깨끗하여 얼굴에 속된 모습을 드러내지 않았다. 성품은 또 효성스럽고 우애로웠으며 충성과 신의로 도왔다. 사람을 대하고 일을 할 때에는 꾸밈없이 진실된 마음을 가졌다. 일을 판단하고 처리할 때에는 능숙하여 여유가 있었으며 마음과 힘이 굳건하여 안팎으로 어그러짐이 없었다. 이른바 일을 시행할 수도 있고 지조를 지킬 수도 있는 사람으로 얻기 어려운 인재인데, 하늘이 갑자기 앗아간 것은 어째서인가?

공이 강화 부사(江華府使) 김극니(金克柅)의 따님에게 장가들어 아들 넷과 딸 하나를 낳았다. 딸은 참봉 이은우(李殷雨)에게 시집갔는데 후사가 없이 먼저 죽었고, 아들은 수근(守瑾), 수침(守琛), 수종(守琮), 수영(守瑛)인데 모두 아직 벼슬을 하지 않았다. 명은 다음과 같다.

반듯하고도 강하였으니	方而剛
마음에 수립한 바가 있고	心有樹也
온화하고도 순하여	溫而順
법도를 어기지 않았네	不違矩也
한창나이에 세상을 버리고 참세상으로 돌아갔으니	抛盛年而歸眞
속세의 티끌을 싫어한 것이고	厭世塵也
훌륭한 재주 간직한 채 어둠 속에 닫혔으니	藏利器而閉夜
나라는 인재를 잃은 것이네	國失人也
여기 울창하게 우거진 무덤에서	惟茲鬱鬱之佳城
천년토록 영령은 놀라지 마소서	於千年神不驚也

최인수의 어머니 심씨 묘지명

崔仁壽母沈氏墓誌銘

심씨(沈氏)는 관향이 청송(靑松)으로 광덕대부(光德大夫) 의빈부의빈 겸 오위도총부도총관 판의금부사(儀賓府儀賓兼五衛都摠府都摠管判義禁府事) 휘 안의(安義)의 따님이며, 가선대부(嘉善大夫) 황해도 관찰사 휘 선(璿)의 손녀이다. 의빈이 세종대왕의 따님인 정안옹주(貞安翁主)에게 장가들어 경태(景泰) 갑술년(1454, 단종2)에 심씨를 낳았다.

심씨는 온화하고 유순하며 단정하고 맑은 성품을 타고났다. 계례(笄禮)의 때가 되어 통훈대부(通訓大夫) 행 온양군수(行溫陽郡守) 최엄(崔儼)의 아들인 종사랑(從仕郎) 최맹사(崔孟思)에게 시집가서 아들 둘을 낳았다. 순종하며 어김이 없었고 부인이 갖추어야 하는 도리에 부족함이 없었는데, 성화(成化) 임진년(1472, 성종3) 6월 모일에 하늘로 여기던 지아비를 잃었다. 젊은 나이에 과부로 수절하며 곧음과 믿음으로 집안을 보호하였고 두 아이를 길러 내 모두 잘 성장하게 하였다. 첫째 아들은 인수(仁壽)인데 선전관, 감찰, 판관을 거쳐 돈녕부 주부(敦寧府主簿)가 되었고, 둘째 아들은 인복(仁福)인데 주부, 감찰을 거쳐 덕산 현감(德山縣監)이 되었다. 모두 일찍 관직에 나아가 재주와 국량이 쓸 만하니, 이는 또한 어머니의 가르침으로 이룬 것이다. 나이 회갑에 이르러 가벼운 병에 걸렸다가 집에서 세상을 떠났으니, 정덕(正德) 갑술년(1514, 중종9) 10월 24일이었다. 달을 넘겨 12월 27일에 양주(楊州) 치소(治所) 서쪽 불곡산(佛曲山) 묘좌유향(卯坐酉向)의 언덕에 장사 지냈다. 남편의 무덤에 합장하였으니 예법에 따른 것이다.

아아, 맑은 자질과 착한 성품을 지녔는데 하늘이 돌보아 주지 않았구나. 이른 나이에 과부가 되었는데 또 장수를 누리지 못하였으니, 슬프다. 분명 남은 경사의 보답이 자손에게 있을 것이다.

주부인 첫째 아들은 경주 부윤(慶州府尹) 민영견(閔永肩)의 딸에게 장가들어 아들 둘과 딸 둘을 낳았는데, 아들은 국광(國光)과 세광(世光)이다. 국광은 풍원위(豐原尉) 임숭재(任崇載)의 딸에게 장가들었고, 첫째 딸은 별좌(別坐) 정승효(鄭承孝)의 아들 정홍좌(鄭弘佐)에게 시집가서 딸 둘을 낳았고, 둘째 딸은 청원군(淸原君) 한위(韓偉)의 아들 한수도(韓守道)에게 시집갔다.

현감인 둘째 아들은 종실인 가은군(加恩君) 이빈(李份)의 딸에게 장가들어 아들 둘과 딸 셋을 낳았는데, 아들은 문광(門光)과 숙광(淑光)이다. 첫째 딸은 부장(部將) 정유강(鄭有綱)의 아들 정원(鄭源)에게 시집갔고, 나머지는 어리다. 명은 다음과 같다.

세상이 싫어 참세상으로 돌아갔으니	厭世而歸眞
남편을 따른 것이로다	從家公也
무덤이 견고하고 편안하니	泉室之堅安
무궁하게 보전하리라	保無窮也

이요정집

제12권

비명
碑銘

의정부 영의정 성공 신도비명

議政府領議政成公神道碑銘

의정부 영의정 성공(成公)의 휘는 준(俊)이고, 자는 시좌(時佐)이다. 향년 69세에 세상을 떠나 모주(某州) 모리(某里) 모(某) 언덕에 장사지냈다. 그의 외손인 이조 참판 한형윤(韓亨允)이 공의 가계(家系), 행적과 치적, 관직의 이력, 나이 등을 글로 적어 벗인 아무 직함의 나에게 묘비명을 지어 달라고 청하며 말하기를 "나의 외가 성씨(成氏)는 가계가 창녕(昌寧)에서 나왔다. 멀리서부터 대대로 세대를 이어오면서 아름다움을 잇고 경사를 길러 그 집안을 번성하게 하였다."라고 하였다. 창녕부원군(昌寧府院君)에 봉해진 문정공(文靖公) 휘 여완(汝完)으로부터 4대를 거쳐 공에 이르기까지 모두 수신(修身)을 이루고 높은 관직에 이르러 세상의 명문 집안이 되었다. 문정공의 아들 석인(石因)은 호가 상곡(桑谷)인데 실제 예조 판서를 역임하였고, 시호가 정평(靖平)이며 의정부 우찬성에 추증되었다. 찬성공이 엄(揜)을 낳았는데 관직이 지중추부사에 이르렀고, 시호는 공도(恭度)이며 의정부 영의정에 추증되었다. 이분이 형조 참판을 지낸 순조(順祖)를 낳았으니, 공에게 아버지가 된다. 이분이 동지총제(同知摠制) 이란(李蘭)의 따님에게 장가들어 정통(正統) 병진년(1436, 세종18) 8월에 공을 낳았다.

공은 어려서부터 기국이 웅대했고 총명이 남달랐다. 옛글을 읽으면서는 대략 몇 번만 읽어도 바로 외어 잊어버리지 않았다. 특히 《소학(小學)》 읽는 것을 좋아하여 마음 깊이 연구하면서 배고픈지도 목마른지도 모를 지경에 이르렀다. 자라서는 학문이 날로 발전하였고 또 활쏘기와 말타기에도 능하니, 동료들이 모두 받들어 존중하고 장상(將相)이 될 것이라 기대하였다. 경태(景泰) 병자년(1456, 세조2)에 사마시에 합격하였고, 천순(天順) 3년(1459)에 문과에 급제하였다. 승문원에 발탁되어 정자(正字), 저작(著作)이 되었으며, 승정원 주서, 성균관주부 겸 세자사경(成均館主簿兼世子司經), 이조와 병조의 좌랑을 역임하였다. 예종 때에 사헌부 장령에 제수되었다가 언사(言事)로 인해 파직되었는데 얼마 지나지 않아 상이 다시 서용(敍用)하라는 특명을 내렸다. 전조(銓曹)에서 비어 있는 자리가 없다고 아뢰자, 전교하기를 "시강원이 비록 이미 혁파되었지만 아무개를 위하여 특별히 필선(弼善)의 자리를 만들어 제수하라."라고 하였다. 상이 세자로 있을 때 공이 강관(講官)이었기에 공에게 보필의 재주가 있음을 상이 알았다. 이 때문에 이러한 명이 있었던 것이다.

성종이 즉위하고서 사간원 사간에 제수되었다. 글을 올려 17가지 시정(時政)에 관한 일을 논하였는데 말이 매우 간절하고 곧았기에 상이 가상히 여겨 받아들였다. 특별히 통정대부(通政大夫)로 품계가 올랐고 얼마 후 대사간에 제수되었다. 당시 오백창(吳伯昌)이 권세 있는 집안에 아첨하며 섬겨 재상의 지위에까지 올랐는데, 공이 힘껏 상소로 논척하여 탐욕스럽고 간사한 실상을 극력 진술하였다. 말이 대신을 핍박하는 데 이르자 상이 공의 충직을 알기는 하였지만 대신의 마음을 위로하려고 공과 오백창을 모두 파직하였다.[1] 계사년(1473, 성종4)에

1 오백창(吳伯昌)이……파직하였다 : 오백창(1415～1473)은 본관은 두원(荳原), 자는 겸문(謙文)이다. 문과에 급제하여 관직에 진출하였고, 한명회(韓明澮)와 밀접한 관계를 맺으며 높은 자리에 오르게 되었다. 성준은 대사간의 직함으로 1471년부터

모친상을 당하였고 상복을 벗은 뒤에는 이조 참의에 제수되었다. 정유년(1477)에 부친상을 당하였고 상복을 벗은 뒤에는 전라도 관찰사에 제수되었다. 성상께 하직 인사를 할 때에 상이 전교하기를 "경이 대사간이 되었을 때에 내가 이미 경의 충직함을 알았다. 경 또한 나의 마음을 알 것이다. 항상 이 마음을 간직하여 내내 변함이 없도록 하라."라고 하였으니, 성상이 공을 생각하고 의지함이 이와 같았다. 여러 차례 자리를 옮겨 승정원 우부승지가 되었고 우승지를 지냈다. 특별히 가선대부(嘉善大夫)의 품계가 더해지고 형조 참판에 제수되었으며, 동지중추부사 겸 세자우부빈객 도총부부총관(同知中樞府事兼世子右副賓客都摠府副摠管)으로 자리를 옮겼다. 갑진년(1484)에 한성부 우윤에 제수되었고, 얼마 지나지 않아 특별히 가정대부(嘉靖大夫)로 품계가 더해져 병조 참판에 제수되었으며, 외직으로 나가 경기 관찰사가 되었다. 을사년(1485)에 특별히 자헌대부(資憲大夫)의 품계가 더해져 형조판서 겸 세자좌빈객(刑曹判書兼世子左賓客)에 제수되었다.

병오년(1486)에 영안도 관찰사(永安道觀察使)에 제수되었다. 무신년(1488)에 내직으로 들어와 사헌부 대사헌이 되었고, 제도를 벗어나 집을 지은 임사홍(任士洪)을 논박하였다. 얼마 지나지 않아 이조 판서로 자리를 옮겼는데, 이때에 임사홍에 대한 대간의 논박이 그치지 않아 상이 대간을 견책하려다가 공의 의견을 듣고 결정하려고 하였다. 공이 바르게 말하며 뜻을 굽히지 않자 상이 가상히 여겨 받아들였다. 경술년(1490)에 의정부우참찬 겸 도총관에 제수되었다. 신해년(1491)에 영

1473년까지 여러 차례 오백창의 파직을 건의하였는데, 결국 두 사람 모두 파직되었다. 《成宗實錄 2年 12月 9日, 4年 6月 18日》《燃藜室記述 卷6 燕山朝相臣 成俊》

안도 절도사(永安道節度使) 윤말손(尹末孫)이 적절하게 어루만져 다스리지 못하여 오랑캐가 조산보(造山堡)를 침범하였다. 군민(軍民)을 죽이고 잡아갔으며 경흥 부사(慶興府使) 나사종(羅嗣宗)도 붙잡혀 죽었다. 상이 근심하며 문무(文武)에 모두 재주가 있는 이를 선발하여 진압하려고 생각하고는 특별히 공에게 명하여 윤말손을 대신하도록 하였다. 공이 명을 받고 즉시 나아가 온화하게 달래고 제어하니 오랑캐와 백성들이 두려워하고 은혜롭게 생각하였다. 공이 오랑캐의 죄는 마땅히 따져 물어야 한다고 생각하여 글을 올려 정벌을 청하였는데, 당시 조정에서도 한창 정벌을 의논하고 있던 차에 공의 글이 마침 이르게 되자 상이 크게 기뻐하여 허종(許琮)을 도원수로 삼고 공을 부장(副將)으로 삼도록 명하였다. 군사를 일으켜 깊이 들어가 크게 위력을 보이니, 이후로는 도적이 감히 불화를 일으키지 못하였다. 임자년(1492)에 다시 본도의 관찰사에 제수되었고, 품계는 단계를 뛰어넘어 숭정대부(崇政大夫)가 되었으니 북방을 정벌한 공로에 대한 보상이었다. 갑인년(1494)에 병조 판서에 제수되었다.

연산조에 의정부 우찬성에 제수되었다. 무오년(1498, 연산군4)에 우의정으로 승진하였고, 경신년(1500)에 좌의정으로 승진하고 세자부(世子傅)를 겸하였으며, 계해년(1503)에 영의정으로 승진하고 세자사(世子師)를 겸하였다. 갑자년(1504) 윤4월에, 임인년(1482, 성종13) 폐비(廢妃)를 사사할 때 세 분의 대비(大妃)께 전교를 받들고 가 아뢰었던 일로 인해 벌을 받아 직산현(稷山縣)에 유배를 갔고,[2] 5월에 또

2 임인년……갔고 : 연산군의 생모인 윤씨(尹氏)는 숙의(淑儀)에서 왕비로 책봉되었는데, 이후 투기가 심하고 부덕한 일을 자주 하여 빈(嬪)으로 강등되었다가 다시 폐해져

의정(議政)의 직임에 있으면서 허물을 아뢰었던 일로 인해 논척을 당하여 마침내 막중한 벌을 받게 되었으니,[3] 조정과 민간에서 애통해하며 탄식하지 않는 이가 없었고 눈물을 흘리는 이도 있었다. 연산군의 정사가 황폐하여 음란과 학정이 날로 심해지니 공이 한치형(韓致亨), 이극균(李克均)과 함께 정승의 자리에 있으면서 날마다 임금의 잘못을 바로잡는 것을 일로 삼았다. 비록 궁중의 비밀스러운 일이라도 알게 되면 모두 말하였으니, 연산군이 겉으로는 공경하며 중시하는 것 같았지만 실제 속으로는 미워하며 꺼렸다. 갑자년 이후로 간신들의 부추김에 의해 크게 살육의 길을 열었는데 공이 가장 먼저 큰 화를 당한 것이다. 죽음에 임박하여서는 차분하여 조금도 당황하는 기색이 없고 오히려 나라의 일을 염려하였다. 성상이 중흥한 뒤에 가장 먼저 공의 충직함을 기려 공의 직위를 회복할 것을 명하였고, 이어 예를 갖추어 시신을 수습해 장사 지낼 것을 명하였다.

공은 아들 둘과 딸 하나를 두었다. 큰아들은 도총부 경력(都摠府經歷)을 지낸 중온(仲溫)이고, 다음은 공조 정랑을 지낸 경온(景溫)이다. 모두 문과에 급제하여 관직에 나아가 당시에 명망이 높았는데 공과 더불어 모두 참혹한 화를 당하였다. 원통하도다, 하늘이여. 딸은 사섬시 부정(司贍寺副正) 한절(韓晢)에게 시집가 아들 하나를 낳았는데 바

친정으로 쫓겨났으며, 세자인 연산군이 성장하면서 폐비의 처리 문제가 대두되어 1482년에 사약이 내려졌다. 연산군이 폐비의 전말을 알고 난 뒤에 그 일에 참여했던 사람들을 벌하였는데, 성준이 당시 전교를 대비에게 전한 일로 폐비의 일에 참여하였다고 지목되어 처벌을 받았다. 《燕山君日記 10年 閏4月 5日》

3 5월에……되었으니 : 폐비의 논의에 참여하였다는 이유로 유배되었다가 다시 끌려와 국문을 받고 교수형에 처해졌다. 《燕山君日記 10年 5月 4日》

로 한형윤이다. 공의 부인 모씨(某氏)는 검교 공조 참의(檢校工曹參議) 이계기(李啓基)의 따님인데 공보다 먼저 세상을 떠났다. 한형윤은 어려서 어머니를 잃고 외가에서 길러졌는데, 보살피고 기르는 것을 자신의 소생과 같이 하였고 한형윤도 외가로 섬기지 않았다.

공이 장상(將相)으로 출입하면서 의론을 결정하고 일을 이룬 것과 훌륭한 계책을 내고 선정을 베푼 일 등 환히 후세에 전할 만한 것들은 나라의 역사책에 있지만, 마음의 덕과 행적 및 치적은 신도비명이 있지 않으면 그 선하고 아름다움을 이승과 저승에 크게 드러낼 수가 없다. 공은 천성이 엄하고 반듯하며 굳세고 정직하였으니 그 늠름함에 범접하기 어려운 점이 있었으나, 사람을 대하고 일을 할 때에는 온화하고 너그러웠으며 친척과는 가깝고 화목하게 지내서 나이가 적거나 많거나, 관계가 멀거나 가깝거나 상관없이 보살피기를 동일하게 하였다. 심지(心志)는 과단성이 있고 강하여 부정함과 아첨에 흔들리지 않았고 권세와 존귀함을 두려워하지 않아, 네 번 대간(臺諫)의 직임을 맡으면서 직언을 하다 두 번이나 파직을 당하였다. 세 도의 관찰사가 되어서는 정사가 잘 펼쳐지고 백성들은 화합하였으며 북방의 변경을 굳게 지켜 오랑캐가 두려움에 복종하였다. 바른 낯빛으로 조정에 서서 곧게 행동하며 굽히지 않았으니, 이러한 것들은 모두 명(銘)에 기록할 만하다. 내가 공을 모시며 따른 것이 오래되었고 또한 공의 아름다움을 알고 있으니, 명을 지어 달라는 부탁을 어찌 감히 사양할 수 있겠는가. 마침내 다음과 같이 명을 쓰노라.

세상 사람들 억지로 애를 쓰며 世人齷齪
내면을 닦고 겉을 꾸미지만 修中飾邊

공의 마음은 툭 트여	公心坦蕩
절로 하늘에 맡겨 둘 뿐이었네	自任其天
세상 사람들 나약하게 아첨하며	世人脂韋
두레박인 양 오르내리는데	俯仰桔槹
공의 마음은 굳세고 반듯하여	公心抗正
우뚝 솟아 홀로 호걸이 되었네	挺立獨豪
경술을 근원으로 삼고	源本經術
행정과 다스림으로 매만져 가꾸니	潤飾吏治
문무 양쪽 재주를 모두 갖춘	惟文武材
장상의 그릇이 되었다네	將相之器
마음속에 확고히 뜻을 세워	中能樹植
밖으로 이끌림과 두려움 없었으니	外無誘怵
네 번 언관이 되어서는	四爲言官
실상에 맞게 일을 논하였고	論事務實
곧음을 몸에 간직하였으니	直在于躬
잠시 물러난 것은 그의 잘못 아니었네	暫屈非失
세 도의 관찰사가 되어서는	按節三道
사랑을 주나라 감당나무에 남기었고[4]	愛留周棠
이조에서 전형을 담당하면서는	持衡選部

4 사랑을……남기었고 : 지방관으로서 선정을 베푼 것을 말한다. 주(周)나라 소공(召公)이 남쪽 나라를 순행하면서 문왕(文王)의 정사를 펼 때에 감당나무 아래에서 머무른 적이 있는데, 그 후 백성들이 그의 덕을 생각하며 그 나무를 차마 손상하지 못하였다고 한다.《詩經 召南 甘棠》

산도도 이보다 낫지 못하였네[5]	山濤無良
가슴속에 수많은 군사를 지녀	胸中甲兵
용과 범 같은 지략을 펼쳤고	龍虎之略
왕이 공에게 임무 맡기시니	王付于公
북쪽 관문을 굳게 지키었네	北門管鑰
오랑캐의 땅에 위엄을 행하면서는	威行虜庭
허리띠 풀고 하는 일이 없었으며[6]	緩帶無爲
조정에 들어와 정승이 되어서는	入相于朝
시대를 바로잡을 뜻을 지니었네	志在匡時
사람들의 지도자가 되고	人有領袖
나라의 원로대신이 되어	國有筮龜
허물과 그릇됨을 바로잡으며	繩愆格非
험하거나 평탄하거나 변함없었네	不變險夷
아부는 무슨 죄를 지었던가[7]	亞夫何罪

5 산도(山濤)도……못하였네 : 산도는 진(晉)나라의 문신으로, 이부 상서(吏部尙書)를 맡아 인재를 선발할 때 품평이 매우 정확하여 적합한 인재를 잘 등용하였다고 한다. 《晉書 山濤列傳》

6 허리띠……없었으며 : 여유롭게 군진을 다스림을 말한다. 진나라의 장수 양호(羊祜)는 군진에 있을 때에 항상 가벼운 갖옷을 입고 띠를 느슨하게 맨 채 갑옷을 걸치지 않았다. 《晉書 羊祜列傳》

7 아부(亞夫)는……지었던가 : 아부는 한나라의 장수 주아부(周亞夫)를 가리킨다. 흉노를 막아 내고 반란을 진압하는 등 큰 공을 세워 승상의 지위에까지 올랐다. 황후의 오라비를 후(侯)로 삼으려는 데에 반대하였고, 흉노에서 투항한 자들을 받아들이려는 경제(景帝)의 뜻에 반대하는 등 직언을 하였다. 주아부가 노쇠하여 장례 준비를 하며 부장용(副葬用) 갑옷과 방패를 마련하였는데, 경제는 이를 모반의 증거로 삼아 처형하

왕가는 원통함을 품었도다[8]	王嘉銜冤
사람은 죽고 일은 잘못되어 가는데	人亡事非
누가 임금의 혼매함을 일깨우리	孰開君昏
말은 재앙의 빌미가 되었으나	言爲禍階
이름은 길이 보존되어 남으리	名永斯存
성스러운 태양이 다시 밝아져	聖日重明
충성스러운 영혼에 모두 비추어	畢照忠魂
관직은 옛 이름을 회복하였고	官復爲舊
일마다 모두 새로운 은혜로다	事皆新恩
공훈과 덕업은	勳庸德業
몸과 함께 사라지지 않으리니	不與身亡
비석에 글을 새겨	刻文碑石
이름다운 명성 멀리 느날리리	休聲遠揚

려고 하였다. 이에 5일간 단식을 하다 죽었다. 《漢書 周勃傳》

8 왕가(王嘉)는 원통함을 품었도다 : 왕가는 한나라 애제(哀帝) 때의 승상이다. 애제가 동현(董賢)을 총애하여 후(侯)로 삼으려고 하였는데 이를 반대하다가 옥에 갇혔고, 옥중에서 20여 일을 단식하다 피를 토하고 죽었다. 《漢書 王嘉傳》

서천군 한공 신도비명

西川君韓公神道碑銘

청주(清州)에는 큰 성씨가 많은데 그중 한씨(韓氏)가 으뜸이다. 고려의 중찬(中贊) 한강(韓康)으로부터 8대를 거쳐 공에 이르기까지 대대로 공훈으로 드러나 세상에 이름난 가문이 되었다. 국초에 휘 상경(尙敬)이란 분이 있었는데 태조의 개국을 도와 공신에 녹훈되었고 관직이 의정부 영의정에 이르렀으며 서원부원군(西原府院君)에 봉해졌고 시호는 문간(文簡)이다. 이분이 공에게 증조부가 된다. 문간공의 아들 휘 혜(惠)는 함길도 관찰사(咸吉道觀察使)가 되었는데 세상을 떠난 뒤에 의정부 영의정에 추증되었고, 서원부원군에 봉해졌다. 이분이 의정부 좌찬성 휘 계희(繼禧)를 낳았는데 익대 공신(翊戴功臣)과 좌리 공신(佐理功臣)에 책록되었고, 서평군(西平君)에 봉해졌으며 시호는 문정(文靖)이다. 이분이 증(贈) 호조 참판 여계(呂稽)의 따님에게 장가들어 정통(正統) 11년 병인년(1446, 세종28)에 공을 낳았다.

공의 휘는 사문(斯文)이고, 자는 자예(子藝)이다. 나면서부터 총명하여 아직 약관(弱冠)의 나이에 이르지 않았을 때에 기국이 이미 노성하였다. 공손하면서 신중하고 말이 적었으며 행동은 법도를 따랐으니, 식자들은 그가 원대한 기량을 갖춘 인물이 되리란 것을 알았다. 17세인 천순(天順) 임오년(1462, 세조8)에 처음 벼슬에 나아가 문소전 직(文昭殿直)이 되었고, 세자익위사세마 겸 선전관(世子翊衛司洗馬兼宣傳官), 호조 정랑, 군기시(軍器寺)의 첨정(僉正)과 부정(副正)을 역임하였고, 외직으로 나가 부평(富平), 철원(鐵原), 강화(江華) 세 지역의 부사(府使)가 되었다. 이르는 곳마다 일이 잘 정비되고 정사가 잘 시행되어 항상 떠난 뒤에 백성들이 공을 그리워하였다. 성화(成化) 18년 임인년(1482, 성종13)에 부친상을 당하였고, 상복을 벗은 뒤에 충훈부 경력(忠勳府經歷)에 제수되었다. 이어 승진하여 사헌부 집의, 제용감정(濟用監正), 통례원(通禮院)의 좌통례와 우통례를 역임하였다. 홍치(弘治) 5년(1492)에 공로가 있어 특별히 통정대부(通政大夫)로 품계가 더해지고 승정원 우부승지에 제수되었으며, 몇 차례 자리를 옮겨 좌승지가 되었다. 승정원의 직임을 4년간 맡으면서 왕명의 출납이 타당하여 잘못됨이 없자 특별히 가선대부(嘉善大夫)의 품계가 더해졌고, 문정공의 봉작을 물려받아 서천군에 봉해졌다.

홍치 9년인 병진년(1496, 연산군2)에 개성부 유수(開城府留守)에 제수되었다. 개성은 바로 옛날의 도읍으로 백성과 물산이 많고 송사도 매우 번잡하였으며 또 큰 규모로 장사하는 부유한 상인이 많아 생활이 풍족하였으므로, 공명하고 깨끗하며 재주와 능력이 있는 자가 아니라면 백성들의 기대에 부응할 수가 없었다. 공이 청렴하고 깨끗하며 대범하고도 엄하여 적폐를 제거하는 데에 힘쓰고 법을 공평하고 타당하게 적용하니, 온 경내에 공의 청렴함에 감복하고 공의 은혜를 생각하지 않는 이가 없었으며 지금까지도 공에 대한 칭찬이 입에서 떠나지 않고 있다. 홍치 10년인 정사년(1497)에 특별히 가정대부(嘉靖大夫)로 품계가 더해졌고, 임기가 차서 자리를 옮겨 한성부 좌윤에 제수되었고, 이후 사헌부 대사헌, 병조와 공조의 참판이 되었다. 홍치 17년인 갑자년(1504)에 특별히 자헌대부(資憲大夫)로 품계가 더해졌고, 공조판서 겸 오위도총부도총관(工曹判書兼五衛都摠府都摠管)으로 승진하였다.

정덕(正德) 1년인 병인년(1506) 여름에 외직으로 나가 함경도 관찰사가 되었고 함흥 부윤(咸興府尹)을 겸하였다. 이해 9월 어떤 일에 연좌되어 서울에서 조사를 받았는데, 성주(聖主)께서 왕위에 오르게 되어 정국 공신(靖國功臣)에 책훈되고 정헌대부(正憲大夫)로 품계가 더해졌으며, 본래의 직임은 그대로 유지하였다. 정덕 2년인 정묘년(1507, 중종2) 윤1월에 병으로 관청에서 세상을 떠났으니, 향년 62세였다. 부고가 전해지자 조회와 시장을 3일간 정지하였고, 부의를 더하여 내려 주었고, 시호를 모(某)로 내렸다.[9] 공이 죽고 4개월 뒤에 관청에서 장사에 필요한 기물을 갖추어 광주(廣州) 치소(治所) 남쪽 영장산(靈長山) 남향의 언덕에 장사 지냈다.

일을 마친 뒤에 그의 아들 윤원(胤源)과 윤근(胤根)이 공의 가계(家系), 행적과 치적, 역임한 관직, 나이 등을 적어 와 나에게 비명을 지어 달라고 청하며 말하기를,

"돌아가신 아버지는 천성이 반듯하고 엄정하여 겉치레를 일삼지 않았고 관직에서 직무를 수행하면서는 부지런하고 신중하였으며 간결하면서도 치밀하였습니다. 재물을 구차히 취하지 않았고 사람들을 관용으로 대하였습니다. 문벌 집안에서 성장하였지만 남들을 대하면서 부귀함을 드러내지 않았고 친척들과 화목하여 친소를 따져 구분한 적이 없습니다. 먼저는 첨지중추부사 김숭해(金崇海)의 따님에게 장가들어 딸 하나를 낳았고, 뒤에는 무송군(茂松君)[10]의 따님에게 장가들어 아들 둘과 딸 하나를 낳았습니다. 사람들의 이목에 남아 있는 아버님의 성품과 행적 그리고 이룬 일들은 절로 세상에

9 시호를 모(某)로 내렸다 : 공간(恭簡)이라는 시호가 내려졌다.

10 무송군(茂松君) : 종실인 이전(李佺)으로, 효령대군(孝寧大君)의 손자이다.

전해지겠지만, 묘비에 글로 새겨 두지 않으면 오랜 뒤에는 민멸되어 후세에 밝게 드러나지 않을까 염려됩니다. 우리 두 아들이 입신양명하지 못하여 아버지를 세상에 드러내지 못하고, 누이동생은 어려 아직 시집가지 않았으며, 자형(姊兄)은 판관 원여(元畬)인데 또한 아직 관직이 현달하지 못하였습니다. 만약 당세의 문필을 주관하는 사람의 한 마디 말을 얻지 못한다면 장차 어찌 세상에 믿음을 얻을 수 있겠습니까. 한 조각 글을 얻어 영원히 후세에 전해질 수 있기를 바랍니다."

하였다. 내가 그 뜻을 슬프게 여기고 그 부탁을 무겁게 여겼다. 또 그들이 선인(先人)에 대해 서술한 내용을 보니 지나친 말이 없어 내가 일찍이 보고 들었던 것과 일치하므로 모두 기록할 만하였다. 마침내 다음과 같이 명을 짓노라.

아, 한씨 가문은	猗韓氏宗
오래전부터 세대를 이어 왔도다	遠有代序
선을 쌓고 덕을 키워	積善種德
이어짐을 장대하게 하였도다	以大厥緖
왕실에 책훈된 것이	策勳王室
고조와 증조에서 손자에까지 미쳐	高曾及孫
화려한 수레와 공신녹권이	朱輪鐵券
한집안에 모이었네	萃于一門
남은 경사 계속 이어지다가	餘慶綿綿
서천군에 이르러 더욱 융성해졌으니	西川更隆
공신각에 이름을 따라 올려	追名麟閣

전대의 공을 잘 계승하였도다	克繼前功
마음은 질박함을 추구하여	心追樸素
습속은 화려함을 끊었으며	習絶紈綺
번거로움 베어 내 간소함을 행하였고	剗煩爲簡
험난함을 버리고 평이함에 거하였네	去險居易
청렴하되 용납할 줄 알았고	淸能有容
검소하되 비루하지 않았으니	儉不至陋
성품에 근원하여	根于性稟
관직의 직분을 다하였네	以達官守
청년의 나이에 관직에 나아가	靑年任補
중외의 관직을 두루 역임하였는데	歷官中外
일이 잘 다스려지고 백성이 사모하니	事修民懷
정사가 항상 으뜸으로 평가되었네	政常課最
순 임금 시대의 납언이 되어서는[11]	虞咨納言
왕명 출납이 합당하였고	出納惟允
한나라 시대의 어사가 되어서는[12]	漢稱御史
기강이 서고 법도에 맞았네	紀綱繩準
현명함은 뛰어난 재주 이루었고	賢爲利器
지위는 육경의 으뜸이 되었는데	位長六卿
외직에 나가 방백이 되어서는	出作方伯
감당나무 그늘에서 교화가 이루어졌네[13]	棠陰化成

11 순……되어서는 : 승정원의 직임을 맡은 것을 말한다.

12 한나라……되어서는 : 사헌부의 직임을 맡은 것을 말한다.

하늘이 수명을 많이 주지 않아 天不與年
겨우 육십을 넘겼을 뿐이지만 才過耳順
복록은 멀리 자손에게 흐르고 慶流雲仍
집안에 깨끗함과 신중함을 전하네 家傳淸愼
비석에 글을 새겨 碑以文之
사실을 드러내 밝히노니 以揚其實
후손들은 이에 공경하여 後孫斯欽
게을리 말고 계승하라 無怠繼述

13 감당나무……이루어졌네 : 지방관으로서 선정을 베푼 것을 말한다. 175쪽 주4 참조.

고원위 신공 신도비명

高原尉申公神道碑銘

우리 신씨(申氏)의 세계(世系)는 고령(高靈)에 근원한다. 원조(遠祖)부터 모두 문장으로 세상에 알려져 대대로 명문가가 되었다. 문충공(文忠公) 휘 숙주(叔舟)에 이르러서는 세조, 예종, 성종을 도와 관직이 영의정에 이르렀고, 나라의 기둥과 주춧돌이 되어 조정에서 중요 인물로 활동한 세월이 거의 20년이니, 공훈과 덕업이 홀로 한 시대에 우뚝하였다. 문충공의 큰아들 주(澍)는 통례원 봉례(通禮院奉禮)를 지냈는데 일찍 죽었다. 봉례공에게 세 아들이 있었는데 그중 막내가 종호(從濩)이다. 진사시와 문과의 초시, 중시에 연달아 합격하여 문장으로 세상에 알려지니 사람들이 재상이 될 것으로 기대하였는데 관직이 예조 참판에 이르러 역시 일찍 죽었다. 참판공이 의창군(義昌君) 이강(李玒)의 따님에게 장가들어 성화(成化) 정유년(1477, 성종8) 7월 모일에 공을 낳았다.

공의 휘는 항(沆)이고, 자는 용이(容耳)이다. 나면서부터 총명이 남보다 뛰어났으며, 겨우 7, 8세 무렵에 선생에게 나아가 글을 읽으면서 뜻을 게을리하지 않았다. 몇 년 만에 이미 시서(詩書)를 익혔고 아울러 《황산곡집(黃山谷集)》을 외웠다. 참판공이 시험 삼아 외워 보게 하니 한 글자도 틀리지 않았다. 이어 산수도(山水圖)를 꺼내 와 절구(絶句)를 지으라고 하니, 바로 대답하고 쓰기를,

푸른 물결 밝은 모래에 가을 기운 높은데　水碧沙明秋氣高
양지 따라 날던 기러기 갈대밭에 내려앉네　隨陽征雁下叢蘆

안개비 내리는 아득한 너머 다시 바라보니　　更看煙雨蒼茫外
한 자락 푸른 산이 바로 우리 집이로다　　一髮靑山是我廬

하였다. 참판공이 감탄하며 말하기를 "이 아이는 훗날 반드시 대가가 될 것이다."라고 하였다.

14세인 경술년(1490) 여름에 혜숙옹주(惠淑翁主)에게 장가들었는데, 옹주는 바로 성종의 첫째 딸이다. 옹주를 출가시키려고 상대를 고르려 할 때에 성종이 공을 한 번 보고는 좋다고 하였다. 이때에 점치는 자가 공의 수명이 길지 않으리라고 말하였는데, 성종이 말하기를 "사람을 취할 때에는 현명한지 그렇지 않은지를 따져 뽑아야지 어찌 수명이 길지 짧을지를 따지겠는가. 이 아이는 기개와 도량이 비범하니 반드시 남보다 뛰어남을 간직하고 있을 것이다."라고 하고는 마침내 공을 사위로 정하였다. 순의대부(順義大夫)를 제수하고 고원위(高原尉)에 봉하였다. 하루는 상이 공에게 어서(御書)를 내려 "듣자 하니 네가 문장 짓는 것을 배웠다고 하는데 지은 것이 몇 수인가?"라고 하자, 공이 즉시 몇 수를 적어 올리니 이로부터 은혜와 보살핌이 더욱 융숭해져 궁궐에 들어갈 때마다 해가 저문 뒤에 물러 나왔다. 상이 한 내시에게 말하기를 "사람에게 항(沆) 같은 아들이 있으면 무슨 걱정할 게 있겠는가."라고 하였다. 공의 조모인 정부인(貞夫人) 한씨(韓氏)가 광진(廣津)의 별장으로 나가서 살고 있었는데 공과 옹주가 찾아뵈었다. 성종이 그 소식을 듣고 음식을 하사하고는 이어 공에게 명하여 시를 지어 올리도록 하였다. 공이 근체시 10수를 지어 올리자, 성종이 말하기를 "지금 네가 지은 것을 보니, 비록 이름난 대가라 할지라도 여기에 더할 게 없을 것이다."라고 하였다. 성종이 문묘에 거둥할 때 공을 상이 머무는 장막 안으로 들어오게 하였는데 공의 옷이 얇은 것을 보고는 즉시 어의(御衣)를 벗어 입혀 주었으니, 공이 상의 사랑과 존중을 받은 것이 이와 같았다. 갑인년(1494) 겨울에 성종이 승하하니, 공이 슬퍼하고 사모하는 마음이 남들보다 배는 더하여 훈채(葷菜)와 고기를 1년이나 가까이하지 않았다. 참판공이 공에게 말하기를 "임금이 돌아가셨을 때에 신하 된 자의 마음에 어찌 그 슬픔이 끝이 있겠느냐. 그러나 제도에 지나친 일을 홀로 행해서는 안 된다."라고 하니, 공이 감정을 억누르며 그 말을 따랐다.

정사년(1497, 연산군3) 봄에 참판공이 하정사(賀正使)로 중국에 갔다가 돌아와 개성부(開城府)에 이르러 병에 걸렸다. 공이 의약(醫藥)을 챙겨 달려갔지만 병이 이미 위중하여 어찌할 수가 없었다. 이튿날 세상을 떠나자 공은 예법에 벗어나는 애통함으로 거의 목숨을 잃을 뻔하였다. 3년간 여묘살이를 하면서 아침저녁으로 올리는 제사는 반드시 자신이 직접 챙겼고 끝까지 정성을 다하였다. 기미년(1499) 여름에 상복을 벗고서 다시 관직에 돌아왔다. 가을에 오위도총부 부총관(五衛都摠府副摠管)을 겸하였다. 신유년(1501) 겨울에 자의대부(資義大夫)로 품계가 올랐다. 임술년(1502) 봄에 귀후서 제조(歸厚署提調)가 되었는데 관곽(棺槨)을 반드시 궁핍한 자에게 우선으로 지급하니, 사람들이 모두 감탄하였다. 여름에 혜민서 제조(惠民署提調)가 되었다. 의관(醫官)을 시험 보이는 데에 한결같이 공정하게 하니, 누구도 감히 사사로움을 개입시키지 못하였다. 당시 예조 판서 이세좌(李世佐)가 마음으로 공의 공명함에 감복하여, 공이 홀로 시험을 주관하도록 추천하였다. 가을에 통헌대부(通憲大夫)로 품계가 올랐다.

폐주(廢主 연산군)가 일찍이 공에게 묻기를 "당(唐)나라 태종(太宗)과 명황(明皇 현종(玄宗))은 어떤 군주였소?" 하니, 공이 대답하기를

"당 태종은 용맹하고 과단성이 있어 능히 천하를 하나로 통일하였으니 영명한 임금이라 말할 수 있고, 당 명황은 즉위 초기에는 마음을 가다듬고 힘을 내어 다스림을 도모하였으나 끝내 간신을 구분해 내지 못하여 천보(天寶)의 난[14]을 초래하였습니다. 대체로 살펴볼 때 당나라의 임금은 집안의 법도가 바르지 않으니, 어찌 취할 만하겠습니까."라고 하였다. 또 우리나라 예법과 중국 예법의 차이점을 물으니, 공이 대답하기를 "중국의 예법은 자세히 알지 못합니다. 다만 듣자 하니 중국의 상례 제도는 크게 훼손되어 부모가 사망한 날에 평소와 다름없이 고기를 먹는다고 하니, 이는 필시 오랑캐의 풍습이 사라지지 않은 것입니다."라고 하였다. 이후 소혜왕후(昭惠王后)가 승하하였을 때 폐주가 단상(短喪)의 제도를 정하고서[15] 공을 불러 묻기를 "네가 전날에 중국인들이 부모가 사망한 날에 고기를 먹는다고 이를 오랑캐의 풍속이라 하였다. 내가 지금 상기(喪期)를 단축하는데 이것도 오랑캐의 풍습인가?"라고 하였으니, 장차 공에게 죄를 주려는 의도가 있었던 것이다. 공이 대답하기를 "자식이 태어나 3년이 지난 뒤에 부모의 품을 떠날 수 있으니, 삼년상은 천하에 공통된 상제입니다. 그러나 임금은 이와는 다릅니다. 하루에 온갖 일을 다 처리해야 하니 3년간 여막에 거처하는

14 천보(天寶)의 난 : 절도사 안녹산(安祿山)이 당 현종(唐玄宗) 천보 연간에 일으킨 대규모 반란을 말한다.

15 소혜왕후(昭惠王后)가……정하고서 : 소혜왕후는 1471년 인수대비(仁粹大妃)에 책봉된 성종의 어머니로, 연산군에게는 할머니가 된다. 연산군이 생모 윤씨(尹氏)의 폐위에 대한 전말을 알고 난 뒤에 서로 갈등을 겪었다. 1504년 인수대비가 승하한 뒤에 연산군은 달〔月〕을 날〔日〕로 바꾸어 계산하는 단상제를 적용하여 27일 만에 상기를 끝내도록 하였다. 《燕山君日記 11年 6月 30日》

예를 형세상 거행할 수가 없습니다. 중고(中古) 이래로 사람의 마음은 각박해지고 사직(社稷)은 중요해졌으니, 이 때문에 한 문제(漢文帝)가 처음 단상제를 시행한 것입니다. 임금의 도리는 문제와 같이 하면 충분할 것입니다."라고 하니, 폐주의 마음이 조금 누그러졌다. 공이 밖으로 나와 사람들에게 말하기를 "내가 오늘 화가 부모님께 미칠까 염려되어 바르게 대답하지 못하였으니, 그지없이 부끄럽다."라고 하였다.

갑자년(1504) 겨울에 폐주가 상림원(上林苑)에 있으면서 공과 풍원위(豐原尉) 임숭재(任崇載)[16]를 불렀다. 임숭재가 먼저 들어가 모시고서 술을 마시고 있었고 공이 나중에 이르렀다. 폐주가 공의 반듯함을 꺼려 임숭재에 말하기를 "내가 오늘은 많이 취하여 신항을 보고 싶지 않다."라고 하였다. 임숭재가 평소 공의 재행(才行)을 시기하고 있었기에 온갖 말을 다 하며 공을 헐뜯었다. 예전에 대간(臺諫)이 임숭재에게 단계를 뛰어넘어 자급을 올려 준 것에 대해 극력 반대를 하였으나 공에게 자급을 더해 준 것에 대해서는 반대를 하지 않았다. 이 때문에 임숭재는 대간이 공을 비호한다는 생각을 깊이 마음속에 담고 있었는데 마침내 참소의 말을 지어내 이들을 의금부에 가두게 하였고, 국문에서의 말을 모두 공과 연계시켜 공의 통헌대부(通憲大夫) 자급을 거두었고 왕실 인척 명단에서 빼 버려 대궐을 드나들지 못하게 하였다. 공이 이에 문을 굳게 닫고는 단정히 지내면서 손님과 친척 들도 물리치고 고요히 자신의 뜻을 지키며 살았다. 당시에 새로운 법이 생겨 궁중의 일을 누설하는 자는 일족을 멸하였고, 알고도 고발하지 않는 자는 같이 연좌하였으며, 고발하는 자에게는 상을 주었다. 어느 날 두 사람이

16 풍원위(豐原尉) 임숭재(任崇載) : 성종의 둘째 딸 휘숙옹주(徽淑翁主)의 남편이다.

공의 집에 왔다가 그중 한 사람이 궁중의 일을 말하였다. 다른 한 사람이 공에게 고발할 것을 청하니, 공이 말하기를 "내가 만약 알고도 고발하지 않았다가 이후에 탄로가 나면 중죄를 받을 것이다. 그러나 남의 잘못을 들추어 고발하여 살기를 도모하는 것은 내가 차마 할 수가 없다. 옳지 않은 일을 하며 사느니 차라리 옳은 일을 하다 죽는 것이 낫다."라고 하였다. 고발할 것을 청했던 사람이 공의 말에 감격하여 그 또한 끝내 말을 입 밖에 내지 않았다. 성상이 왕위에 오른 저녁에 어떤 사람이 공에게 권하기를 "급히 군문(軍門)에 달려가면 공신에 책록될 수 있다."라고 하니, 공이 큰 소리로 말하기를 "내가 애초 논의에 참여하지 않았고 지금 큰일이 이미 정해졌는데, 상황에 편승해 공록을 구하는 것이 어찌 장부의 뜻이겠으며, 그 얼마나 낯 두꺼운 일인가."라고 하고는 끝내 가지 않았다. 성상이 즉위한 뒤에 원종일등공신(原從一等功臣)의 공신호를 하사하였고, 품계를 봉헌대부(奉憲大夫)로 올렸다. 이듬해 정덕(正德) 정묘년(1507, 중종2) 2월 19일에 병으로 집의 정침(正寢)에서 세상을 떠났으니, 향년 31세였다.

죽음에 임박했을 때 아우인 신잠(申潛)을 불러 말하기를 "사람은 자신의 몸을 삼가고 조심함이 첫 번째이고, 재능은 다음이다. 이 두 가지를 겸비할 수 있다면 참으로 좋겠지만 만약 겸비할 수 없다면 차라리 재능을 버리고 삼가고 조심하는 태도를 견지하는 것이 낫다. 너는 삼가고 조심하라."라고 하였다. 다음으로 옹주와 작별 인사를 하였는데 부모님께 효도하라고만 할 뿐 다른 말이 없었다. 또 문병 온 친구들을 불러 손을 붙잡고 말하기를 "어머니가 살아 계시는데 내가 지금 멀리 떠나 어머니께 근심을 끼치니 이것이 가슴 아프다."라고 하였다. 옆에 있던 사람 중에 어떤 이가 공을 위로하며 말하기를 "하늘의 도는 선한 이에게는 복을 주고 간사한 사람에게는 재앙을 주는 것이다. 공은 선을 쌓았으니 어찌 갑자기 불행해질 리가 있겠는가."라고 하니, 공이 말하기를 "하늘이 반드시 그러한가? 하늘이 만약 반드시 그렇다면 어찌 안자(顔子)가 요절하였겠는가."라고 하였다. 그 사람이 말하기를 "안자가 인(仁)한데도 장수하지 못한 것은 어째서인가?"라고 하니, 공이 말하기를 "모두 절로 그러한 것이다. 하늘이 어찌 일일이 만물의 장수와 요절을 정하겠는가. 내가 지금 상황을 편안하게 여기고 순리에 처하여 자연의 변화에 따라 돌아가니, 어찌 그 사이에 한 조각 여한을 두겠는가. 사람의 마음은 장수를 좋아하고 요절을 싫어하는데, 이는 이치를 통달하지 못한 것이다. 이치에 통달한 자는 어찌 장수하거나 요절한다고 하여 자신의 참된 마음을 어지럽게 하겠는가. 조물주는 사사로움이 없으니 어찌 즐거워하지 않겠는가."라고 하였다. 이어 "살아서는 화려한 집에 살더니, 죽어서는 산언덕으로 돌아가네.〔生存華屋處, 零落歸山阿.〕"[17]라는 구절을 읊조리고, 마침내 초연하게 손을 들어 사람들을 물리치고서 돌아누워 편안히 세상을 떠났다. 부고가 전해지자 상이 크게 슬퍼하여 이날 거행하려던 진하(陳賀)의 예를 즉시 정지하라 명하였고, 조회와 시장을 2일간 정지하였으며 부의를 더하여 내려 주었다. 시호는 문효(文孝)로 내렸다. 죽은 다음 달에 양주(楊州) 모리(某里)에 장사 지냈으니, 그의 할머니 한씨(韓氏)의 묘소 근방 언덕이다. 관청에서 장사 지내는 일을 돌봐 주었다. 장사를 마치고 나서 옹주가 공을 애도하고 그리워하는 마음이 가시지 않아 신도비를

17 살아서는……돌아가네 : 위(魏)나라 조식(曹植)이 지은 〈공후인(箜篌引)〉의 한 구절이다. 《曹子建集 卷6》

세워 후세 사람들에게 공의 재주와 행실을 드러내 밝히고자 하였다. 이에 계집종을 나에게 보내어 명을 지어 달라고 부탁하였다. 나는 공의 아버지인 참판공과 사촌 형제간이고 또 공과는 서로 왕래하여 마음을 나누었기에 공에 대한 일을 매우 자세히 알고 있다. 또 문관의 자리에 있으니 어찌 감히 명을 짓는 것을 사양할 수 있겠는가.

생각건대 공의 성품은 고아하고 따스한 봄처럼 온화한 기운이 있어 급하게 말을 하거나 갑자기 안색을 바꾸는 일이 없었다. 진정 어린 효성과 우애는 본래 천성이었고 부부가 평소 거처하면서는 서로 손님을 대하듯이 공경하였다. 한 시대의 부귀영화를 누렸으나 교만하거나 과시하는 일이 절대 없어 한결같이 벼슬하지 않은 선비처럼 지냈으며, 상을 당한 사람과 궁박한 사람을 도와줄 때에는 오히려 도움이 되지 못할까를 염려하였다. 기질이 연약하여 질병이 몸에서 떠나지 않았기에 항상 약에 의지하여 목숨을 부지하였다. 좌우에는 책만 있어 온 방이 적막하였고, 가산을 늘리는 일에는 종사하지 않고 시와 술을 즐겼다. 산수를 좋아하는 성격이라 몸은 도성에 있지만 마음은 항상 산수에 있었으며, 서호(西湖)에 집을 짓고서 늘 여가를 틈타 다녀오는 것을 일상으로 삼았다. 음률을 잘 이해하였는데 특히 거문고와 갈고(羯鼓)에 뛰어났으며, 서적을 탐독하여 제자백가(諸子百家)와 의서(醫書), 방서(方書), 불가서(佛家書)에 이르기까지 거의 모두를 깊이 연구하였다. 문장은 전아하고도 힘이 있었다. 또 글씨와 그림에도 능하였지만 자랑한 적이 없었기 때문에 이에 대해 알고 있는 사람이 없었다. 공은 재능이 많으면서도 덕이 있는 사람이라고 할 만하다. 딸 하나와 아들 하나를 낳았는데, 모두 일찍 죽었다. 공같이 착한 사람이 하늘의 보답을 받지 못하여 일찍 죽은 데다 후사도 없으니, 애통하다. 명(銘)은 다음과 같다.

아아, 문효공이여　嗚呼文孝乎
귀하면 교만하기 쉽고 부유하면 지나치기 쉬운데　貴易驕富易盈
공은 홀로 선한 가르침을 지키었네　公獨守善教也
세상은 서로 명예를 좇았지만　世相驅以名
공은 이를 다투지 않았네　公不較也
충성과 효성으로 마음을 다하여　忠孝以立誠
가는 곳마다 도의 오묘함을 탐구하였네　往而探道妙也
시서에 부지런히 힘써　詩書以爲耕
학문이 드넓고도 요약되었네　博而要也
산과 물과 더불어 마음이 함께 맑았으니　山與水心俱淸
인자의 좋아함과 지자의 좋아함을 얻었네[18]　得仁智之樂也
순정함을 스스로 굳게 지켜　自立乎精粹
외물이 자신을 흐트러뜨리지 못하게 하였네　外物無我鬧也
어짊과 장수를 함께 얻지 못하였으니　仁壽之不幷
하늘이 우리를 불쌍히 여기지 않는구나　天乎莫我弔也
백도가 후생이 없는 것[19]은　伯道之無生

18 산과……얻었네 : 《논어》 〈옹야(雍也)〉의 "지자는 물을 좋아하고, 인자는 산을 좋아한다.〔知者樂水, 仁者樂山.〕"라는 내용을 인용하여 신항(申沆)이 산수를 즐긴 것을 표현한 말이다.

19 백도(伯道)가……것 : 신항이 후사가 없었음을 비유한 말이다. 백도는 진(晉)나라 등유(鄧攸)의 자이다. 등유가 하동 태수(河東太守)로 있을 때에 석륵(石勒)의 난이 일어나 자기 자식과 먼저 죽은 동생의 자식을 함께 데리고 피난을 갔는데, 중간에 아이

이치를 헤아리기 어렵도다	理難料也
아아, 문효공이여	嗚呼文孝乎
사라지지 않는 것은 명성이니	不亡者風聲
오랠수록 더욱 높아지리라	久彌卲也
내가 명문을 지어 밝히노니	我銘而明之
후세에 빛남이 드리워지기를 바라노라	庶後來之垂耀也

들을 다 데리고 갈 수 없는 상황에서 자신은 다시 자식을 얻을 수 있다고 여기고서 자신의 자식을 버리고 동생의 자식을 데리고 갔다. 그러나 이후 끝내 자식을 얻지 못하였다.《晉書 良吏列傳 鄧攸》

지돈녕부사 성공 신도비명

知敦寧府事成公神道碑銘

공의 휘는 세명(世明)이며, 자는 여회(如晦)이다. 성(姓)은 성씨(成氏)로 창녕(昌寧)의 명문가이다. 고조는 예조 판서 휘 석인(石因)인데 의정부 우찬성에 추증되었고 시호가 정평(靖平)이다. 증조는 동지중추부사 휘 엄(揜)인데 의정부 영의정에 추증되었고 시호가 공도(恭度)이다. 조부 휘 염조(念祖)는 판한성부사(判漢城府事)를 지냈고 시호는 공혜(恭惠)이다. 아버지 휘 임(任)은 의정부 좌참찬을 지냈고 시호는 문안(文安)이다. 문안공이 군자감 주부(軍資監主簿) 허말석(許末石)의 따님에게 장가들어 정통(正統) 정묘년(1447, 세종29)에 공을 낳았다.

공은 집안의 맏이로 가정에서의 가르침을 잘 받들어 어려서부터 독실히 공부하여 성화(成化) 무자년(1468, 세조14)의 사마시에 합격하였다. 을미년(1475, 성종6)의 과거에 등제하여 사헌부 감찰에 제수되었다. 병신년(1476)에 서장관(書狀官)으로 황제의 도성에 가서 조회를 하였다. 정유년(1477)에 병든 아버지를 옆에서 모실 것을 청하여 자리를 옮겨 돈녕부 주부에 제수되었다. 기해년(1479)에 선발되어 홍문관 수찬에 제수되었고, 이어 사간원 정언, 공조 좌랑을 역임하였다. 갑진년(1484)에 부친상을 당하였고, 상복을 벗은 뒤에 예조 좌랑에 제수되었다. 이후 사헌부 지평, 사재감 첨정(司宰監僉正), 시강원 필선(侍講院弼善), 군기시(軍器寺)·예빈시(禮賓寺)·봉상시(奉常寺)의 부정(副正), 성균관 사성(成均館司成), 홍문관 전한(弘文館典翰), 사헌부 집의, 사섬시 정(司贍寺正), 홍문관 직제학을 역임하였다. 갑인년

(1494)에 자급이 세 단계 뛰어올라 특별히 홍문관 부제학에 제수되었다. 공이 세 번 전한이 되고 세 번 집의가 되어 경연과 사헌부에 출입한 10여 년 동안 성심으로 보좌한 것이 실로 많았는데 이에 이르러 단계를 뛰어넘어 관직에 제수되었으니, 사람들이 모두 영광으로 여겼다. 을묘년(1495, 연산군1)에 사간원 대사간에 제수되었는데, 외척에게 함부로 관직을 제수하는 것을 논하며 힘써 간쟁하기를 그치지 않았다가 좌천되어 무반(武班)인 호군(護軍)이 되었다. 얼마 후 병조 참지에 제수되었고, 돈녕부 도정(敦寧府都正)과 공조 참의를 역임하였다. 정사년(1497)에 승정원 동부승지에 제수되었고, 이어 승진하여 도승지가 되었다. 무오년(1498)에 동지돈녕부사에 제수되었다가 한성부 우윤(漢城府右尹)으로 자리를 옮겼다. 기미년(1499)에 모친상을 당하였고, 상복을 벗은 뒤에 동지중추부사에 제수되었으며, 개성부 유수(開城府留守)와 형조 참판을 역임하였다.

갑자년(1504)에 사헌부 대사헌에 제수되었다. 당시 연산군의 정사가 제대로 시행되지 않아 경연을 폐지하였고 임사홍(任士洪)을 등용하여 병조 판서로 삼았는데, 공이 아뢰기를 "경연은 제왕이 다스림을 행하는 근본이니 오랫동안 폐지해서는 안 되고, 인재의 등용은 나라의 치란이 관계되는 바이니 삼가지 않아서는 안 됩니다."라고 하였다. 임금이 노하여 죄로 다스리려고 하였는데 겨우 면하였다. 결국 체직되어 동지중추부사가 되었고, 얼마 후에 한성부 좌윤(漢城府左尹)에 제수되었다. 을축년(1505)에 홍치황제(弘治皇帝 명(明)나라 효종(孝宗))가 죽자 공을 진향사(進香使)로 삼았는데, 승진하여 지중추부사에 제수되어 연경(燕京)에 갔다. 돌아와 새로운 황제가 부지런히 경연에 나아가고 있음을 아뢰니, 임금이 오래도록 경연을 폐지했던 것을 스스로 부끄럽게 여겨 공을 죄주려고 정사를 책임지는 대신에게 물었는데, 그가 잘 감싸 주어 죄를 면할 수 있었다. 이후 전조(銓曹)에서 관직을 제수하면서 공의 이름을 의망(擬望)하면 임금이 직접 반대하며 현달한 직임에는 의망하지 말라고 하였다. 신하들이 함께 맹약하는 글을 그가 지었는데 또 물리치며 수용하지 않았으며, 항상 신하들에게 경계하여 말하기를 "성 아무개가 하는 일은 배우지 말라."라고 하였으니, 그의 말에 화를 드러낸 것이다. 정덕(正德) 정묘년(1507, 중종2)에 지춘추관사(知春秋館事)를 겸임하여 《연산군일기(燕山君日記)》를 편수하였다. 기사년(1509)에 지돈녕부사에 제수되었다. 경오년(1510) 4월 10일에 병으로 세상을 떠나니, 향년 64세였다. 부고가 전해지자 조회를 정지하고 부의와 제사를 내렸다. 달을 넘겨 모월(某月)에 파주(坡州) 모산(某山) 진좌술향(辰坐戌向) 언덕에 장사 지냈다.

장사를 마치고 나서 부인 강씨(姜氏)가 공의 가계(家系), 행적과 치적, 관직 이력을 돌에 새겨서 묘소에 세워 후인들에게 알리고자 하면서, 내가 문장을 담당하는 관직에 있다는 이유로 명(銘)을 지어 달라고 부탁하였다. 내가 공을 모시고 지낸 것이 몇 년이라 공의 실제 일을 자세히 알고 있으니, 마땅히 말이 있어야 할 것이다.

공은 천성이 순박하고 성실하며 근후하였다. 부귀한 집안에서 나고 자랐으나 어려서부터 교만하거나 남을 업신여기는 습성이 없었으며, 온화한 기운이 감돌아 비록 집안사람이나 하인에게라도 기뻐하거나 노여워하는 기색을 보이지 않았다. 사람을 대하고 일을 할 때엔 한결같이 성심을 다하여 겉만 화려하게 꾸민 적이 없었고, 친척과는 우애 있게 지내고 궁핍한 사람들을 도우면서는 비록 소원한 관계일지라도 친형제와 같이 대하였다. 관직에 임하여서는 삼가고 조심하여 용맹함을 내세우지 않았다. 집안에서는 내조가 있어 집안일이 잘 다스려지니 공은 태연하게 하나도 간여하는 일이 없었다. 청렴하고 조용했으며 한가하고 담박하게 지냈는데, 산수를 좋아하여 집의 정원 뒤쪽 언덕에 춘휘정(春輝亭)을 짓고서 좋은 시절 한가한 날이면 반드시 올라 스스로 즐겼다. 또 돌아가신 아버지가 만들었던 석가산(石假山)을 다시 수리하고 작은 연못을 판 뒤에 그 곁에 작은 정자를 짓고 이요정(二樂亭)이라고 편액하였다. 아침저녁으로 마주 대하며 고요하게 세상을 벗어나는 상념에 들었다. 또 집 동편 언덕에 작은 당을 짓고서 일로당(佚老堂)이라 이름하고는 책을 좌우에 갖추어 놓고 세상의 번거로운 일에 간여하지 않았다. 꽃과 풀을 특히 좋아하여 잘 길렀으니, 동산의 아름다움이 도성 안에서 으뜸이었다. 매번 흥취가 일면 지팡이에 신을 끌며 소요하였고, 술동이를 열어 회포를 풀기도 하였으며 손님과 벗을 조빙하여 그 흥취를 펼치기도 하였다. 또 강가에 정자가 있어 물결을 굽어보고 있었는데, 때때로 복건(幅巾)을 쓰고 작은 배를 띄워 왕래하면서 마음 가는 대로 행하였다. 비록 몸은 관직에 매였으나 항상 세상 밖에 마음을 두고 있었는데 결국 세상을 마치게 되었다. 애석하구나, 수명이 길지 못하고 후사도 없음이여.

부인은 좌찬성 강희맹(姜希孟)의 따님이다. 아우 세균(世鈞)의 아들 근(謹)을 후사로 삼았다. 근은 관찰사 윤순(尹珣)의 딸에게 장가들어 아들 둘을 낳았는데, 모두 어리다. 명은 다음과 같다.

삼가고 근후한 성품이요	慤厚之性
온순한 모습을 갖추었네	溫純之姿
학문은 문장을 이뤘으며	學以文之

벼슬은 현달에 이르렀네	官以達之
이름은 고관에 걸어 두고	名高軒冕
행적은 천석과 같이하였네	迹同泉石
유유히 스스로 즐기노니	優游自養
외물은 자신과 상관없었네	物不我迫
세상 싫어 참세상으로 돌아가니	厭世反眞
나이는 육십에 넷을 더하였네	甲周而四
오직 이 고택에	是惟故宅
영원히 길함을 보전하리	永保吉利

연창부원군 김공 신도비명

延昌府院君金公神道碑銘

김씨(金氏)는 연안(延安)의 저명한 성씨이다. 선대부터 명문 집안이 되어 대대로 빛나고 현달하였다. 고려 공민왕(恭愍王) 때에 이르러 휘 도(濤)란 분이 있었는데 문과로 관직에 나아갔다가 이후 명(明)나라에 들어가 제과(制科)에 급제하여 동창부(東昌府) 구현(丘縣)의 승(丞)에 제수되었는데, 어버이가 연로하다는 이유로 우리나라로 돌아왔다. 밀직제학(密直提學)의 벼슬로 세상을 마쳤는데, 그의 치적과 행적은 역사책에 전해진다. 아들 휘 자지(自知)는 문행(文行)과 정사(政事)로 우리 태종과 세종 때에 이름을 날렸는데, 개성 유후(開城留後)로 관직을 마쳤고 시호는 문정(文靖)이다. 이분이 동지중추부사 휘 수(脩)를 낳았는데, 의정부 좌찬성에 추증되었다. 찬성공이 휘 원신(元臣)을 낳았는데, 벼슬이 안동 대도호부사(安東大都護府使)에 이르렀고 후에 의정부 영의정에 추증되었다. 부인 강씨(姜氏)는 대민공(戴愍公) 강석덕(姜碩德)의 따님인데 후에 정경부인(貞敬夫人)에 추증되었다. 안팎의 문벌이 선을 쌓고 경사를 길러 사람들이 모두 이후에 더욱 성대해질 것이라고 하였다. 성화(成化) 병술년(1466, 세조12)에 공을 낳았다.

공의 휘는 감(勘)이고 자는 자헌(子獻)이다. 공은 나면서부터 연약하여 의정공이 잘 기르지 못할까를 염려하자, 부인이 말하기를 "이 아이에게는 길한 징조가 있습니다. 아이가 제 몸속에 있을 때에 신령이 감싸는 꿈을 꾸었으니, 이 아이는 분명 원대한 성취를 이룰 수 있을 것입니다."라고 하고, 직접 젖을 먹이며 보살폈다. 공은 어려서부터 총명하고 영리하여 겨우 7, 8세 때에 이미 학문에 뜻을 두었다. 비록 놀이를 하더라도 제멋대로 하는 것을 좋아하지 않고 오직 글 짓고 글씨 쓰는 것만 일삼았다. 집을 벗어나지 않고서도 학문이 크게 진보하여 사람들이 그의 얼굴을 거의 보지 못하였지만 화려한 소문은 날로 퍼져갔다. 일찍이 아버지를 따라 안동(安東)에 갔었는데, 당시 손 문정공(孫文貞公)[20]이 관찰사였다. 공이 지은 글을 보고 크게 감탄하며 칭찬하였고, 만나 볼 것을 요청하고는 매우 존중하며 말하기를 "이러한 사람을 만나면서 예를 간략하게 해서는 안 된다."라고 하였으며, 이후에 항상 칭찬을 늘어놓았다.

홍치(弘治) 기유년(1489, 성종20) 봄에 사마시에 합격하였고, 연달아 을과(乙科)에 급제한 후 선발되어 홍문관에 들어가 정자(正字)가 되었으며, 이어 저작(著作), 박사, 수찬으로 승진하였다. 을묘년(1495, 연산군1)에 부친상을 당하였고, 상복을 벗은 뒤에 성균관 전적(成均館典籍)에 제수되었다. 이어 공조와 병조의 정랑을 역임하였고, 다시 홍문관에 들어가 부교리가 되었으며, 또 홍문관 교리, 홍문관응교 겸 예문관응교로 자리를 옮겼고, 홍문관 전한(弘文館典翰), 홍문관 직제학(弘文館直提學)으로 승진하였다. 신유년(1501)에 부제학에 제수되었는데, 상소로 유자광(柳子光)을 논박하면서 말이 정사를 책임지는

20 손 문정공(孫文貞公) : 손순효(孫舜孝, 1427~1497)로, 본관은 평해(平海), 자는 경보(敬甫), 호는 물재(勿齋)이다. 문과에 급제하여 대사헌, 병조 판서 등을 지냈다. 1485년 12월에 경상도 관찰사에 제수되어 이듬해까지 관직을 수행하였다. 《成宗實錄 16年 12月 1日》

대신을 침해하였기에 첨지중추부사로 전보되었고, 얼마 후에 병조 참지에 제수되었다. 임술년(1502)에 승정원 동부승지로 자리를 옮겼고, 몇 차례 자리를 옮겨 도승지에 올랐으며, 특별히 가선대부(嘉善大夫)로 품계가 더해졌다. 계해년(1503)에 호조 참판에 제수되었고, 얼마 후 이조로 자리를 옮겼다. 연산군이 공은 재덕(才德)과 명망(名望)이 있으니 관직(館職)을 부여하여 교육하는 자리에 두어야 한다고 하였기에, 특별히 단계를 뛰어넘어 자헌대부(資憲大夫)로 품계가 오르고 지중추부사 겸 동지성균관사가 되었다. 갑자년(1504)에 홍문관과 예문관의 대제학 그리고 지성균관사를 겸하여 문병(文柄)의 자리에 제수되었으며, 또 지의금부사와 도총부 도총관(都摠府都摠管)을 겸하였다. 을축년(1505)에 단계를 뛰어넘어 숭정대부(崇政大夫)로 품계가 오르고 예조 판서가 되었으며, 얼마 후 숭록대부(崇祿大夫)로 품계가 더해졌다. 정덕(正德) 병인년(1506)에 의정부 좌찬성에 제수되었고, 이어 판예조사(判禮曹事)와 세자 이사(世子貳師)를 겸하였으며 나머지 관직은 그대로 맡았다. 임금이 공을 우의정으로 삼으려 하였는데 공이 굳게 사양하니, 임금이 매우 기뻐하지 않았다. 당시 임사홍(任士洪) 부자[21]가 임금의 총애를 받고 있었는데, 공이 임금에게 중시받는 것을

21 임사홍(任士洪) 부자 : 임사홍과 그의 아들 임숭재(任崇載)를 가리킨다. 임사홍은 효령대군(孝寧大君)의 아들 보성군(寶城君) 이합(李佮)의 사위로, 문과에 급제하여 이조 판서 등을 역임하였다. 현석규(玄錫圭)를 비난하며 당파를 만들었다는 일로 인해 유배를 가는 등 성종 때에 정권에서 소외되었으나, 이후 연산군의 신임을 얻어 사화를 주도하는 등 사림에 많은 화를 입혔다. 그의 아들 임숭재는 성종의 딸인 휘숙옹주(徽淑翁主)와 결혼하여 풍원위(豐原尉)에 봉해졌는데, 연산군 때에 미녀를 연산군에게 바치며 총애를 받았다. 임사홍은 중종반정 때 처형되었고, 그 한 해 전에 죽은 임숭재는

시기하여 공을 모함해 외직으로 내보내 경상도 관찰사가 되게 하니, 사람들이 모두 위태롭게 여겼다. 마침 어떤 일 때문에 공이 소환되자 박원종(朴元宗), 성희안(成希顔), 유순정(柳順汀) 등이 한창 새로운 임금을 추대하려는 논의를 하다가 공이 돌아왔다는 소식을 듣고서 "이 사람이 몰라서는 안 된다."라고 말하고는 거사하는 날 저녁에 공을 맞이하여 더불어 일을 함께 하였다. 성상이 왕위에 오른 뒤에 책훈되어 병충분의익운정국 공신(秉忠奮義翊運靖國功臣)의 공신호를 하사받았고, 보국숭록대부(輔國崇祿大夫)로 품계가 더해졌으며, 연창부원군(延昌府院君)으로 봉호가 올랐다. 영경연사(領經筵事)와 병조 판서를 겸하였고, 예전처럼 성균관의 관직을 다시 맡게 되었다.

정묘년(1507, 중종2)에 김공저(金公著) 등의 옥사(獄事)가 일어났는데 공이 언급되었다. 유자광이 추관이 되어 이로 인해 공을 모함하여 금산군(錦山郡)에 귀양을 가게 되었다.[22] 얼마 지나지 않아 조정에서 유자광이 나라를 그르친 실상을 논척하여 먼 변방으로 유배 보냈고,[23]

부관참시(剖棺斬屍)에 처해졌다.

22 김공저(金公著)……되었다 : 의원(醫員)이던 김공저가 서얼 박경(朴耕), 유생 조광보(趙光輔) 등과 모의하여 박원종, 유자광, 노공필(盧公弼) 등을 해치려 한 일이 발생하여 김공저와 박경 등은 참형에 처해졌고, 이와 연루된 사람들은 귀양을 갔다. 이때에 이들의 진술에 김감과 일을 모의했다는 말이 나오기도 하였는데, 김감이 김공저에게 진맥을 받으면서 대신을 모해하려는 일이 있다는 사실을 듣고도 미리 고하지 않았다는 이유로 훈적(勳籍)이 삭제되고 금산에 귀양을 가게 되었다.《燃藜室記述 卷7 金公著趙光輔之獄》《中宗實錄 2年 閏1月 27日, 29日》

23 조정에서……보냈고 : 대간, 홍문관, 승정원 등의 지속적인 탄핵으로 유자광을 광양(光陽)에 유배 보냈는데, 신용개 등이 더 멀리 유배 보낼 것을 청하자 평해(平海)로 유배 보내고 공신호도 삭제하였다.《中宗實錄 2年 4月 23日, 5月 1日》

이어 공 등의 잘못이 아님을 살펴서 마침내 다시 불러 작위를 회복해 주었다. 공이 귀양 가기 전에 이미 비장(脾臟)에 병이 들어 여위고 기운이 없었는데, 사면되어 돌아와서도 치료가 되지 않아 오랫동안 병으로 자리보전하고 있었다. 그러나 나라에 큰일이 있으면 모두 공에게 자문하였다. 기사년(1509) 여름에 병이 위중해지자 상이 궁중 주방의 음식을 나누어 주고 의원을 보내어 보살피며 치료하게 하였으나 모든 처방이 효과가 없었다. 5월 모일에 세상을 떠났으니, 향년 44세였다. 조정과 민간에서 모두 애통해하며 안타까워하였고, 부고가 전해지자 상이 크게 슬퍼하여 조회를 2일간 정지하였고 부의를 더 내려 주었다. 시호는 모공(某公)으로 내렸다.[24] 관청에서 장사를 돌보아 주었고, 이해 7월 모일에 광주(廣州) 치소(治所) 동쪽 정수리(定水里) 견산(見山)의 언덕에 장사 지냈으니, 선영을 따른 것이다.

공은 인천군(仁川君) 채수(蔡壽)의 따님에게 장가들었는데 자식이 없어 아우 훈(勛)의 아들 아무개[25]를 후사로 삼았다. 장사를 마치고 나서, 공의 형의 아들인 우통례(右通禮) 근사(謹思)가 부인의 명으로 공의 가계(家系), 행적과 치적, 관직 이력, 나이 등을 적어 와 나에게 명(銘)을 지어 달라고 청하며 말하기를 "돌아가신 분과 공은 사귀며 마음을 나누었으니, 돌아가신 분의 심사를 공이 모르는 것이 없을 것입니다. 공의 한마디 말을 얻어 무덤에 표하여 후세에 밝히고자 합니다."라고 하였다. 내가 그 말을 듣고는 슬픔에 마음이 아파 정신이 나간 듯 멍하였다. 나는 공과 표족(表族)의 관계가 되고,[26] 공이 옥당(玉堂)

24 시호는 모공(某公)으로 내렸다 : 문경(文敬)이라는 시호가 내려졌다.

25 아무개 : 참봉을 지낸 김달사(金達思)를 가리킨다.

에 들어갔을 때에 동료가 되어 이로부터 마음을 나누며 서로 격의 없는 교분을 맺었다. 같은 관사에서 함께 일한 것이 한두 해가 아니었으며, 때때로 서로 떨어지기도 하였으나 마음에 품은 생각을 서로 주고받지 않은 적이 없다. 그런데 지금 공이 먼저 세상을 떠났으니 내가 어찌 차마 공의 명문을 지을 수 있겠는가. 그러나 공의 실상에 대하여 의당 나보다 더 자세히 아는 사람은 없을 것이며, 부인의 슬픔 어린 간청을 저버릴 수도 없다. 우통례가 기록한 것에 지나친 내용이 없으니, 공의 훌륭한 자취를 어찌 전하지 않아 사라지도록 해서야 되겠는가. 명을 지어 달라는 부탁 또한 사양할 수가 없다.

공은 타고난 품성이 고결하고 정신과 기운이 수려하고 맑았다. 강직하고 반듯하며 총명하고 민첩하여 세상의 흐름에 맞춰 오르내리지 않았다. 성품은 효성스럽고 우애로워 선조를 모시면서는 정성을 다하였고 형제에게는 공경으로 대하여 그들이 모두 기뻐하였다. 벼슬을 시작하면서부터 항상 문한(文翰)의 직무를 맡았으며, 젊어서는 매우 바쁜 업무에 종사하였지만 일을 만나면 바람이 일 정도로 신속하였고 판단과 결단이 정밀하고 타당하여 시행하는 일마다 모두 시의에 적절하였다. 또 음악과 여색을 좋아하지 않고 오직 서적을 탐독하여 비록 병이 들더라도 항상 책을 가까이하며 독서를 그치지 않았다. 문장은 전아하면서도 굳건했으며 내용과 조리가 모두 지극한 경지에 이르렀다. 진부한 말은 힘써 제거하였고 세속의 말은 사용하지 않았다.

26 나는……되고 : 김감의 아버지 김원신(金元臣)의 누이가 신용개의 집안인 고령 신씨(高靈申氏) 신희포(申希浦)에게 시집간 것을 말하는 듯하다. 《延安金氏大同譜, 延安金氏大宗會, 2006》

연산군 때에 공을 편전(便殿)에 불러 술을 내린 적이 있었다. 당시 이세좌(李世佐)가 임금의 뜻을 거슬러 외방으로 귀양을 가 있었다.[27] 공이 가만히 아뢰기를 "법을 시행할 때는 삼가지 않아서는 안 되니, 너무 지나치면 사람을 상하게 합니다."라고 하였는데, 말이 매우 간절하였다. 얼마 안 있어 이세좌가 풀려나 돌아왔는데, 외부 사람들 가운데 공의 힘이었다는 것을 아는 이가 없었다. 이세좌의 온 집안이 화를 당하게 되어서는 임금 좌우의 사람들이 모두 공을 위태롭게 여겼는데, 공은 그 말을 듣고서도 후회하거나 두려워하는 기색이 없었다. 임금이 자신의 뜻을 멋대로 행하려고 먼저 위력과 형벌로 사람들을 속박하고 제어하여 감히 아무도 말을 하지 못하도록 하였다. 이전에 일에 대해 말했던 것을 들추어 죄를 주면서 매일같이 죽이고 귀양을 보냈으며, 풍속을 고친다는 명목으로 도로에서 서로 눈짓만 하게 되니,[28] 두려워 한 치 앞을 보장하기 어려웠나.

임금이 공을 불러 묻기를 "요사이 밖에서의 논의는 무어라 하는가?"라고 하니, 공이 대답하기를 "일전에 풍속이 태평함에 젖어 폐단이 없지는 않았으나 지금은 이러한 것들을 고쳐 게으른 습속이 이미 변하였

27 당시……있었다 : 이세좌(李世佐, 1445~1504)는 본관은 광주(廣州), 자는 맹언(孟彦), 호는 한원(漢原)이다. 문과에 급제하여 이조 판서 등을 역임하였다. 1503년(연산군9)에 정전(正殿)의 잔치에서 이세좌가 연산군이 준 술을 엎질러 임금의 옷을 젖게 하였는데, 매우 공경스럽지 못한 일이라 하여 귀양을 가게 되었다.《燕山君日記 9年 9月 12日, 20日》

28 풍속을……되니 : 연산군은 사람들이 마주하여 논의하는 일을 금지하는 법을 만들었고 시국에 대해 말하는 사람을 죽이거나 귀양 보냈는데, 사람들이 서로 손만 흔들어도 죄에 저촉되어 조정이건 민간이건 간에 서로 이야기를 하지 못하고 눈짓만으로 인사를 하였다고 한다.《二樂亭集 卷10 議政府領議政成公墓誌銘》

습니다. 그러나 너그러움과 지나치게 엄함은 한 가지만 치우치게 사용해서는 안 되고 반드시 서로 보완하여야 다스림을 이룰 수 있습니다." 라고 하였다. 임금이 말하기를 "그렇다면 경은 내가 지나치게 엄하다고 여기는 것인가?"라고 하니, 공이 대답하기를 "지나치게 엄함을 완전히 없앨 수는 없지만 오로지 지나치게 엄하기만 하면 백성이 피폐하게 됩니다."라고 하자, 임금이 말하기를 "경의 말이 옳다."라고 하였다. 또 임금이 말하기를 "내가 나이가 많고 학문도 이루었으니 더 이상 경연에 나아갈 필요는 없다. 경연을 폐지하는 것이 어떻겠는가?"라고 하니, 공이 대답하기를 "성학(聖學)에 반드시 경연이 필요한 것은 아닙니다. 그러나 경연은 강학만을 위한 것이 아니라, 현사(賢士)를 만나 바른 논의를 듣게 되니 다스리는 도리에 크게 유익합니다. 완전히 폐지해서는 안 됩니다."라고 하였다.

하루는 임금이 공을 불러 궁중의 잔치에 나아갔다. 술자리가 무르익자 임금이 말하기를 "내가 경을 임숭재(任崇載)처럼 여기노라."라고 하니, 공이 대답하기를 "신이 비록 보잘것없는 자질로 직무를 맡고 있기는 하지만, 대신은 총애하는 사람과 비교되는 것을 부끄럽게 여깁니다."라고 하였다. 임금이 말하기를 "경의 지위와 명망을 그에 견준 것이 아니라 경을 사랑하는 나의 마음이 임숭재와 다름이 없다는 것이다."라고 하니, 공이 대답하기를 "대신은 은혜와 예로 대하여 본래 총애하는 사람과는 다른데, 어찌 똑같이 여겨서야 되겠습니까."라고 하자, 임금이 기뻐하지 않으며 자리를 파하였다. 다음 날 다시 공을 불러 말하기를 "어제는 내가 취하여 실언을 하였으나, 경도 지나치지 않았는가."라고 하니, 공이 황공하여 절하며 사죄하고 무거운 견책이 있을까 염려하였다. 임숭재의 집에서는 또한 원망의 마음을 품었다. 임금이 공에게 명하여 궁사(宮詞)를 지어 바치라고 하였는데, 마지막 연에 "즉시 〈청평사(淸平詞)〉를 지어 올리는 일[29] 끝내 할 수 없으니, 군왕이 어찌 향락과 편안함을 일삼겠는가.〔立進淸平終不敢, 君王豈事宴安爲?〕"라고 하였다. 임금이 화가 나서 공을 불러 꾸짖으며 말하기를 "경은 내가 향락에 빠졌다고 여겨 현종(玄宗)에 견준 것인가? 내가 하는 일을 경은 분명 마음속으로 그르다고 여기고 있기에 이러한 말을 한 것이다."라고 하였다. 재삼 물리치며 고쳐 올리라고 명하였는데, 세 번을 바꾼 뒤에야 노기가 조금 풀려 화를 면할 수 있었다. 표형(表兄)인 강 헌숙공(姜憲肅公)[30]이 경계하여 말하기를 "임금이 자네를 다른 사람과 다르게 대하는 이유는 바른 논의를 들어 자신의 잘못을 바로잡으려는 것이 아니네. 어찌 자신을 보호할 방도를 생각지 않는가. 훗날 어찌 후회가 없겠는가."라고 하였으나, 공은 여전히 그 말을 따르지 않았다.

공은 갑자년(1504, 연산군10) 봄부터 항상 의금부의 직임을 겸하였는데, 이때에 죄망(罪網)이 크게 열렸다. 위로는 공경 대신, 대간(臺諫), 시종(侍從)으로부터 아래로는 선비와 서인에 이르기까지 연이어 갇히게 되었다. 형틀이 뜰에 가득하고 계속 죽음을 당하였지만 모두

29 즉시……일 : 당(唐)나라 현종(玄宗)이 양 귀비(楊貴妃)와 꽃구경을 하다가 이백(李白)을 불러 새로운 노래를 지어 바치라고 하였는데, 이백이 저자에서 술에 취해 있다가 부름을 받고 궁궐에 들어가 즉시로 〈청평사〉를 지어 올렸다. 《新唐書 文藝列傳 李白》

30 표형(表兄)인 강 헌숙공(姜憲肅公) : 강귀손(姜龜孫, 1450~1505)으로, 본관은 진주(晉州), 자는 용휴(用休), 시호는 헌숙이다. 문과에 급제하여 대사헌, 이조 판서, 우의정 등을 역임하였다. 하등극사(賀登極使)로 명나라로 가던 도중 평안도에서 병사하였다. 김감의 어머니 진주 강씨(晉州姜氏)는 강석덕(姜碩德)의 딸로, 강귀손의 아버지 강희맹(姜希孟)과 남매간이므로, 강귀손이 김감에게 표형이 된다.

그들의 죄가 아니었기에 공이 다른 추관(推官)들과 이리저리 힘써 풀어 주고 구원하여 목숨을 부지한 사람들이 많았다. 당시 죽음을 당한 사람들의 친족들이 연좌되어 귀양을 가서 여러 지역에 두루 있었는데, 임금은 그들이 원망하는 마음을 갖고 있으리라 의심하여 그들을 있는 곳에서 묶어 고문하도록 하여 다 죽이려고 하였다. 공이 영남의 관찰사가 되었을 때에, 애처롭게 여기며 말하기를 "이들이 무슨 죄가 있겠는가."라고 하고, 형틀에서 풀어 주고 신문을 느슨하게 하였으며 독한 매질을 가하지 않으니, 고마워 눈물을 흘리지 않는 이가 없었다. 공이 보기에 임금의 마음이 날로 황폐하여 종묘와 사직이 위태로운데, 자신은 신하로서 총애와 돌봄을 매우 융숭하게 받으면서도 기울어 가는 상황을 부지할 방책이 없었기에 항상 근심하고 탄식하다가 마침내 고질병이 되고 말았다. 사람들은 공이 연산군에게 매우 중시받는 것을 보고는 공이 임금의 뜻에 영합하고 서슴없이 바른말을 하는 절개가 없다고 의심하는 경우가 많았으며, 혹 논하여 꾸짖는 경우도 있었다. 아, 공이 어찌 이러하겠는가. 내가 갑자년부터 바닷가로 귀양을 가서[31] 조정의 일에 대해서는 아득히 들은 바가 없다. 그러나 공의 평소 마음가짐으로 볼 때에 그가 결코 그렇지 않았음을 보장할 수 있다. 당시에 임금이 황폐하고 정사가 사나워 뜻을 거스르는 자는 반드시 죽었고 집안이 모두 죽는 지경에 이르기도 하였으니, 감히 조금이라도 임금의 뜻을 거스르는 사람이 없었다. 바른말과 바로잡는 간언으로 어그러진

31 내가……가서 : 신용개는 갑자년인 1504년 성절사(聖節使)로 중국에 가 있는 동안 갑자사화에 연루되어 논죄되었고, 돌아오는 길에 관직이 박탈되어 전라도 영광(靈光)으로 귀양을 갔다.

정사를 바로잡은 경우가 있다는 말을 듣지 못하였는데 공에게만 부족했다고 하는 것은 어째서인가? 공이 진달한 말을 살펴보면 공이 가슴 속에 쌓아 두었던 것이 무엇인지를 알 수 있다. 아아, 공은 밝고 뛰어난 자질로 문장과 정사가 모두 남보다 앞섰으며 명망과 지위가 모두 높았는데, 장수하지 못하고 후사가 없이 일찍 죽었으니, 애통하도다 하늘이여. 명은 다음과 같다.

널리 통달한 학식에	博達之學
명민한 성품을 지녔고	明敏之性
지행에 바탕을 두고서	根以志行
정사에 펼치었네	乃施於政
옥당에서 왕명을 기초하면서는	視草玉堂
화려한 문장 봄날의 꽃과 같았고	華藻春榮
가지와 잎을 창대하게 하여	大其枝葉
문형의 직임을 맡았지만	雖主文衡
복잡하게 얽힌 중요한 일들도	絲棼機務
처리에 한껏 여유가 있었으니	刃有餘地
일 처리에 어려울 것 하나 없어	手無盤錯
나라의 유용한 인재가 되었네	國有利器
화려함이 아니라 실질을 일삼아	非華而實
명망이 높아졌으니	名與望隆
큰일을 맡을 만하여	是可大受
지위는 삼공에 이르렀네	位視三公
공신각에 이름을 올려	丹青麟閣

젊은 나이에 훈업을 이뤘으며	黑頭勳業
영광은 선대를 계승하였으니	光承先世
훌륭한 가문의 빛나는 후손이로다	高門奕葉
재주가 넉넉하여 두루 쓰였으니	才贍用周
장차 원대하게 뜻을 펼칠 것 같았는데	將遠其施
하늘은 어찌 이리 빨리도 앗아 가	天何奪速
죽음이 이에 이르렀던가	化及於斯
몸은 세상과 작별하였지만	身與世辭
이름은 함께 떠나지 않았어라	名不俱往
돌을 세워 그 아름다움 전하니	豎石傳芳
후세 사람들은 우러러보리라	後人之仰

이요정집

제13권

碑비

지중추부사 김공 신도비명

知中樞府事金公神道碑銘

천하에서 공통적으로 높이는 것이 세 가지가 있는데[1] 이를 겸하는 것이 가장 어렵다. 지중추부사 김공(金公)은 휘가 우신(友臣)이고, 자가 대빙(待聘)이다. 드러나지 않은 덕행으로 선을 쌓고 아름다움을 길렀으며 87세에 관직에 있다가 세상을 떠났으니, 이는 세 가지를 잘 겸하여 소유한 것이다. 세상을 떠난 다음 달에 고양군(高陽郡) 목희리(木稀里) 언덕에 장사 지냈는데, 이듬해에 자손들이 신도(神道)에 비를 세워 이름과 실상을 기록하여 후세에 민멸되지 않게 하고자 하면서 나에게 편지를 보내 명(銘)을 지어 달라고 부탁하였다. 나는 공의 아들인 관찰사 김선(金詮)과는 벗으로 사귀어서 공의 실제 일을 자세히 알고 있으며 공의 덕을 흠모하고 공이 장수한 것을 우러른 지 오래니, 묘지명을 짓는 것이 합당하다.

공의 선조는 연안(延安)에서 나왔다. 휘 도(濤)에 이르러 고려 공민왕(恭愍王)의 조정에 나아가 벼슬을 하였다. 정언(正言)을 거쳐 중국에 들어가 제과(制科)에 급제하여 동창부(東昌府) 구현(丘縣)의 승(丞)에 제수되었다. 어버이가 연로하여 우리나라로 돌아와 밀직제학

1 천하에서……있는데 : 벼슬, 나이, 덕(德)을 말한다. 《맹자》 〈공손추 하(公孫丑下)〉에 "천하에서 공통으로 높이는 것이 세 가지 있는데, 벼슬과 나이와 덕이다. 조정에서는 벼슬만 한 것이 없고, 마을엔 나이만 한 것이 없고, 세상을 돕고 백성을 기르는 데에는 덕만 한 것이 없다."라고 하였다.

(密直提學)으로 세상을 떠났는데 이분이 공의 증조부이다. 조부 휘 자지(自知)는 관직이 개성 유후(開城留後)였고 시호가 문정(文靖)이다. 아버지 휘 해(侅)는 공의 지위에 맞춰 병조 판서에 추증되었는데, 관찰사 성개(成槪) 공의 따님에게 장가들어 영락(永樂) 갑진년(1424, 세종6)에 공을 낳았다.

공은 7, 8세 무렵부터 글을 읽을 줄 알았고 자라면서 더욱 발전하였다. 계유년(1453, 단종1)의 사마시에 합격하였고, 성종이 잠저(潛邸)에 있을 때에는 공이 선발되어 사부(師傅)의 관직에 보임되었다. 무반(武班)의 봉록을 받고 있었지만 오히려 과거 공부를 게을리하지 않아 향시(鄕試)에서 여러 차례 이름을 드날렸다. 그러나 끝내 큰 뜻을 이루지는 못하였다. 임진년(1472, 성종3)에 처음으로 벼슬에 나아가 사옹원 직장(司饔院直長)에 제수되었다가 한성부 참군(漢城府參軍)으로 자리를 옮겼다. 계사년(1473)부터 연이어 부모상을 당하였고, 상복을 벗은 뒤에 종부시 주부(宗簿寺主簿)에 제수되었으며, 외직으로 나가 해주 판관(海州判官)이 되었다가 어떤 일 때문에 파직되어 돌아왔다. 기해년(1479)에 군기시 주부(軍器寺主簿)에 등용되었고, 얼마 후에 외직으로 나가 통진현(通津縣)의 수령에 보임되었다. 당시에 아들 심(諶)은 병조 정랑이었고 흔(訢)은 홍문관 교리였는데 아버지를 찾아뵙기 위해 휴가를 청하자 성종이 특별히 술을 하사하여 영예롭게 해 주었으며, 임기가 다 차기 전에 특별히 공조 정랑의 직임으로 공을 불러들였다. 병오년(1486)에 다시 단양(丹陽)의 수령이 되었다. 성종이 글을 내려 공의 치적을 물으니, 감사가 공이 가장 우수하다고 보고하였다. 이에 특별히 통정대부(通政大夫)로 품계를 더하고 칭찬하여 하교하기를 "그대는 나의 예전 스승으로 외방에서 오랫동안 수고하였다. 지금 정사가 공평하고 송사가 잘 다스려져 명성과 치적이 자못 있다고 들었다. 이에 특별히 자급을 한 단계 더하여 포상하노라."라고 하였다. 6년의 임기를 마치고 사과(司果)에 임명되어 돌아왔다. 성종이 형벌의 시행을 신중히 하여 죄를 의논함에 합당하지 않음이 있을까 염려하면서 국안(鞫案)을 조정의 신하들에게 나누어 주고 다시 자세히 살펴 아뢰도록 하였는데, 공의 대답이 분명하고 진실되었다. 성종이 가상히 여겨 어의(御衣)를 벗어 내려 주었으며, 이조에 명하여 문반(文班)으로 의망(擬望)하도록 하여 마침내 호조 참의에 제수되었다. 어떤 일에 연좌되어 첨지중추부사로 자리를 옮겼고, 이후로는 한가히 거하며 노쇠함을 보살피고 중요한 직무는 맡지 않았다. 벼슬에서 물러날 것을 청하였으나 윤허를 받지 못하고 상대호군(上大護軍)이 되어 10여 년을 지냈다. 연산군이 양로연(養老宴)을 행하여 가선대부(嘉善大夫)로 품계를 더하였다. 병인년(1506, 중종1)에 성상이 즉위하고서 공을 성종의 옛 신하라는 이유로 특별히 가정대부(嘉靖大夫)로 품계를 더하였다. 정묘년(1507)에 나이 많은 사람을 대접하여 또 자헌대부(資憲大夫)로 품계가 올랐으며, 얼마 후에 지중추부사에 제수되었다. 경오년(1510) 2월에 집에서 세상을 떠났다. 부고가 전해지자 조회를 정지하였고, 예법에 맞게 부의를 내리고 조제(弔祭)하였으며, 시호를 모(某)로 내렸다.[2]

공은 성품이 청렴하고 공평하였으며 간소하고 질박하였다. 조심하면서 자신을 낮추었고 복식을 아름답게 꾸미지 않았다. 집에 음식이 자주 떨어졌지만 마음을 편안히 가졌고, 관직에 있으면서는 깨끗하고

2 시호를 모(某)로 내렸다 : 호간(胡簡)이라는 시호가 내려졌다.

신중함으로 소문이 났다. 공의 외조부인 관찰공(觀察公)은 예서(隸書)에 뛰어났는데, 일찍이 위징(魏徵)의 〈십점소(十漸疏)〉[3]를 썼다. 공이 보배로 여겨 간직하고 있다가 하루는 아들 흔에게 주면서 경계하여 말하기를 "네가 명철한 성군을 만나 경연에서 모시면서 학문을 강론하는 직책을 맡고 있으니, 오직 정공(鄭公)[4]을 스승으로 삼을 만하다. 너는 마땅히 두려워하는 마음으로 그와 같을 것을 생각하며 아름다운 말과 바른 주장을 조석으로 진달하여 나의 외조부께서 정성으로 베껴 후손에게 전한 뜻을 저버리지 말아야 할 것이다."라고 하였다. 흔이 당시에 직제학이었는데 물러 나와 〈십점소〉를 베낀 두루마리와 함께 차자를 올렸는데 경계의 말이 매우 절실하였다. 성종이 가상히 여겨 상을 주었고 어서(御書)를 내려 칭찬하기를 "그대의 아비가 그대에게 재상 위징으로 자부하도록 권면하였고 그대는 또 내게 요순(堯舜)시절과 같이 다스릴 것을 권면하니, 아비는 그 아들을 사랑하고 신하는 그 임금을 사랑한 것이라고 할 만하다."라고 하였다. 공이 성상의 보살핌을 받는 것이 이와 같았다. 세 아들이 모두 갑과(甲科)에 합격하여 서로 이어서 중요한 자리에 올라 이름을 드날렸다. 일찍이 영친연(榮親宴)을 열려고 하였는데, 공이 말하기를 "영화를 드러내 밝히는 것은 내가 매우 두려워하는 것이다."라고 하고는 물리치고 받아들이지 않았다. 노년에 이르러서는 길일과 명절을 만날 때마다 아들들이 축수(祝

3 위징(魏徵)의 십점소(十漸疏) : 위징은 당 태종(唐太宗) 때의 문신이다. 〈십점소〉는 태종이 만년에 수신과 정치가 점점 해이해지자 위징이 10가지를 나열하여 경계한 상소이다. 《新唐書 魏徵列傳》

4 정공(鄭公) : 정국공(鄭國公)에 봉해진 위징을 가리킨다.

壽)를 올렸는데 성대하게 친속들을 모았다. 공이 수염과 머리털이 하얬지만 기쁘게 즐기고 웃는 것은 젊은이와 다름이 없었으며, 나이가 많고 적은 손자들이 좌우에 늘어서 모시고 있었으니, 이를 듣는 사람들은 흠모하며 세상에 견줄 데가 드물다고 하였다.

부인은 지청풍군사(知淸風郡事) 이계충(李繼忠)의 따님으로, 아들 셋과 딸 둘을 낳았다. 아들은 심, 흔, 전(詮)이다. 심은 갑오년(1474, 성종5)의 과거에 급제하였고, 또 중시(重試)에 급제하여 참판, 지중추부사 등의 관직을 역임하였는데, 자식이 없고 공보다 먼저 죽었다. 흔은 무자년(1468, 세조14)의 사마시에서 장원을 하였고, 신묘년(1471)의 문과에서도 장원을 하여 선발되어 옥당(玉堂)에 들어갔으며, 내내 문한(文翰)의 직임을 맡았고 뒤에 관직이 공조 참의에 이르렀으나 일찍 죽었다. 전은 기유년(1489)의 문과에 장원을 하여 판서, 판윤 등을 거쳐 부모를 봉양하겠다고 청하여 경기 관찰사가 되었다. 큰딸은 현감 오수정(吳壽禎)에게 시집갔고, 다음은 별제(別提) 이종손(李終孫)에게 시집갔다. 부실(副室)은 장사랑(將仕郎) 유기(劉奇)의 따님인데, 아들과 딸을 각각 2명씩 낳았다. 큰아들 눌(訥)은 사용(司勇)이고, 다음은 침(諃)이다. 큰딸은 참봉 남호(南諕)에게 시집갔고, 다음은 천문학훈도(天文學訓導) 김계흔(金啓昕)에게 시집갔다.

참의 흔은 아들 셋과 딸 셋을 두었다. 큰아들은 안정(安鼎)이고 다음은 안세(安世)인데 기사년(1509, 중종4)의 과거에 같이 등제하여 함께 승문원에 선발되어 정자(正字)가 되었으며, 다음은 안로(安老)인데 병인년(1506)의 과거에 장원을 하여 이조 정랑이 되었다. 관찰사 전은 아들 셋과 딸 둘을 두었다. 아들은 안도(安道), 안우(安遇), 안수(安遂)인데, 어리다. 외손자와 외손녀는 10여 명이다.

아아, 공은 천하에서 공통적으로 높이는 것을 자신의 몸에 갖추었을 뿐만이 아니니, 하늘이 복록과 아름다움으로 그 후손에게 보답할 것이다. 남은 경사가 끝이 없으리니 마땅히 후손들이 세상에 밝게 드러날 것이다. 명은 다음과 같다.

몸에 허물과 후회가 없으니	身無尤悔
하늘의 벼슬[5]을 닦은 것이고	天爵之修
지위는 육경에 이르렀지만	位視六卿
자신이 그것을 구한 것이 아니네	我不彼求
하늘이 그 선함에 복을 내려	天福其善
장수의 아름다움을 누렸고	胡考之休
훌륭한 자손들이	樹交桂玉
마당을 환하게 비추었네	輝映庭除
뿌리가 깊고 잎이 무성하니	根深葉茂
경사가 넘쳐 집안에 가득하네	慶衍充閭
살아서는 존귀함과 영예를 누리고	生享尊榮
죽어서는 아름다운 명성을 남겼네	歿流令譽
여기에 아름다움을 드러내어	表茲嘉美
후세 사람들에게 알리노니	以詔後人

5 하늘의 벼슬 : 자신의 내면을 수행하였음을 말한다. 《맹자》〈고자 상(告子上)〉에 "하늘의 벼슬이 있으며 인간의 벼슬이 있으니, 인(仁)·의(義)·충(忠)·신(信)과 선을 즐거워하며 게을리하지 않는 것이 하늘의 벼슬이고, 공경(公卿)과 대부(大夫)는 사람의 벼슬이다."라고 하였다.

만약 나를 믿지 못하겠거든 如我不信

어찌 비석을 살펴보지 않으리오 盍視貞珉

평성부원군 박공 신도비명
平城府院君朴公神道碑銘

선비가 한 가지 선행이 있거나 한 가지 재주가 있어서 남들보다 이름과 지위가 조금이라도 뛰어난 경우에도 충분히 한 시대에 명성을 떨치고 후대에까지 공적이 드러나기 마련이다. 하물며 성군을 도와 난세를 타개하여 사직을 안정시키고 백성을 구제한 경우이겠는가. 무열공(武烈公 박원종(朴元宗)) 같은 분은 태어남은 하늘이 낳은 것이고 죽음은 나라가 동량을 잃은 것이니, 그의 공훈과 덕업은 역사에 기록되고 제기에 새겨져 있다. 사람들의 마음속에 담겨 귀와 입으로 전송되는 것은 앞으로 백세의 세월이 흐른 뒤에도 사라지지 않을 것이니 비록 공적을 기록한 비(碑)가 없더라도 괜찮을 것이다. 그러나 무덤에 표시하여 광대함을 보일 수가 없다면 이 또한 빠뜨려서는 안 된다.

공이 죽자 관청에서 장사 지내는 일을 돌보아 조금도 부족함이 없었으나 장례의 명령에 유독 비석을 세운다는 조목은 없었다. 부인 윤씨(尹氏)가 슬픔 속에서도 정성을 다하여 생질(甥姪)과 함께 의논하여 공인(工人)을 모으고 돌을 마련한 뒤에 나에게 명(銘)을 지어 달라고 청하였다. 나는 공과 표족(表族)의 관계이고 인정을 받은 것이 오래라 공에 대한 일들을 자세히 알고 있다. 게다가 문관으로 있으니 명을 짓는 일을 어찌 감히 사양할 수 있겠는가

공의 성은 박씨(朴氏)이고, 휘는 원종(元宗)이며, 자는 백윤(伯胤)이다. 그의 선대는 순천(順天)에서 나왔다. 휘 천상(天祥)이란 분이 무예의 재주를 가지고 고려의 공민왕(恭愍王)을 섬겨 평양부원군(平陽

府院君)에 봉해졌다. 이분이 휘 가흥(可興)을 낳았는데 우리 조정에 들어와 의정부 우의정에 증직되었는데 공의 고조가 된다. 이분이 휘 석명(錫命)을 낳았는데 문장으로 이름을 떨쳤으며 태종(太宗)을 섬겨 좌명 공신(佐命功臣)에 책록되었고, 지의정부사(知議政府事)가 되었으며 평양부원군에 봉해졌는데 공의 증조이다. 조부 휘 거소(去疎)는 부지돈녕부사(副知敦寧府事)를 지냈고 의정부 우의정에 추증되었다. 부친 휘 중선(仲善)은 무과에 장원하였는데 적개 공신(敵愾功臣)에 책록되고 평양군에 봉해졌으며 관직은 판중추부사에 이르렀다. 외조부 허균(許稛)은 가선대부로서 행 호군(行護軍)을 지냈는데 또한 양천(陽川)의 명문 집안이다. 집안이 대대로 이름난 벌열(閥閱)로 오래전부터 이어져 왔으니, 경사를 기르고 복을 전하여 영웅호걸을 만들었다. 성화(成化) 정해년(1467, 세조13)에 공을 낳았다.

공은 어렸을 때부터 건장하고 씩씩하였으며 생김새도 비범하였다. 한 충성공(韓忠成公 한명회(韓明澮))이 한번 보고는 기특하게 여기며 "오래지 않아 큰 그릇이 될 것이다."라고 하였다. 글을 읽으면 대의에 통하였고, 활쏘기와 말타기에 뛰어났다. 음보(蔭補)로 무반직(武班職)에 나아가 호군이 되었다. 병오년(1486, 성종17)에 선전관에 제수되었고, 이해에 무과에 급제하여 훈련원 판관(訓鍊院判官)이 되었으며, 여러 차례 승진하여 첨정(僉正)과 부정(副正)이 되었다. 매번 관직을 옮기면서도 항상 선전관과 내승(內乘)의 직임을 맡아서 오랫동안 임금을 모셨다. 성종이 마음속으로 그가 국량이 크다고 생각하고는 "그의 재주는 큰일을 맡을 수 있으니 급할 때 쓰임이 될 것이다."라고 말하였다. 임자년(1492)에 단계를 뛰어넘어 승정원 동부승지에 제수되었고 품계는 통정대부에 올랐으나, 언관이 그의 나이가 적다는 것을 문제 삼자 자리를 옮겨 공조 참의가 되었고, 얼마 후 병조로 옮겼다.

연산조 을묘년(1495, 연산군1)에 경상좌도 병마절도사로 나갔다가 돌아와 첨지중추부사에 제수되었다. 무오년(1498)에 이조와 병조의 참의에 제수되었으며, 다시 동부승지에 제수되었다가 좌부승지로 승진하였다. 경신년(1500)에 특별히 평안도 절도사에 제수되었으나 공은 어머니가 연로하다는 이유로 사양하였다. 직임을 바꾸어 동지중추부사에 제수되었고 훈작(勳爵)을 물려받아 평성군(平城君)에 봉해졌다. 얼마 후 한성부우윤 겸 도총부부총관(漢城府右尹兼都摠府副摠管)에 제수되었다. 당시 좌윤인 홍흥(洪興)은 성격이 엄하여 쉽사리 남을 인정하지 않았는데 공에게는 마음으로 감복하여 '나라의 그릇〔國器〕'이라고 자주 일컬었다. 임술년(1502)에 외직으로 나가 강원도 관찰사가 되었는데, 백성들을 구제하고 폐단을 없애겠다고 마음먹고서 명분 없는 공물을 줄일 것을 여러 차례 청하였다. 강원도에는 명산과 큰 사찰이 많아 불도(佛道)를 배우려는 사람들이 많이 모여들었는데, 사람들을 속여 시주를 받는 일이 없도록 금지하고 잘못을 고발하는 역졸들에게 상을 내리니 고을에서 승려들의 자취가 사라졌다. 계해년(1503)에 체직되어 평성군 겸 동지의금부사(平城君兼同知義禁府事)가 되었다.

갑자년(1504) 봄에 모친상을 당하여 묘소 옆에서 여묘살이를 하였는데 당시에 처음 단상제(短喪制)[6]를 시행하였다. 을축년(1505) 겨울

6 단상제(短喪制) : 날〔日〕을 달〔月〕로 계산하여 상기(喪期)를 단축하는 제도인데, 연산군이 이에 대한 시행을 명하였다. 당시 사대부들은 이를 패륜으로 여겼으나 감히 왕명을 어기지는 못하였고, 중종반정 이후 삼년상의 제도가 다시 회복되었다.

에 특별히 상중에 있는 공을 나오게 하여 동지중추부사로 삼았고, 품계를 정헌대부(正憲大夫)로 올렸다. 공이 뜻을 지키지 못한 것이 애통하여 사직하고자 하였으나 화가 미칠 것이 두려워 결국은 제수의 명을 따랐다. 그러나 항상 슬픈 마음을 가슴에 품고 있었다. 병인년(1506)에 지중추부사로 경기 관찰사를 겸하였다. 갑자년 여름부터 도성의 동북 사방 백 리에 금표(禁標)를 세워 꿩과 토끼 등을 잡는 사냥터를 만드느라 관사와 민가를 철거하고 사람들의 출입을 금하였다. 이를 범하는 사람들은 죽이고 일을 말하는 사람들에 대해서는 뒤늦게라도 죄를 캐물어 마지않으며 법망을 크게 펼쳐 살육의 정사를 시행하니 안팎에서 모두 두려워 숨죽이며 뒤질세라 명을 따랐다. 공은 친한 이들에게 항상 말하기를 "임금이 도를 잃어 명령에 법도가 없다. 비록 한 사람의 힘으로는 난국을 해결할 수 없겠지만 두루 힘을 쓰며 진심 어린 간언을 올리면 어찌 한두 가지 일이나마 구원할 수 있는 것이 없겠는가."라고 하였다. 하루는 또 동북처럼 서남에도 금표를 세우라는 명이 있었는데, 광주(廣州)부터 서쪽으로 양천(陽川), 김포(金浦), 부평(富平)이 모두 출입이 금지되는 사냥터에 포함되었다. 공이 그 불가함을 진달하여 양천 등의 고을이 금표 내에 포함되지 않게 되자 중외의 사람들이 공을 크게 의지하였다. 금표를 세운 뒤로 불시에 사냥을 하여, 명나라 사신이 들어왔을 때에 역로의 관청에서 응접하는 일정에 차질이 생기는 경우가 많았다. 공이 금기를 거스르며 말을 하니, 임금이 기뻐하지 않으며 말하기를 "전에는 나의 뜻을 거스르는 사람이 없더니 아무개가 홀로 감히 그러는구나. 지난번에는 그 말을 따라 가까이에 경계를 지어 금표 세우는 것을 인정하더니 어찌 바야흐로 뉘우치고 한스러워하면서 이제는 다시 그렇게 말을 하는가."라고 하였다. 공은 조정에 있다가는 난국을 구제할 수 없고 그저 화를 초래하리라는 것을 알고는 급히 외직을 청하였는데, 함경북도 절도사에 제수되고 품계가 숭정대부(崇政大夫)로 올랐다. 이미 길에 오른 뒤에 공의 손윗누이인 승평부인(昇平夫人)[7]의 병이 위중해지자, 급히 돌아올 것을 명하였고 그대로 머무르며 상(喪)을 주관하도록 하였으며 평성군 겸 도총부도총관(平城君兼都摠府都摠管)으로 삼았다.

공이 조정으로 돌아온 뒤로 항상 나라의 일을 구제할 방책이 없음을 마음 아파하다가 종사(宗社)와 백성이 중요하다고 생각하여 분연히 이윤(伊尹), 곽광(霍光)과 같은 뜻[8]을 품게 되었다. 이에 성희안(成希顔), 유순정(柳順汀)과 함께 모의하여 이해 9월 2일에 거의(擧義)하여 임금을 폐하고 새로운 임금을 세웠다. 나라 사람들이 메아리가 울리듯이 호응하여 모든 마음이 일치하였고, 흉하고 더러운 무리들을 죽이고 무고한 사람은 한 명도 함부로 죽이지 않자 조정과 민간이 깨끗해지고 귀신과 사람 들은 편안히 안정하였다. 비록 먼 지방의 사람들이나 천한 이들이라도 공의 이름을 칭송하였고, 지금까지도 입에서 그 칭송이 떠나지 않는다. 어떤 이들은 박야야(朴爺爺)라고 부르며[9] "박야(朴爺)

7 승평부인(昇平夫人) : 1455~1506. 월산대군(月山大君)의 부인으로, 성종의 형수이며 연산군의 큰어머니이다.

8 이윤(伊尹)……뜻 : 무도한 임금을 폐하려는 마음을 말한다. 이윤은 은(殷)나라의 재상으로 임금인 태갑(太甲)이 무도한 행동을 하자 3년간 추방하였다가 다시 맞이하였고, 곽광은 한(漢)나라의 대장군으로 무도한 창읍왕(昌邑王)을 내쫓고 선제(宣帝)를 옹립하였다. 《書經 太甲上》《漢書 霍光傳》

9 어떤……부르며 : 야야(爺爺)는 할아버지 정도 나이의 어른에 대한 존칭으로, 박원종을 박야야라고 일컬은 것은 그를 매우 높여 부른 것이다.

가 아니었으면 우리는 벌써 오래전에 죽었을 것이다."라고 하였다. 상이 공의 공훈을 제일로 책록(策錄)하여 병충분의결책익운정국 공신(秉忠奮義決策翊運靖國功臣)의 칭호를 하사하였고, 의정부 좌참찬에 제수하였다. 그리고 며칠 뒤에 대광보국숭록대부(大匡輔國崇祿大夫)로 품계를 올렸고, 의정부우의정 겸 영경연사 감춘추관사(議政府右議政兼領經筵事監春秋館事)에 제수하고 평성부원군에 봉하였다. 공이 사양하며 말하기를 "삼공의 임무는 무거워 신 같은 무부(武夫)가 맡을 자리가 아닙니다."라고 하고 날마다 서너 번씩 아뢰면서 굳게 피하며 직을 받아들이지 않자, 상이 너그러이 타일러 지임을 맡도록 하였다. 그리고 얼마 후에 좌의정으로 승진하였다.

정묘년(1507, 중종2) 봄에 김공저(金公著) 등이 공을 해치려고 도모하였다가 조정의 정사를 어지럽혔다는 죄목으로 벌을 받게 되었는데, 이로 인하여 공이 스스로 '평소 명망이 쌓이지 않은 상태로 정승의 자리에 처하였기에 사람들의 마음을 만족시키지 못하여 간교한 모의를 초래하였다.'라고 생각하여, 상소를 올려 물러날 것을 청하였다. 간절한 요청이 그치지 않았지만, 상은 비답을 내려 윤허하지 않았다. 여름에 조정의 논의가 한창 유자광(柳子光)을 배척하며 반드시 그를 물러나게 하려고 하였다. 유자광은 공론이 그치지 않을 것을 알고 공에게 의지하여 구제되기를 희망하였다. 이에 편지로 공을 으르며 말하기를 "나와 공은 모두 무인(武人)으로 최고의 반열에 올랐기에 문사(文士)들이 대부분 기뻐하지 않습니다. 입술이 없어지면 이가 시린 법이니, 내가 쫓겨나면 다음 차례는 공이 될 것입니다."라고 하였다. 공이 웃으며 답하기를 "조정과 민간에서 이를 갈고 있었던 것이 오래입니다. 공이 일찍 물러나지 않은 것을 한스럽게 생각하고 있습니다."라고 하였다.

이에 앞서 유자광이 공의 위상과 명망이 조정에서 높아진 것을 보고는 날마다 공의 집에 찾아가 선대(先代)부터 오랜 교유가 있었음을 말하며 깊이 스스로 교분을 맺어 마음 놓고 믿을 수 있는 사람을 얻었다고 생각했었는데, 이러한 답을 받고는 크게 낙담하고 돌아갔다. 가을에 이과(李顆)의 옥사[10]에서 국문(鞫問)에 참여하여 추성보사우세정난 공신(推誠保社佑世定難功臣)의 칭호를 하사받았다.

무진년(1508)에 경사(京師)에 가서 고명(誥命)을 내려 준 것에 대해 사례하고 돌아와 정승의 직임을 외람되이 오래 맡았다며 상소를 올려 물러나기를 청하였으나, 상이 또 비답을 내려 윤허하지 않았다. 기사년(1509) 가을에 영의정으로 승진하고 영경연홍문관예문관춘추관관상감사(領經筵弘文館藝文館春秋館觀象監事)를 겸하였다. 공이 정승이 된 이래로 상소로 또는 말로 사직을 청한 것이 한두 번이 아니었는데, 영의정에 제수되고서는 더욱 스스로 근심되고 두려워 며칠 동안이나 대궐에 엎드려 벼슬을 사양하였다. 또 상소를 올려 간절함을 아뢰려고 하다가 결국 실행하지 못하고 말하기를 "대신이 상소를 올려 사직을 하면 규례상 비답을 내리는데 높이 예우하는 말이 많다. 보잘것없는 나의 처지에서는 더욱 감당할 수가 없다."라고 하였다. 이에 작은 종이에 심정을 써서 왕명을 출납하는 자가 잊지 않도록 갖추어 주었다. 그 조목이 여섯이었는데 말뜻이 간절하고 지극하여 다른 사람들이 말

10 이과(李顆)의 옥사 : 이과는 중종반정 이후 정국 원종공신(靖國原從功臣)에 봉해졌지만 관작이 높지 않음에 불만을 품고, 견성군(甄城君) 이돈(李惇)을 추대하고 박원종 등을 제거하려 하다가 발각되어 처형당하였다. 《中宗實錄 1年 12月 1日, 2年 8月 26日》

하기 어려운 것들이었다. 상이 말하기를 "경이 영의정이 된 것은 국론이 귀결된 것이오. 경은 굳이 물러나려고 하나 나는 그 이유를 알지 못하겠소."라고 하니, 공이 두려운 마음에 명을 따랐다. 겨울에 다리가 붓는 증상이 있었는데 봄이 지나도록 낫지 않았다. 그러나 음식을 먹거나 활동하는 데는 크게 지장이 없어 조회에 빠지지는 않았지만, 벼슬을 그만두고 몸을 보살피고자 더욱 간절하게 물러나기를 청하였다. 경오년(1510) 3월에 비로소 윤허를 받고 부원군(府院君)에 봉해졌다. 병이 여전히 낫지 않다가 4월이 되자 갑자기 위중해졌다. 상이 내의를 보내어 병을 살피도록 하였고, 병문안하는 사자가 문에 끊이지 않았다. 또 승지를 보내어 하고 싶은 말을 물었는데, 공이 병을 무릅쓰고 일어나 사례하고 말하기를 "주상께서 즉위하신 지 5년이 되었는데, 정신을 가다듬고 다스려지기를 도모하여 큰일이건 작은 일이건 간에 오히려 다스리시시 않을까를 염려하셨으니, 어찌 할 말이 있겠습니까. 다만 반드시 인재를 사랑하고 아끼십시오."라고 하였다. 말을 마치고 나서는 기운이 다하여 정신을 차리지 못하였다. 이날 밤 4경에 숨이 끊어졌으니, 바로 17일이었다. 나이는 44세였다. 부고가 전해지자 상이 매우 슬퍼하며 조회를 3일간 정지하였고, 부의를 규례보다 더 내렸으며, 특별히 도승지를 보내어 제사를 지내도록 하였다. 그리고 무열(武烈)이라는 시호를 내렸다. 선비와 서인은 서로 길에서 조상을 하였고, 조문하며 제사를 지내는 관료는 슬픔에 비통해하며 하늘이 빨리도 공을 앗아 갔음을 원망하지 않는 이가 없었다.

공은 공훈이 있는 집안에서 나고 자랐지만 어려서부터 사치하고 교만한 습관이 없었다. 비록 사우(師友)와 함께 학문을 닦은 힘은 부족했지만 타고난 자질이 잡됨 없이 순수하고 아름다웠으며 마음은 드넓고 모질지 않아 사람을 대할 때에 포용함이 있는 듯하였다. 벼슬을 맡아 일을 처리할 때는 확고하게 마음속으로 시비를 정하여 사사로움으로 법을 왜곡하지 않았다. 부귀가 극에 달한 뒤에도 자만하지 않아 선비들에게 자신을 낮추고 묻기를 좋아하였으며, 궁박한 친구를 보면 반드시 아낌없이 돕고 구원해 주었다. 성품은 문아(文雅)함을 좋아하여 항상 서화(書畫)를 수집하여 감상하였고, 문사(文士)를 만날 때에는 성심으로 응대를 하였다. 집안을 엄격하게 다스려 부인을 대할 때에는 손님을 대하듯이 공경하였고, 첩이 예에 맞지 않으면 비록 사랑하더라도 반드시 매질을 하여 내보냈다. 신장이 9척이고 모습이 훤칠하였으며 위엄 있는 모습과 법도에 맞는 행동은 경외하고 본받을 만하였다. 그러나 온화한 기운이 넘쳐 나고 바라보면 장엄하였으니[11] 덕을 지닌 사람임을 바로 알 수 있었다.

부인은 사복시 부정(司僕寺副正) 윤린(尹磷)의 따님인데 자식이 없다. 측실(側室)에게서 아들을 두었는데 이름이 운(雲)이고, 공의 음덕으로 선략장군(宣略將軍) 부호군(副護軍)에 제수되었다.

이해 6월 25일에 예법에 따라 양주(楊州) 치소(治所) 동쪽 도혈리(陶穴里) 금대산(金臺山) 아래에 장사 지냈다.

아아, 공의 공훈과 덕은 바로 나라와 백성이 의지하는 바이니, 하늘은 마땅히 복록과 경사로 그에게 보답해야 한다. 수명을 더해 주어 우리 성군 곁에 머물러 돕게 하고 적통의 자식을 주어 가업을 잇도록

11 온화한……장엄하였으니 : 군자다운 모습을 설명한 말이다. 《논어》 〈자장(子張)〉에서, 자하(子夏)가 말하기를 "군자에게는 세 가지 다른 모습이 있으니, 바라보면 장엄하고, 그 앞에 나아가면 온화하고, 그 말을 들어 보면 명확하다."라고 하였다.

해야 하는데, 자신은 장수하지 못하고 적실에게서는 자식이 없었으니, 하늘이 공에게 어찌 이리도 인색하단 말인가. 애통하도다. 그러나 융숭한 공적과 성대한 명성은 몸과 함께 사라지지 않고 원대할 것이다. 만약 나를 믿지 못하겠다면 어찌 이 명(銘)을 살펴보지 않겠는가. 명은 다음과 같다.

하늘이 이 백성들을 보우하사	天佑斯民
어질고 뛰어난 인물을 내셨으니	乃生賢英
난국을 구제하고 나라 편안케 하며	濟屯寧國
성명한 임금을 도왔도다	而翼聖明
지난날 국운이 막힌 때를 만나	頃値運否
만백성은 살길을 잃었고	萬姓崩角
종묘사직은 의지할 바를 잃어	宗祊失依
나라의 앞날이 위태로웠는데	國步斯剝
엄연한 무열공이 계시어	有儼武烈
기우는 나라 부지하려는 마음 먹어	心懷扶顚
태양을 받들어 구름에 올렸으니	捧日乘雲
공훈은 높아 천운을 돌리었네	功高斡天
기울고 무너져 가는 나라를	惟傾惟圮
바로잡고 온전하게 하여	旣正旣完
우리를 왕도의 길에 올려놓고	登我王道
관대함으로 준엄함을 바로잡았네[12]	濟猛以寬

12 관대함으로 준엄함을 바로잡았네 : 정사를 조화롭게 하였음을 말한다. 《춘추좌씨

사람들은 목숨을 부지하게 되었고	人有性命
나라는 버팀목을 갖게 되었으니	國有棟樑
산하에 맹세하며 훈업 이루고[13]	勳業山河
묘당에서 경륜을 펼치었네	經綸廟堂
세상은 공을 의지하면서	世方倚賴
법도 있는 모습 사모하며 바라보는데	想望儀刑
어찌 별안간 목가의 재앙[14] 내렸던가	木稼何遽
하늘이 수명을 주지 않았구나	天不與齡
덕망은 사람들의 마음에 자리하고	德在人心
명성은 귀로 전해져서	名傳于耳
아름다움이 백대에 전해지고	流芳百代
육신만 산중에 남으리라	委形山趾

전(春秋左氏傳)》 소공(昭公) 20년에, 공자가 말하기를 "정사가 관대하면 백성들이 태만해지는데 태만하면 준엄함으로 다스려야 하고, 준엄하면 백성들이 쇠잔해지는데 쇠잔해지면 관대함을 베풀어야 한다. 관대함으로 준엄함을 바로잡고 준엄함으로 관대함을 바로잡으니, 정사가 이 때문에 조화롭게 된다."라고 하였다.

13 산하에……이루고 : 공신에 책봉된 것을 말한다. 옛날 공신을 책봉할 때에 영원히 변치 말 것을 산하에 맹세하였다.

14 목가(木稼)의 재앙 : 목가는 극심한 추위로 인해 나무에 물방울이 얼어붙는 현상인데, 현인과 군자의 죽음을 암시하는 징조라고 한다.

영가부원군 김공 신도비명
永嘉府院君金公神道碑銘

하늘이 기민한 재주와 지혜, 출중한 자질을 사람에게 부여하는 것은 어찌 한갓 그 사람만을 후하게 하려는 것이겠는가. 장차 그 사람을 세상에 쓰려는 것이다. 그러나 그러한 자질을 가지고도 때를 만나지 못하는 사람이 또한 많다. 만약 이것들을 겸비하고서 하늘이 부여한 뜻을 저버리지 않는 사람이 있다면 이는 참으로 대현군자(大賢君子)라 이를 만하고, 세상도 그 아름다움을 누릴 것이다. 영의정 김공(金公) 휘 수동(壽童)은 자가 미수(眉叟)이다. 그는 하늘에서 자질을 부여받았고 또 때를 만나 온축한 바를 행하여 명망이 세상에 높았고 후세에 아름다움을 전한 것이 원대하였으니, 어진 군자라고 이르는 이유가 여기에 있지 않겠는가.

공의 선조는 안동(安東)에서 나왔다. 안동에는 명문의 성씨가 많은데 김씨(金氏)가 가장 저명하다. 공의 아버지 휘 적(磧)은 관직이 첨지중추부사에 이르렀는데, 공의 공훈과 작위에 맞춰 의정부 영의정에 추증되었다. 조부인 동지중추부사 휘 종숙(宗淑)은 의정부 영의정에 추증되었고, 증조부인 동지중추부사 휘 승(陞)은 의정부 좌찬성에 추증되었다. 찬성공은 개국 공신인 좌정승(左政丞) 상락부원군(上洛府院君) 휘 사형(士衡)의 아들이다. 원조(遠祖) 휘 방경(方慶)은 고려에서 벼슬하여 큰 공을 세워 김씨가 대대로 이름난 벌열 가문이 되었다. 경사를 기르고 복을 쌓아 계속 현인과 호걸을 내어 높은 벼슬을 차지한 사람이 많았다. 공의 아버지인 첨지중추부사가 승정원 동부승지 안질

(安質)의 따님에게 장가들어, 천순(天順) 정축년(1457, 세조3) 1월 기묘일에 공을 낳았다.

공은 어린아이 때부터 단정하고 온화하였으며 밝고 총명하여 이미 출중한 기질이 있었다. 나이 겨우 다섯 살에 어머니를 여의어 의지할 곳이 없어졌다. 일곱 살에 문장 짓는 것을 배워 사람들이 그의 빼어남을 기특하게 여겼고, 백숙(伯叔)인 상락부원군 김질(金礩)이 매우 소중하게 여기며 말하기를 "이 아이는 대대로 이어 온 가업을 실추하지 않고 장차 우리 집안을 더욱 크게 일으킬 것이다."라고 하였다. 이른 나이에 학문을 크게 이루어 성화(成化) 갑오년(1474, 성종5)의 생원시에 합격하였고, 정유년(1477)의 문과에 급제하여 권지 승문원부정자(權知承文院副正字)에 보임되었다. 이어 예문관 검열에 선발되었고, 자리를 옮겨 홍문관정자 겸 승문원정자가 되었다. 공은 예서를 잘 쓰고 사대문서인 표주문(表奏文)을 잘 지어 당시 여러 신료들이 모두 공을 으뜸으로 추대하였다. 이때부터 통정대부(通政大夫)에 오를 때까지 항상 승문(承文)의 직임을 맡았다.

기해년(1479)에 승정원 주서에 제수되었고, 임기가 찬 뒤에 군기시주부(軍器寺主簿)에 제수되었다가 사헌부 감찰, 예조 좌랑, 호조 좌랑, 세자시강원 사서(世子侍講院司書)를 역임하였다. 거듭 홍문관에 들어가 부수찬이 되었다가 수찬으로 승진하였고, 사간원 정언으로 자리를 옮겼다가 얼마 되지 않아 다시 수찬에 제수되었다. 홍치(弘治) 무신년(1488)에 교리로 승진하였다. 기유년(1489)에 이조 정랑에 제수되었고, 얼마 후에 의정부 검상(議政府檢詳)에 제수되었다가 의정부 사인(議政府舍人)으로 승진하였다. 신해년(1491) 가을에 부친상을 당하였는데, 장례를 치르면서 여막에 거처하며 정성과 슬픔을 지극히 하여 마치 살아 계실 때 효도하는 것처럼 하니, 사람들이 다른 사람들은 미치기 어려운 일이라고 칭찬하였다. 상복을 벗고는 사도시 첨정(司䆃寺僉正)에 제수되었고, 사헌부 장령과 세자시강원 필선(世子侍講院弼善)으로 자리를 옮겼다.

갑인년(1494) 겨울에 성종이 승하하자, 다음 해인 을묘년(1495, 연산군1)에 황제가 사신을 보내어 전왕의 죽음에 조문을 하고 제사를 내렸으며 새로운 왕을 책봉하였다. 전례에 중국의 사신이 우리나라에 오면 반드시 조칙(詔勅)을 반포하고 맞이하는 의식에 관해 자세히 따지는데, 의견을 주고받으면서 정하는 데 어려움이 많았다. 이 때문에 조정에서는 전고를 익숙히 통달하여 예의 절차를 자세히 아는 사람을 가려 뽑느라 공을 문례관(問禮官)에 충원하였다. 명나라 사신이 공의 예에 맞는 태도를 보고 또 예에 대해 강론하는 말을 듣고는 서로 뜻이 통하여 조금도 의심하거나 막히는 것이 없었으니, 이는 마음으로 감복한 것이었다. 이해 여름에 홍문관 전한에 제수되었고, 가을에 직제학으로 승진하였다. 병진년(1496) 가을에 특별히 품계를 세 단계 뛰어넘었고 승진하여 부제학에 제수되었다. 정사년(1497) 봄에 승정원 동부승지에 제수되었고 누차 승진하여 좌승지에 이르렀으며, 가선대부(嘉善大夫)로 품계가 더해졌다.

무오년(1498) 가을에 외직으로 나가 전라도 관찰사가 되었고, 겨울에 계모(繼母)의 병으로 사임하여 예조참판 겸 동지춘추관사에 제수되었고, 품계는 가정대부(嘉靖大夫)로 올랐다. 기미년(1499)에 성절사(聖節使)로 중국에 가서 축하를 전하였고, 돌아와서는 경상도 관찰사에 제수되었다. 경신년(1500)에 동지중추부사에 제수되었다. 신유년(1501)에 형조 참판과 이조 참판으로 자리를 옮겼다. 임술년(1502)에 경기 관찰사가 되었다. 계해년(1503) 봄에 특별히 자헌대부(資憲大夫)로 품계가 더해졌고, 형조판서 겸 홍문관제학 지춘추관사에 제수되었다. 가을에 이조 판서로 자리를 옮기고 나머지 직임을 그대로 맡았으며 지의금부사(知義禁府事)와 도총부 도총관(都摠府都摠管)을 겸하였다. 갑자년(1504) 여름에 정헌대부(正憲大夫)로 품계가 더해졌고, 겨울에 숭정대부(崇政大夫)로 품계가 더해졌다. 을축년(1505) 가을에 숭록대부(崇祿大夫)로 품계가 올라 의정부 우찬성에 제수되었으며 이조 판서는 그대로 겸하고 나머지 직임을 그대로 맡았다. 당시 임금의 마음이 흐리고 황폐하여 조정의 정사가 문란하였다. 갑자년 여름부터 법망을 크게 펼쳐 여기에서 벗어날 수 있는 사람이 거의 없었다. 이전에 일에 대해 곧은 말을 하였던 대신과 대간에게 과거를 돌이켜 죄를 물어 거의 다 죽이고 귀양을 보냈다. 비록 미천한 서민이라도 당시의 금기에 조금이라도 저촉되면 모두 죽여 시신을 사람들에게 보였으니, 모든 사람이 허둥대며 두려운 마음으로 움츠려 기다릴 뿐이었다. 공이 추관(推官)이 되어 너그럽게 처리하는 데 애쓰되 자신의 마음을 다할 수 있는 것에는 온 힘을 쏟았으니, 공의 덕으로 목숨을 부지한 사람이 또한 많았다.

병인년(1506) 2월에 계모상(繼母喪)을 당하였다. 당시 단상제(短喪制)를 시행하였는데 이를 어긴 자는 중형에 처해졌기에 5월에 상기(喪期)를 마치고 다시 우찬성에 제수되었으니, 당시의 제도를 어기는 것이 두려워 본마음을 다할 수 없었던 것이다. 7월에 우의정으로 승진하였다. 9월에 성상이 보위에 오르는 것을 돕고는 바로 물러나 상복의 기일을 지킬 것을 청하였다. 성상이, 정사가 무너진 뒤라 기강을 바로 잡는 일과 처리해야 하는 방도는 마땅히 대신들과 함께 논의해야 한다는 이유로 애써 만류하여 정사를 돕게 하고, 병충분의익운정국 공신(秉忠奮義翊運靖國功臣)의 칭호를 하사하고 좌의정으로 승진시켰으며 영가부원군(永嘉府院君)에 봉하였다. 공이 다시 관직에서 물러나 상기를 마칠 것을 청하며 간절히 애원해 마지않았는데 그제서야 비로소 윤허를 받았다. 무진년(1508, 중종3) 여름에 상복을 벗고는 다시 부원군에 봉해졌으며 영경연사를 겸하였다. 기사년(1509) 여름에 문과(文科) 전시(殿試)를 주관하여 김정국(金正國) 등 18명을 선발하였다. 경오년(1510) 봄에 영의정 겸 영경연홍문관예문관춘추관관상감사에 제수되었고 훈봉(勳封)은 전과 같았다. 문과 전시를 주관하여 이려(李膂) 등 33명을 선발하였다. 신미년(1511) 봄에 문과 전시를 주관하여 강태수(姜台壽) 등 16명을 선발하였다. 임신년(1512) 봄에 병에 걸려 수개월 동안 낫지 않아 거듭 상소를 올려 사직하였는데, 상은 이를 윤허하지 않고서 휴가를 주었으며 내의(內醫)를 보내어 항상 곁에서 치료하게 하였고 또 자주 승지를 보내어 문병하였다. 공이 오랫동안 병으로 집에만 있었다는 이유로 녹봉을 받지 않았는데 상이 듣고는 특별히 명하여 하사하였다. 7월에 이르러서는 매우 위중해져 7일 무인일 밤에 숨을 거두었으니, 향년 56세였다. 부고가 전해지자 상이 애통해하며 조회를 3일간 중지하였고 규정보다 많은 부의를 내렸다. 공경과 대부로부터 선비와 일반 백성까지 애도하지 않는 이가 없었고 조문과 제사를 위해 찾아오는 동료와 벗 들이 날마다 문에 이르렀다. 이해 9월 23일 갑신일에 양천현(陽川縣) 치소(治所)의 남쪽 장군소리(將軍所里) 을좌신향(乙坐辛向)의 언덕에 좋은 자리를 마련하여 마침내 장사지냈다. 문경(文敬)이라는 시호를 내렸으니, 공에게 걸맞은 것이다.

아아, 슬프다. 공은 타고난 성품이 민첩하고 일에 능통하였으며,

마음가짐과 행실이 공손하고 조심스러웠으며 형제와는 우애하고 친척과는 화목하였기에 언제나 즐겁게 지냈고, 간소함으로 스스로를 단속하여 복장의 아름다움을 꾸미는 데 힘쓰지 않았고, 온화하고 너그러운 마음을 간직하여 남과 거스르는 일이 없었다. 일찍 과거에 급제하여 세 조정에서 두루 벼슬을 하였는데 일 처리가 정확하고 능숙하였다. 경연(經筵)과 대각(臺閣)에 출입하였고, 세 도의 관찰사를 역임하였고, 육경을 거쳐 결국 정승의 자리에 올라 성군이 중흥의 다스림을 펼치는 것을 도왔다. 세상에서는 공을 의지하여 중하게 여기고 있었는데 나이 육십도 못 되어 하늘이 이리도 빨리 공을 앗아 갔으니, 애통하도다.

공의 부인은 군기시 판관(軍器寺判官) 이계희(李季禧)의 따님인데 자식이 없다. 측실에게서 아들 둘과 딸 하나를 두었는데, 장남 혼(渾)은 훈음(勳蔭)으로 수의부위(修義副尉) 부사용(副司勇)에 제수되었고 나머지는 어리다. 상례를 마친 뒤에 공을 추모하는 부인의 마음이 갈수록 더욱 돈독하여, 공을 위한 뒷일에 온 마음을 쏟았다. 그리하여 신도(神道)에 다시 비석을 세워 공의 행실과 치적을 기록하여 후세에 전하고자 하였다. 이에 공의 막내아우인 첨지사(僉知事) 김수경(金壽卿)을 통하여 나에게 비명을 지어 달라고 청하면서 말하기를 "이미 묘지명을 받았으니,[15] 부디 그 은혜를 다하여 돌아가신 분의 행적이 후대에 가려지지 않도록 해 주십시오."라고 하였으니, 뜻이 매우 애절하였다. 나는 홍문관에서 동료들의 뒤에 끼어 있던 때부터 같은 관청에서 모셨던

15 이미 묘지명을 받았으니 : 김수동의 장사를 지낼 때에 이미 신용개가 그의 묘지명을 지은 바가 있다. 묘지명은 《이요정집》 권10에 실려 있다.

게 한두 번이 아니라 공의 실상에 대해 매우 자세히 알고 있으며 게다가 인정을 받아 항상 마음으로 따르면서 맞서지 않았으니, 공의 비명을 짓는 것을 의리상 감히 사양할 수가 없다. 마침내 다음과 같이 명(銘)을 짓노라.

영가의 김씨는 永嘉之金
뿌리가 깊고도 두터워 根深而厚
선대에 공이 쌓여서 功積于先
후대에 경사가 멀리 미쳤네 慶遠于後
나면서 재주 있고 지혜로웠으며 生才與智
지위 또한 큰 벼슬을 받았으니 位亦大受
아, 아름다운 문경공은 猗惟文敬
하늘이 그에게 많은 것을 주었네 天富其有
밝고 총명한 자질과 明敏之資
단정하고 정중한 성품에 端謹之性
문학으로 재주 드러내어 發以文學
정사에 능력을 펼치었네 乃施於政
크고 작은 모든 일에 합당했고 宜小宜大
자신의 몸을 돌보지 않았으니 不有厥躬
중요한 자리를 맡게 되었고 顯敭樞要
명망이 무겁고도 높았네 望重名隆
중간에 국운이 막히는 때를 만나 中遭屯否
백성은 포악함에 고통을 받고 民苦疾威
나라의 운명은 무너질 듯하고 國步將顚

종묘사직은 의지할 바 잃었는데	宗祊失依
하늘이 성명한 임금을 내시어	天啓聖主
혹독함을 관대함으로 대체하였으니	代虐以寬
공이 태양을 잘 받들어	公能捧日
위태로움을 편안함으로 바꾸었네	轉危而安
산하에 맹세하며 공신에 책록되었고	山河策勳
정승이 되어 치적을 드러냈으니	台鉉著績
선비들은 믿고 따를 사람 있게 되었고	士有領袖
나라는 주춧돌처럼 의지할 수 있었네	國倚柱石
나이 아직 노령이 되지 않았는데	年齡未耇
어찌 그대로 놓아두지 않았는가	何不憖遺
하늘의 이치 아득하기만 하니	天理茫渺
주고 뺏는 이치를 알기 어려워라	予奪難知
아름다운 명성과 성대한 업적은	芳名茂業
육신과 함께 사라지지 않으리라	不與身亡
이 비석에 새기노니	銘玆貞珉
영원히 전해지리라	庶垂永長

의정부 좌참찬 윤공 신도비명

議政府左參贊尹公神道碑銘

세상에 입신양명하는 선비는 반드시 먼저 그 근본을 세워 본체로 삼은 뒤에 쓰임에 적용해 나가야 하는데, 효(孝)는 실제 모든 행실의 근본이라 충(忠)도 이를 통해 확장해 나가는 것이다. 능히 부모에게 효도하고 임금에게 충성하며 성의가 독실한 사람이 있다면 그가 하늘에서 보답을 받고 복록을 후손에게 전하는 것은 마치 부절을 서로 맞추어 보는 것처럼 틀림이 없는데, 지금 세상에서 살펴보면 좌참찬 윤공(尹公)이 바로 그러한 사람이다.

공의 휘(諱)는 효손(孝孫)이고, 자는 유경(有慶)인데, 남원(南原)의 서녕한 가문으로 대대로 그곳에서 살아왔다. 대구 현령(大丘縣令)을 지낸 휘 신을(莘乙)의 현손(玄孫)이고, 보승 낭장(保勝郎將)을 지내고 호조 참의에 추증된 휘 언재(彥材)의 증손이다. 조부 휘 희(希)는 장사감무(長沙監務)를 지냈고 병조 참판에 추증되었으며, 아버지 휘 처관(處寬)은 지순창군사(知淳昌郡事)를 지냈고 이조 판서에 추증되었다. 어머니 광산 정씨(光山鄭氏)는 감찰(監察)을 지낸 휘 존(存)의 따님인데, 선덕(宣德) 신해년(1431, 세종13) 9월 계미일에 공을 낳았다.

공은 어려서부터 영특한 자질이 있어 《소학(小學)》을 읽으면서 물 뿌리고 쓸며 아침저녁으로 문안하는 예를 행하니, 조부인 참판공이 말하기를 "이 아이가 어려서부터 예를 잘 알아 어버이에게 효도하니 마땅히 '효손'으로 이름을 지어야 하겠다."라고 하였다. 자라서는 힘써 배워 학문을 닦았고, 마음가짐이 단정하고 행동거지가 공손하였다.

문헌공(文憲公) 박원형(朴元亨)[16]이 그 명성을 듣고 찾아와 만나 보고는 마침내 딸을 그에게 시집보냈다. 경태(景泰) 경오년(1450)의 생원시에 합격하였고, 계유년(1453, 단종1)의 문과에 급제하여 권지 승문원부정자(權知承文院副正字)에 제수되었다. 을해년(1455, 세조1)에 집현전(集賢殿)에 선발되어 들어가 저작(著作)이 되었고, 원종공신(原從功臣)에 책록되었으며, 박사(博士)로 승진하였다가 전농시 주부(典農寺注簿)로 자리를 옮겼다. 천순(天順) 정축년(1457)에 중시(重試)에 뽑혀 사간원 우헌납(司諫院右獻納) 지제교(知製敎)에 제수되었다가 예조 정랑으로 자리를 옮겼고, 성균관 사예(成均館司藝), 한성부 소윤(漢城府少尹), 의정부의 검상(檢詳)과 사인(舍人)을 두루 역임하였다. 그리고 부모의 병 때문에 사직을 청하니 특별히 약을 내렸고 이어 고향 근처인 장흥(長興) 지역의 부사(府使)를 제수하여 어버이 봉양에 편리하도록 하였다. 성화(成化) 을유년(1465)에 부친상을 당하였는데, 슬퍼함이 절도에 지나쳐 몸이 크게 상하여 상을 마치지 못할 것만 같았다. 반혼당(返魂堂)을 여막에 설치하고서 아침저녁으로 배알하였으며 삼시(三時)에 제수를 차리면서 직접 음식을 마련하였는데 3년을 게을리하지 않았다. 묘소와 집과는 거리가 10리쯤이었는데 매일 아침 제사를 마치고 나서는 반드시 걸어서 집으로 돌아와 어머니에게 문안을 드렸으니, 죽은 사람이건 산 사람이건 효로써 섬긴 것은 한결같이 순수한 정성에서 나왔다. 상복을 벗고는 훈련원 부정(訓鍊院副正)에 제수되었고, 얼마 후에 훈련원 정(訓鍊院正)으로 승진하였다.

16 박원형(朴元亨) : 1411~1469. 본관은 죽산(竹山), 자는 지구(之衢), 호는 만절당(晩節堂)이다. 문과에 급제하여 관직이 영의정에 이르렀다.

경인년(1470, 성종1)에 통례원 좌통례(通禮院左通禮)로 자리를 옮겼고, 원종공신의 칭호를 하사받았다. 당시 《경국대전(經國大典)》과 《오례의주(五禮儀註)》를 편찬하였는데, 공도 편수에 참여하여 한 시대의 법전을 완성하였다. 계사년(1473)에 통정대부(通政大夫)로 품계가 올랐고, 호조 참의가 되었다가 얼마 후에 예조 참의로 자리를 옮겼다. 어머니가 연로하다는 이유로 사직하고 고향으로 돌아가 어머니를 봉양하게 해 달라고 청하였는데, 특별히 전주 부윤(全州府尹)에 제수되었다. 어머니를 모시고 부임지로 가서 관아에 작은 주방을 만들고서 부인과 함께 음식을 만들어 직접 올렸다. 또 관할 지역의 노인들을 사랑으로 보살피고 가난에 굶주리는 사람들을 구휼하여 소생시켜 치적이 남달랐다. 성종이 글을 내려 칭찬하였고, 특별히 비단옷 한 벌을 하사하여 남다른 치적을 표창하였다. 병신년(1476)에 특별히 가선대부(嘉善大夫)로 품계가 더해졌고, 공조 참판이 되었다가 형조 참판으로 자리를 옮겼다. 외직으로 나가 경상도 관찰사가 되었다가 임기가 차서 한성부 우윤에 제수되었고, 대사헌과 동지중추부사를 역임하였다. 또 고향으로 돌아가 어머니를 봉양하게 해 달라고 청하고는 바로 사직하고 고향으로 돌아가 지성으로 봉양한 것이 7년이었다. 병오년(1486)에 조정에서 공을 기용하여 나주 목사(羅州牧使)로 삼자 어머니를 모시고 가 관아에서 봉양하기를 전주 부윤 때와 똑같이 하였다. 얼마 되지 않아 어머니가 집으로 돌아와 돌아가시자 공은 울부짖으며 통곡하여 거의 숨이 끊어질 뻔하였다. 비쩍 말라 뼈만 남았지만 여막을 지키며 정성을 다하기를 한결같이 이전의 초상과 똑같이 하였으며, 집에는 발을 들이지 않고 술은 입에 대지 않았다.

홍치(弘治) 기유년(1489)에 상기(喪期)를 마치고 다시 동지중추부사 겸 세자우부빈객(同知中樞府事兼世子右副賓客)에 제수되었다. 표문(表文)을 가지고 명나라에 하정사(賀正使)로 갔다가 돌아와 아뢰기를, 중국에서 선성(先聖)과 선사(先師)를 제향할 때에는 모두 음식을 차리는 탁자를 설치하는데 우리나라에서는 땅에 자리를 깔고 제수를 올려 실로 숭배하고 존경하는 뜻에 어긋나니 중국의 제도를 따르자고 청하였는데, 그대로 따랐다. 신해년(1491)에 가정대부(嘉靖大夫)로 품계가 더해졌고, 황해도 관찰사가 되었다. 그 교서에 대략 이르기를 "효성과 우애로 향리를 감화시킨 것은 한둘로 헤아릴 수 없고 명성으로 신료들을 감동시킨 것이 40년에 이른다. 다만 부모님을 아끼는 정성 때문에 누차 지방관을 청하는 글을 올렸던 것이다. 돈독한 행실은 안자(顏子), 증자(曾子)와 같아 사람들이 부모와 형제의 말에 이견을 달지 않았고,[17] 치적은 공수(龔遂)와 황패(黃霸)[18]보다 뛰어나 백성들이 탄식하고 시름하며 원망하는 괴로움이 없었다."라고 하였으니, 이는 실제의 행적이다. 돌아와 한성부 좌윤에 제수되었다. 계축년(1493)에 특별히 자헌대부(資憲大夫)로 품계가 더해지고 형조 판서가 되었으며 나라의 제도에 따라 3대가 추증되었다. 얼마 지나지 않아 의정부 우참찬(議政府右參贊)에 제수되고 동지성균관사(同知成均館事), 도총부

17 사람들이……않았고 : 부모와 형제가 그를 칭찬하는 것에 대해 다른 사람들도 모두 인정하여 다른 말을 하지 않았다는 말이다. 《논어》 〈선진(先進)〉에, 공자가 민자건(閔子騫)을 칭찬하며 "효성스럽구나, 민자건이여. 사람들이 그의 부모와 형제의 말에 이견을 달지 않는구나.〔孝哉, 閔子騫! 人不間於其父母昆弟之言.〕"라고 하였다.

18 공수(龔遂)와 황패(黃霸) : 모두 한(漢)나라 때의 관리로, 공수는 발해 태수(渤海太守)를 지냈고 황패는 영천 태수(潁川太守)를 지냈는데, 선정을 베푼 어진 지방관으로 일컬어진다.

도총관(都摠府都摠管), 지의금부사(知義禁府事), 지춘추관사(知春秋館事)를 겸하였으며, 《성종실록(成宗實錄)》 편수에 참여하였다.

무오년(1498, 연산군4) 여름에 사초(史草)와 관련된 일 때문에 파직되었다가[19] 겨울에 다시 동지중추부사가 되었다. 기미년(1499)에 한성부 판윤에 제수되었다. 경신년(1500)에 나이를 이유로 벼슬에서 물러날 것을 청하였는데 윤허를 받지 못하고, 형조 판서로 자리를 옮겼다. 원래 왕세자의 조복(朝服) 제도는 신료들과 같았는데, 공이 세자의 장복(章服)이 차등이 없어 귀한 이를 귀하게 대하는 뜻이 없다고 여겨, 건의하여 마침내 칠량 원유관(七梁遠遊冠)의 제도를 정하였다. 거듭 우참찬에 제수되었고, 특별히 정헌대부(正憲大夫)로 품계가 더해졌다. 계해년(1503)에 숭정대부로 품계가 더해졌고, 좌참찬으로 승진하였다. 공이 분수에 지나치다고 굳게 사양하였으나 윤허를 받지 못하였다. 5월이 되어 병에 걸려 24일 기축일에 병이 위중해졌다. 부인과 아들들이 매우 위급함을 알고 목이 쉬도록 통곡하니, 공이 아들들에게 말하기를 "너희들은 학문을 하였는데 어찌 아녀자와 어린아이처럼 그렇게 슬퍼하느냐."라고 하고, 마침내 일어나 앉아 관디를 가져오게 한 뒤에 손수 매무새를 정돈하고서 세상을 떠났으니, 향년 73세였다. 부고가 전해지자 조회를 2일간 중지하였고 규정보다 많은 부의를 내렸으

19 무오년……파직되었다가 : 무오년에 《성종실록》을 편수하는 과정에서 김일손(金馹孫)의 사초(史草)에 김종직(金宗直)이 지은 〈조의제문(弔義帝文)〉이 포함되어 있었는데, 이 글이 세조(世祖)의 왕위 찬탈을 풍자한 글이라는 문제가 제기되어 이와 관계된 많은 이들이 죽었다. 이를 무오사화(戊午士禍)라고 한다. 윤효손(尹孝孫)은 당시 실록청 당상(實錄廳堂上)으로 사건에 연루되어 파직되었다. 《燃藜室記述 卷6 戊午史禍》

며, 문효(文孝)라는 시호를 내렸다. 달을 넘겨 10월 3일에 고향으로 돌아가 남원(南原) 산동리(山洞里) 임좌병향(壬坐丙向)의 언덕에 장사 지냈으니, 선영을 따른 것이다.

부인 박씨(朴氏)는 공의 직위를 따라 정경부인(貞敬夫人)에 봉해졌다. 그의 선조는 죽산인(竹山人)으로 바로 신라 혁거세(赫居世)의 후예인데, 대대로 한양(漢陽)에 거주하였다. 판한성부사(判漢城府事)를 지내고 의정부 좌찬성에 추증된 휘 영충(永忠)이란 분이 있는데 부인의 증조부이고, 병조 참의를 지내고 의정부 좌의정에 추증된 휘 고(翶)란 분은 부인의 조부이다. 부인의 아버지 문헌공(文憲公)은 여러 조정을 두루 섬겨 좌익 익대 공신(佐翼翊戴功臣)에 책훈되었고 관직은 의정부 영의정에 이르렀으며 연성부원군(延城府院君)에 봉해졌는데, 군기시 직장(軍器寺直長) 우승경(禹承瓊)의 따님에게 장가들어 선덕(宣德) 경술년(1430, 세종12) 12월 을사일에 부인을 낳았다.

부인은 타고난 성품이 곧고 신실하였으며 효성스럽고 순하여, 문헌공의 생각에 보통 사람에게 짝지어 줄 수 없다고 여겨 짝을 골라 윤씨(尹氏) 집안에 시집보내었다. 문헌공의 병이 위중할 때에는 변을 맛보며 길흉을 가늠해 보았으며, 시부모를 모시면서는 아침저녁으로 살피면서 문안하기를 하루도 거르지 않았고 맛있는 음식을 반드시 직접 만들어 봉양하였다. 시어머니가 병이 들었을 때는 변기를 시중드는 계집종에게 맡기지 않고 손수 치웠다. 공을 위해 의복과 음식을 마련하는 데도 지극히 정갈하고 아름답게 하니, 공이 말하기를 "사군자는 마땅히 검소함을 숭상해야 하니 어찌 화려함을 일삼으리오."라고 하며 힘써 만류하였는데, 부인이 말하기를 "저의 입장에서 마땅히 해야 할 부인의 직분을 다하는 것이지 어찌 감히 일삼기를 좋아해서이겠습니까."라고 하였다. 여동생이 둘 있었는데 집안이 넉넉지 못하자 늘 옷을 벗어 그들을 입혔고, 동생 한 명이 먼저 죽자 염습(殮襲)에 쓰일 의금(衣衾)을 마련하여 아들을 보내 염빈(斂殯)하게 하였다. 선대를 제사 지낼 때에 공이 자제를 데리고 바깥채에서 재계하면 부인은 부녀자들을 데리고 안채에서 3일간 재계하였으며, 제사 음식과 기물은 반드시 손수 장만하고 씻었다. 산 사람을 봉양하고 죽은 사람을 섬기는 데에 공의 뜻을 어기는 일이 없이 한결같이 따랐다. 공이 세상을 떠났을 때에 부인이 74세였는데 가슴을 치며 통곡하다 기절을 하여 한참 만에 다시 깨어났으며, 며칠간 미음도 먹지 않았다. 상례를 치르면서 예의 제도를 벗어나 밤낮으로 슬퍼하며 곡을 하였고, 처음부터 담제(禫祭)까지 반드시 직접 제사 음식을 올렸다. 평소의 제사도 한결같이 공이 살아 있을 때와 같이 하였고, 공의 기일(忌日)을 만나면 더욱 절실히 슬퍼하고 그리워하였다. 자식들에게 말하기를 "공을 따라 빨리 죽기를 바랐으나 너희 때문에 구차히 나의 목숨을 연장하여 지금에 이르렀을 뿐이다. 내가 죽거든 공의 무덤에 합장하여 살아서는 함께 살고 죽어서는 함께 돌아가려는 부모의 소망을 이루어 주도록 하라."라고 하였고, 또 당부하기를 "너희 집안이 효성과 공경을 돈독히 하고 제사를 공경히 받드는 것을 대대로 전하며 가법으로 삼았음은 사람들이 다 아는 바이다. 너희는 너희 집안의 가풍을 대대로 지키며 날마다 조심하여 실추함이 없도록 하라."라고 하였다.

정덕(正德) 신미년(1511, 중종6)에 아들인 홍문관 수찬 지형(止衡)이 노모를 봉양하기 위해 시직을 청하였는데, 상이 가까운 고을의 수령으로 임명할 것을 명하여 산음 현감(山陰縣監)에 제수하니, 부인이 아들의 부임지에 따라갔다. 공이 세상을 떠난 10년 뒤인 임신년(1512)

5월 1일 갑진일에 병으로 관아에서 세상을 떠났으니, 향년 83세였다. 아들들이 유지를 받들어, 예문(禮文)의 '부부가 죽어 묫자리를 함께한다'[20]는 뜻과 주자(朱子)의 '합장할 때는 동쪽을 쓴다'는 설[21]에 따라, 이해 9월 2일 계유일에 공과 같은 묫자리에 장사 지내고 합하여 하나의 묘로 만들었다. 아아, 살아서는 정이 두터우면서도 분별할 줄 알았고, 죽어서는 함께 묻혔다. 장수의 아름다움을 누려 길이 먼 훗날까지 칭송되리니, 아아, 아름답도다.

공은 타고난 자질이 단정하고 엄숙하였으며, 말과 웃음이 적었다. 효도하고 우애하는 성품은 어려서부터 돈독하였으니, 아침저녁으로 문안드리고 직접 산과 물에서 사냥하거나 물고기를 잡아 음식을 마련하였으며, 아침저녁으로 맛있는 음식을 장만하였는데 반드시 부인과 함께 손수 만들어 올렸다. 반찬이 없으면 자제들을 보내 잡아오게 하였는데, 잡아오지 못하면 번번이 직접 나가 길에서 새 몇 마리를 잡아왔으니, 이런 일이 자주 있자 사람들은 하늘이 감동한 것이라고 하였다. 좋은 날이나 아름다운 경치, 그리고 생신이나 명절을 만나면 반드시

20 부부가……함께한다 : 《시경》 〈왕풍(王風) 대거(大車)〉에 "살아서는 집을 달리하였으나 죽어서는 묫자리를 함께하리라.〔穀則異室, 死則同穴.〕"라고 하였다.

21 주자(朱子)의……설 : 《주자어류(朱子語類)》 권88에서, 요경(堯卿)이 합장할 때 부부의 위치를 묻자 주희(朱熹)가 말하기를 "내가 당초 죽은 아내를 장사 지낼 때에 동쪽의 한 자리만 남겨 두었는데, 또한 예를 상고해 보지 않았으니 어떠한가?"라고 하였다. 안경(安卿)이 "땅의 도는 오른쪽을 높이니, 아마도 남자가 오른쪽에 있어야 할 듯합니다."라고 하자, 주희가 또 말하기를 "제사에 서쪽을 상석으로 하니, 장사 지낼 때도 마땅히 이같이 하는 것이 옳을 것이다."라고 하였다. 이에 대해 이황(李滉)은 "북쪽에서 남향하여 좌우로 나누면 아버지는 마땅히 서쪽으로 오른쪽이 되고, 어머니는 마땅히 동쪽으로 왼쪽이 된다."라고 하였다. 《常變通攷 卷21 合葬位次》

성대하게 친척들을 모아 축수를 올렸는데, 일찍이 한번은 스스로 노래를 한 곡 짓기를,

북쪽에는 둔산령이 있고　北有屯山嶺
남쪽에는 지리산이 있네　南有智異山
원컨대 두 산의 수명 빌려　願借兩山壽
만세토록 어머님 모시기를　萬歲奉慈顔

하였다. 먼저 스스로 노래를 부르고 마침내 일어나 춤을 추었으니, 부모님을 기쁘게 해 드리는 일이라면 비록 아이들의 장난 같은 것이라도 하지 않음이 없었다. 상을 당해서는 슬퍼하며 정성을 다하였고 세사를 지낼 때에는 예에 맞게 하였다. 평소에는 아침저녁으로 사당에 참배하였고 나가고 들어올 때는 반드시 아뢰었다. 초하루와 보름에는 반드시 제사를 지냈고, 기제사에는 반드시 곡을 하였으며, 새로운 음식이 생기면 반드시 사당에 올렸다. 아버지가 정해년(丁亥年)에 태어났기 때문에 종신토록 돼지고기를 먹지 않았다.[22] 친척과는 화목하게 지내고 친구들을 대할 때에는 후하게 하였다. 고향에 머무를 때에는 효도〔孝〕, 공경〔悌〕, 친족과의 화목〔睦〕, 외척과의 화목〔婣〕, 믿음〔任〕, 구휼〔恤〕이라는 여섯 가지 일을 규약으로 삼으니, 사람들이 모두 그 훌륭함에 감화되었고, 이웃 마을에서도 본받아 행하였다. 집에 머무를 때에는 비록 평상의 때라도 흐트러지거나 게으른 모습이 없었고, 가정에서는 온화하면서도 엄격하였다. 충과 효로 자제들을 가르쳤고 성의와 믿음으로 사람들을 대하였다. 공손하고 삼가는 마음을 잠시라도 바꾸지 않았고 모든 행동거지에 반드시 법도를 따랐으며, 관직에서

22 아버지가……않았다 : 간지의 '해(亥)' 자가 돼지를 의미하기 때문이다.

일을 처리하면서는 공경하고 조심하는 마음으로 자신의 몸은 돌보지 않아 지위가 높아질수록 뜻이 더욱 겸손해졌다. 아, 공이 지닌 덕행은 이와 같이 사람들이 미치기 어려운데, 또 성품이 곧고 효성스러운 부인을 얻어 안팎으로 순수하고 아름다워 가정의 가르침을 잘 이루었다. 선을 쌓은 나머지 자손이 크게 번성하였으니, 이는 어찌 충효가 정성스럽고도 독실하여 입신양명으로 하늘에서 보답을 받고 복록이 후손에게까지 전해진 것이 아니겠는가.

아들 일곱과 딸 하나를 두었다. 아들 계형(繼衡)은 진사로 관직이 풍덕 군수(豐德郡守)에 이르렀고, 승형(承衡)은 생원으로 순천 교수(順天敎授)를 지냈고, 복형(復衡)은 생원으로 벼슬하여 의영고 봉사(義盈庫奉事)가 되었고, 세형(世衡)은 진사이고, 함형(函衡)은 종사랑(從仕郎)이고, 지형(止衡)은 생원으로 정묘년(1507, 중종2)의 문과에 합격하여 지금 전라도 도사(全羅道都事)가 되었고, 완형(完衡)은 장사랑(將仕郎)이다. 딸은 후릉 참봉(厚陵參奉) 허형(許衡)에게 시집갔다. 계형, 복형, 세형, 완형은 모두 먼저 죽었는데, 계형은 상장군(上將軍) 이징(李澄)의 딸에게 장가들어 아들 둘과 딸 하나를 두었다. …… 내외로 자손이 모두 51명이다.

장사를 지내고 몇 년 뒤에 공의 아들들이 신도(神道)에 비석을 세우려고 하면서 나를 찾아와 명(銘)을 지어 달라고 청하였다. 아아, 공 같은 분은 지조가 있고 업적이 있고 장수하였고 후손이 있으며 독실히 행하여 세상에 알려졌으니, 어찌 글을 지어 후세에 전하지 않아서야 되겠는가. 명은 다음과 같다.

근본이 확립되니　　　　本之立

효심 깊은 자손이 끊이지 않고　孝思不匱
정성이 지극하니　誠之至
하늘이 복을 내리리로다[23]　天乃錫類
가르침은 집안에서 이루어져　敎成于家
충성이 나라로 옮겨 갔고　忠移於國
겸손과 공손함, 독실과 신실함으로　謙恭篤信
행동에 법도가 있었도다　行有矩則
규약을 세워 풍속을 후하게 하니　立約厚俗
마을이 감화되어 선하게 되었고　鄕化爲善
정사에 먼저 은혜를 베푸니　政先惠鮮
백성이 궁핍함을 면하였도다　民窮是免
관청의 장관 되어 아름다운 이름 드날렸고　蜚英卿省
의정부에서 다스림을 도왔으며　贊理台府
장수하여 보답을 받았으니　壽考有報
이는 하늘이 복을 내린 것이라네　斯乃天祜
선함은 전하지 않음이 없으니　善無不傳
돌에 새기는 일 어찌 나중에 하리오　鐫石寧後
나의 말은 거짓이 아니니　我言非誣
사라지지 않기를 기약하노라　期不朽

23 근본이……내리리로다 : 《시경》 〈대아(大雅) 기취(旣醉)〉의 "효성스런 자손이 끊이지 않으니 너의 집안이 길이 복을 받으리로다.〔孝子不匱, 永錫爾類.〕"라는 구절을 차용한 것이다.

이요정집

제14권

비갈 碑碣

창산부원군 성공 신도비명
昌山府院君成公神道碑銘

하늘이 준걸을 내는 것은 헛되이 그러는 것이 아니라 장차 큰 임무를 내리려고 해서이다. 성인(聖人)을 돌보아 신민(神民)의 주인으로 삼고서 막힌 세상을 바로잡는 중책을 부여한 뒤에는 반드시 충성스럽고 지혜롭고 재주와 덕을 갖춘 자를 주어 그를 위해 앞뒤에서 따르게 하니, 그런 뒤에라야 공이 쉽게 이루어지고 덕이 쉽게 전해진다. 이것이 바로 하늘이 우리 성상을 인도하고 충정공(忠定公)을 천운에 응하여 태어나게 한 이유이다.

공의 성은 성(成)이고, 휘(諱)는 희안(希顔)이고, 자는 우옹(愚翁)이며, 창녕인(昌寧人)이다. 고조 휘 사달(士達)은 추충협리 공신(推忠協理功臣)으로 중대광(重大匡) 예문관 대제학을 지냈고, 창산군(昌山君)에 봉해졌으며, 시호가 문효(文孝)이다. 이분이 첨지중추부사 휘 부(溥)를 낳았는데, 자헌대부(資憲大夫) 병조 판서에 추증되었다. 판서공이 사온서 직장동정(司醞署直長同正) 휘 효연(孝淵)을 낳았는데, 숭정대부(崇政大夫) 의정부 좌찬성에 추증되었다. 찬성공이 돈녕부 판관(敦寧府判官) 휘 찬(瓚)을 낳았는데, 순충적덕병의보조 공신(純忠積德秉義補祚功臣) 대광보국숭록대부(大匡輔國崇祿大夫)[1] 의정부영의정 겸 영경연춘추관예문관관상감사(議政府領議政兼領經筵春秋館藝文

1 대광보국숭록대부(大匡輔國崇祿大夫) : 대본에는 '大匡輔國崇政大夫'로 되어 있다. 문맥에 근거하여 '政'을 '祿'으로 바로잡아 번역하였다.

館觀象監事) 창천부원군(昌川府院君)에 추증되었다. 판서공 이하는 모두 공의 공훈과 작위를 따라 관작이 증직된 것이다. 창천부원군이 덕천군(德泉君) 이후생(李厚生)의 집에 장가들어 그 따님을 아내로 삼았는데, 작위는 정경부인(貞敬夫人)에 봉해졌다. 덕천군은 바로 공정대왕(恭靖大王 정종(定宗))의 아들이다. 천순(天順) 신사년(1461, 세조7) 1월 갑자일에 공을 낳았다.

출산이 임박하였을 때에 모부인이 꿈을 꾸었는데, 어떤 신령이 나타나 지팡이를 주면서 말하기를 "이것을 가지고 있으면 너희 집안을 복록으로 번창하게 할 것이다."라고 하였다. 태어난 뒤엔 울음소리가 범상치 않아 보였다. 겨우 조금 지식이 있고부터는 총명하고 기민하여 이미 크고 원대한 기상을 가졌다. 놀 때에는 항상 스스로 대장이라 칭하며 군진을 펼치고 호령을 하며 지휘하였는데, 아이들이 모두 그대로 따르며 감히 어기지 않았다. 아직 이도 갈기 전인 어린 나이에 글을 읽을 줄 알았는데, 학문이 갈수록 더욱 발전하여 문장을 일찍 이루었다.

성화(成化) 경자년(1480, 성종11)의 생원시에 합격하였고, 을사년(1485)의 과거에 급제하여 예문관검열 겸 춘추관기사관(藝文館檢閱兼春秋館記事官)에 제수되었으며, 얼마 후에 홍문관에 선발되어 들어가 정자(正字)가 되었고 승진하여 부수찬이 되었다. 당시 성종이 학문을 숭상하고 선비를 중시하였는데, 공이 신진(新進)으로 갑자기 경연에서 모시며 성상의 물음에 갖추어 답을 하면서 보태어 도운 바가 많았으니, 성종이 큰 그릇으로 여겨 매우 중시하였다. 홍치(弘治) 신해년(1491)에 부친상을 당하여 3년간 여묘살이를 하였는데, 아침과 저녁, 초하루와 보름, 절기마다 반드시 직접 음식을 장만하여 올리면서 조금도 나태하지 않았다. 일찍이 아우 희옹(希雍)과 골짜기에서 마를 캐어 제사에 올리려고 하였는데, 마침 피곤하여 바위 위에서 잠시 함께 잠이 들었다. 꿈에 돌아가신 아버지가, 도적이 나타났다고 소리를 질러 놀라 깨어 살펴보니 커다란 호랑이가 이미 앞에 다다라 있었다. 바로 돌을 던져 쫓았으니, 사람들이 효성에 감응한 것이라고 하였다. 상복을 벗고는 예빈시 주부(禮賓寺主簿)에 제수되었는데, 성종이 대궐로 불러 말하기를 "그대가 상기를 잘 마쳤으니 위안이 되고 기쁘오."라고 하고는 매〔鷹〕를 하사하며 "그대에게 노모가 있다고 들었소. 맛있는 음식을 빠뜨려서는 안 되니, 이에 특별히 하사하는 것이오."라고 하였다. 얼마 후 사간원 정언에 제수되었는데, 일을 논하면서 성상의 뜻을 거슬렀다. 상이 말한 바를 써서 올리라고 명하자 공이 곧바로 상소를 올리며 말이 더욱 절실하고 곧았는데, 상이 노하여 공을 파직하였다. 얼마 지나지 않아 다시 벼슬에 나와 시강원 사서(侍講院司書)가 되었다. 갑인년(1494)에 홍문관 수찬으로 자리를 옮겼고, 승진하여 교리에 이르렀다. 한어이문 질정관(漢語吏文質正官)으로 경사(京師)에 다녀왔는데, 황제가 하사한 옷과 비단을 감히 자신이 사사롭게 사용하지 않고 모두 모부인께 드려 누이들 혼사 비용으로 삼게 하였다.

병진년(1496, 연산군2)에 병조 정랑에 제수되었다. 무오년(1498)에 사섬시 첨정(司贍寺僉正)으로 승진하였고, 한성부 서윤(漢城府庶尹), 광흥창 수(廣興倉守)로 자리를 옮겼다. 당시 사초(史草)와 관련된 옥사[2]를 다스리는 것이 매우 엄하여 선량한 사람들이 아무런 잘못 없이

2 사초(史草)와 관련된 옥사 : 유자광 등 훈구 세력이, 김일손(金馹孫)의 사초에 실린 김종직(金宗直)의 〈조의제문(弔義帝文)〉이 세조를 비방한 내용이라고 문제를 삼으며 사림을 탄압한 무오사화를 가리킨다.

죄어 걸려든 경우가 많았다. 유자광(柳子光)이 그 일에 대한 국문에 참여하여 갖가지 죄상을 엮으면서 오히려 법망이 느슨할까 걱정하였다. 공이 담당 낭관이 되어 풀어 주고 구원한 경우가 많자, 유자광이 선량한 사람들을 편든다고 미워하여 큰소리로 욕하며 꾸짖었고 심지어 공을 같은 무리로 지목하여 함께 벌을 받게 하려고 하였다. 공이 강개한 마음으로 분석하며 설명하였고 말투가 바르고 곧아 여러 추관(推官)이 모두 공을 옳다고 여기니, 유자광이 끝내 제 뜻대로 할 수가 없었다. 예빈시와 군기시(軍器寺)의 부정(副正)을 역임하였고, 자리를 옮겨 내섬시 정(內贍寺正)에 제수되었다.

경신년(1500) 여름에 조정에서 남도(南道)에 기근이 심한 것을 근심하여 공을 보내 진휼하게 하였는데, 공이 가서 마음을 다해 구제하니 백성들이 그 덕택에 목숨을 온전히 부지하였다. 돌아와 군기시 정에 제수되었다. 신유년(1501)에 유구국(琉球國)에서 사신을 보내어 방문해 왔는데 공이 선위사(宣慰使)가 되어 응접을 합당하게 잘하여 사신의 마음을 얻었다. 하루는 위로하는 잔치에서 사신이 압연관(押宴官)인 영의정 한치형(韓致亨)에게 말하기를 "선위사와 같은 현명한 사람은 마땅히 재상의 자리에 있어야 하는데 관직이 오히려 낮습니다."라고 하였으니, 공경하여 감복한 것이 이와 같았다. 임술년(1502) 겨울에 특별히 형조 참의에 제수되었고, 품계는 통정대부(通政大夫)가 되었다. 계해년(1503) 여름에 사은사(謝恩使)로 경사(京師)에 갔고, 가을에 돌아와 이조 참의로 자리를 옮겼다. 갑자년(1504) 여름에 승진하여 형조 참판에 제수되고 품계는 가선대부(嘉善大夫)가 되었는데, 얼마 후에 가정대부(嘉靖大夫)로 오르고 이조참판 겸 오위도총부부총관이 되었다.

공은 연산군이 거칠고 사나워 임금의 도를 잃은 것을 보고는 근심하는 마음이 얼굴에 드러났다. 한번은 연산군이 양화도(楊花渡)의 망원정(望遠亭)에 놀러 나가 호가(扈駕)한 재상들에게 각각 시를 지어 올리라고 하였는데, 공이 지은 시에 넌지시 풍자하여 잘못을 간하는 말이 있었다. 연산군이 크게 노하여 매우 준엄하게 꾸짖자 사람들은 일이 어떻게 될지 알 수 없어 두려워하였다. 공이 공손한 말로 대답하니 연산군이 화를 조금 누그러뜨렸다. 그러나 공을 부사용(副司勇)으로 좌천시켜 서반(西班)의 말직에 처하게 하였고, 3년간 자리를 옮겨 주지 않았다. 당시에 간신(姦臣) 임사홍(任士洪)이 연산군의 마음을 부추겨 음란함과 포악함이 날로 심해졌다. 관청과 민간의 창기(倡妓)와 악공(樂工)을 모조리 모아 그중 자태가 아름다운 사람을 선발하여 흥청(興淸), 천과(天科), 운평(運平) 등의 명칭을 부여하고서 여러 원(院)[3]에 배치한 뒤에 밤낮으로 주연(酒宴)에 빠졌다. 그리고 크게 토목공사를 일으켜 창고의 재산을 다 소비하였으며, 도성을 둘러 금표(禁標)를 세우고서 백성들의 집과 농지를 밀어 버리고 말달리며 사냥하는 곳으로 만든 뒤에 사람들의 출입을 금하면서 이를 어긴 자는 즉시 죽여 버렸다. 또 사방의 개와 말, 화초, 진기한 새와 짐승을 거두어들였다.[4] 일을 논하며 간언했던 사람들을 추죄(追罪)하며 매일같이 죽이고 귀양을 보냈다. 무뢰배들은 왕이 사랑하는 사람의 친척이라고 칭하며 중외

3 여러 원(院) : 선발한 기생들의 거처를 연방원(聯芳院), 함방원(含芳院), 뇌양원(蕾陽院), 진향원(趁香院), 취홍원(聚紅院) 등이라 하였다.

4 사방의……거두어들였다 : 궁내(宮內)에 조준방(調隼坊)을 두어 사냥 매와 개를 기르면서 사방의 진기한 새와 짐승을 그곳에 모아 두었다.

에 두루 약탈을 자행하니 사족(士族)의 집안이라도 모두 침탈을 당하였다. 선성(先聖)과 선사(先師)의 신주를 옮겨 사당을 비워 호랑이 우리로 만들었으며, 삼년상의 제도를 없애고 사람들이 마주하여 논의하는 것을 금지하는 법을 만들었다. 세금과 요역은 많고 무거워졌으며 법망은 매우 치밀하여 사람들이 손만 흔들어도 죄에 저촉되므로 조정에서건 민간에서건 매우 두려워 불안하게 하루를 일 년처럼 지냈다. 백성들은 궁하게 되자 원망이 일어 변란이 일어나게 생겼는데, 조정의 대신들은 서로 쳐다보며 탄식만 할 뿐 어찌하지 못하였다.

공이 비록 한산한 직무를 맡아 한가하게 있었지만 항상 시국을 근심하며 나라를 위해 한목숨 바칠 생각을 하고 있었다. 이에 분연히 이윤(伊尹), 곽광(霍光)과 같은 뜻[5]을 품고서 은밀하게 박원종(朴元宗), 유순정(柳順汀)과 함께 성주(聖主)를 추대하여 한 시대를 안정시키기를 도모하였다. 그리하여 병인년(1506, 중종1) 9월 2일에 충의로 떨쳐 일어난 사람들을 이끌고서 의리를 앞세워 거사하여 혼주(昏主)를 폐위하였다. 대소 신료와 많은 군민이 모두 달려 나와 미리 모의하지 않았는데도 함께하였다. 자순왕대비(慈順王大妃)[6]께 아뢰고 위로 종묘에 고한 뒤에 임금을 연산군으로 강등하여 봉하고, 사저에 있던 지금의 성상을 도와 궁에 들어와 보위에 오르도록 하였다. 사면령을 내리고

5 이윤(伊尹)……뜻 : 무도한 임금을 폐하려는 마음을 말한다. 이윤은 은(殷)나라의 재상으로 임금인 태갑(太甲)이 무도한 행동을 하자 3년간 추방하였다가 다시 맞이하였고, 곽광은 한(漢)나라의 대장군으로 무도한 창읍왕(昌邑王)을 내쫓고 선제(宣帝)를 옹립하였다.《書經 太甲上》《漢書 霍光傳》

6 자순왕대비(慈順王大妃) : 연산군의 생모인 윤씨(尹氏)가 폐위된 뒤에 왕비에 책봉된 성종의 계비 정현왕후(貞顯王后)로, 중종의 생모이다.

유배 갔던 사람들을 모두 돌려보냈으며 억울하게 죽은 원혼들에게 관직을 추서하였다. 바르지 못한 정책들을 혁파하고 옛 법도를 회복하니 모든 백성들은 기뻐 춤을 추고 종묘와 사직은 편안해졌다. 공신으로 책훈되어 병충분의결책익운정국 공신(秉忠奮義決策翊運靖國功臣)이라는 칭호를 하사받고 정헌대부(正憲大夫)로 품계가 올랐으며, 형조 판서에 제수되고 창산군(昌山君)에 봉해졌다. 10월에 숭정대부(崇政大夫)로 품계가 올랐고, 판의금부사를 겸하였다.

당시 국정이 처음 바로잡혀 사람들의 마음에 불안과 의구심이 있어 옥사가 자주 일어났는데, 공이 공평한 마음으로 조용히 진정시키고 너그럽고 간략하도록 힘쓰니 많은 사람들이 공을 의지하여 안정되었다. 얼마 후에 보국숭록대부(輔國崇祿大夫)로 품계가 올랐고, 창산부원군(昌山府院君)에 봉해졌으며, 영경연사(領經筵事)와 이조 판서와 오위도총부 도총관을 겸하였다. 성상이 즉위한 뒤로 황제에게 거듭 고명(誥命)을 청하였지만 모두 윤허를 받지 못하여 정묘년(1507) 9월에 공에게 명하여 가서 고명을 청하도록 하였는데, 마침내 공이 고명을 받아 돌아오니, 성상이 특별히 토지와 노비를 하사하여 그 노고에 상을 주었다. 이해에 사국(史局)을 열어 《연산군일기(燕山君日記)》를 편수하면서 공에게 이 일을 총괄하게 하여 마침내 감춘추관사(監春秋館事)가 되었다.

기사년(1509) 가을에 의정부 우의정에 제수되고 대광보국숭록대부(大匡輔國崇祿大夫)로 품계가 더해졌으며, 나머지 직임은 그대로 맡았다. 경오년(1510) 여름에 병조 판서를 겸하였으니, 군국(軍國)의 일이 중요하고 남방의 왜(倭)가 또 반란을 일으켜 변경을 다스려야 하는 일이 평상시보다 배는 더 긴요했기 때문이다. 임신년(1512) 겨울에 좌의정으로 자리를 옮겼다. 계유년(1513) 봄에 영의정으로 승진하였다. 상이 더욱더 총애하고 의지하자 공이 차고 넘침을 두려워하여 물러나 쉬려고 생각하고 누차 사직을 청하였으나 윤허를 받지 못하니, 더욱 삼가고 두려워하는 마음을 갖게 되었다. 여름에 감기를 심하게 앓아 다시 글을 올려 사직을 청하였으나, 상이 비답을 내려 윤허하지 않고 이어 내관을 보내어 문병하였다. 또 관복과 보화를 하사하였고 이어 어서(御書)를 내려 근심의 뜻을 보이니, 공이 감격하는 마음이 더욱 커졌다. 이어 사직을 청하는 마음을 매우 간절하게 아뢰었고, 오랜 병으로 직무를 수행하지 못함을 깊이 근심하면서 집안사람들에게 봉록을 받지 말 것을 당부하였다. 상이 그 사실을 알고서 너그러운 뜻으로 타이르자, 그런 뒤에야 받았다. 7월 계사일이 되어서는 병이 위중해져 처소를 정침(正寢)으로 옮겼다. 상이, 매우 위독하다는 소식을 듣고는 승지를 보내어 하고 싶은 말을 급히 물으니 "성상께서 어진 이를 등용하고 간언을 받아들이기를 바랄 뿐입니다."라고 대답하였다. 내관이 연이어 당도하여 어서를 보여 주며 말하기를 "지금 경의 증세를 들으니 내가 매우 애통하오. 경의 아들 률(瑮)을 특별히 당상관(堂上官)에 올려 나의 망극한 마음을 보이고자 하오."라고 하였다. 이때는 공이 거의 목숨이 끊어지기 전이었는데 어서를 보고는 겨우 소리를 내며 말하기를 "관작은 신중히 해야 하는데, 성은이 어찌 이에 이르러서야 되겠는가."라고 하였다. 내관이 문지방을 넘자마자 공이 세상을 떠났으니, 향년 53세였다.

아, 공의 공훈과 덕량(德量)은 한 시대에 우뚝하여 사람들은 공의 교화와 다스림을 우러르고 있는데 나이 겨우 50을 넘겼다. 어질면서 장수하지 못하였으니 애통하다. 공은 타고난 성품이 매우 총명하고 기개와 도량이 넓었으며, 인후(仁厚)와 충효(忠孝)로 근본을 세웠고 굳세고 과단하여 행동에 용감하였다. 경사(經史)를 공부하면서는 본질과 적용을 꿰뚫어 알았고, 남들과 사귀면서는 충성과 신의로 권면하고 선하지 않은 사람을 벗하지 않았다. 학문을 갈고닦아 스스로 터득한 것이 크고도 깊어 마침내 뜻과 기개를 확충해 기르고 덕성을 성취할 수 있었다. 이를 발현하여 일을 처리하고 의론을 세울 때에는 명백하고 정대하여 위엄에 위축되지 않고 사사로움에 흔들리지 않았다. 벼슬을 한 30년 동안 맡은 바에 모두 명성과 치적을 드러냈고 마침내 세상에 다시없을 공훈을 세워 혼란을 구제하여 나라의 앞날을 굳건하게 하였으니, 참으로 옛사람들이 말하는 사직(社稷)의 신하였다. 집안의 살림살이는 간소하여 재물을 불리지 않고 농지를 넓히지 않았으며 비록 지위가 의정부의 으뜸이었으나 부귀를 추구하지 않고 항상 깨끗하고 소박함으로 자신을 지켰다. 어머니를 모시면서는 얼굴빛을 살펴 봉양하면서 예법을 어기지 않고 날마다 아침저녁으로 문안하기를 게을리하지 않았으니 효성이 순수하고 지극하였으며, 친척을 도탑게 보살펴 친척들도 모두 그 은혜를 입었다. 어진 이와 선비를 좋아하여 남에게 하나라도 장점이 있으면 마치 자신이 그러한 것처럼 기뻐하였으며, 후배들을 대하면서는 마음을 활짝 열어 겉으로만 안색을 꾸민 적이 없었다. 연산군이 일에 대해 논하고 간언을 올린 신하들을 많이 죽인 뒤로 선비들의 마음이 꺾이고 내려앉아 성상이 등극한 초기까지도 곧은 기상이 펼쳐지지 않았다. 혹 기탄없이 말을 다 하는 사람이 있으면 공은 언제나 장려하였고, 또 임금께 간관(諫官)의 말을 너그러이 포용할 것을 권하였다. 비록 자신이 탄핵을 당하였으나 성내지 않았으며 오직 공론이 다시 펴지기를 바랐으니, 선비들도 이를 믿고 의지하여 모두 스스로 힘을 다할 것을 생각하였다. 병에 걸려 기운이 이미 떨어졌는데도 손님과 친척이 안부를 물어 오면 오히려 정성스럽게 나라의 일을 말하고 개인적인 일은 조금도 언급하지 않았다.

죽어 부고가 전해지자 성상은 크게 슬퍼하여 3일간 조회를 정지하였고, 내관을 보내어 조문하고 특별히 후하게 부의와 제사를 내렸으며, 충정(忠定)이라는 시호를 내렸다. 공경(公卿) 이하 모든 관원은 공의 집으로 가서 상사(喪事)에 참여하여 초빈(草殯)을 마친 뒤에 물러났다. 비록 궁벽한 골목의 어리석은 아이일지라도 슬픔에 애통해하지 않는 이가 없었고, 모든 관사에서 빈소에 제사 지내는 사람들이 계속 이어졌다. 아아, 하늘이 낳아 그의 충성과 의리, 재주와 지혜를 써서 어려운 시국을 구원하여 편안케 하였는데, 어찌 인후(仁厚)하고 큰 기상을 지닌 이를 장수하도록 하여 우리 성군의 곁에 머물며 도와 덕이 있는 정사를 오래도록 펼치게 하지 않고 이다지도 급히 앗아 간 것인가. 그러나 융성한 공적과 덕망은 사람들에게 미친 것이 깊어 입으로 외고 귀로 전하며 장차 영원토록 사라지지 않을 것이니, 어찌 주저하며 자신만을 보전하면서 헛되이 이름과 지위를 저버리는 사람들과 비교하겠는가. 아, 아름답도다. 이 때문에 사라지지 않을 것이다. 10월 신유일에 관청에서 장사 지내는 일을 돌보아 양주(楊州) 치소(治所) 서쪽 서산리(西山里) 해좌사향(亥坐巳向)의 언덕에 장사 지냈으니, 돌아가신 아버지의 묘역 안이었다.

공은 증(贈) 사헌부 장령 조익상(趙益祥)의 따님에게 장가들어 아들 하나와 딸 셋을 낳았다. 아들 률(瑮)은 정국 공신(靖國功臣)에 들었고 관직은 상의원 첨정(尙衣院僉正)을 지냈으며, 딸들은 모두 어리다. 측실에게서는 아들 둘과 딸 하나를 두었는데, 역시 모두 어리다. 률은 종실인 덕진군(德津君) 이활(李濊)[7]의 딸에게 장가들어 딸 둘을 낳았는데, 어리다.

장례를 다 마친 뒤에 아들 률이 슬퍼 그리워하며 부르짖었으나 미칠 수가 없었다. 이미 더 이상 어쩔 수가 없자 그가 비석을 세우고 명(銘)을 새겨 무덤에 드러내 밝히고자 하면서, 내가 공과 오래도록 서로 신뢰하였던 사이라고 여겨, 나에게 글을 지어 사실을 기록하여 후세에 전할 것을 청하였다. 아, 공의 공훈과 덕은 역사책에 기록되어 있으니 비(碑)가 필요 없을 것이다. 그러나 이것이 없으면 광대함을 제대로 드러낼 수 없을 것이다. 마침내 다음과 같이 명을 짓노라.

나라의 운명이 위태로워	國步杌隉
천명이 떠나갔으니	天命斯去
신하와 백성이	維臣及庶
안정할 바가 없었네	靡所奠處
성군이 흥기하지 않았다면	不有聖作
종묘사직이 무엇에 의지하리오	宗社何賴
하늘이 밝고 지혜로운 이를 돌보아	天眷睿智
막힌 운세를 태평하게 바꾸었네	轉否爲泰
좌우에서의 보좌에	羽翼鱗鬣
실로 충성스럽고 어진 이를 의지하는데	實仗忠賢
천운을 돌리고 땅을 정돈함은	斡天整地

7 종실인 덕진군(德津君) 이활(李濊) : 덕원군(德原君) 이서(李曙)의 아들이자 세조의 손자이다.

그 공훈 누가 공보다 앞서리오 功孰公先
무너지는 큰 집에서 大廈之傾
공은 기둥과 주춧돌이 되었고 公爲柱石
물에 빠진 백성들에게 生靈胥溺
공은 배와 노가 되었도다 公作舟楫
태양을 받들어 하늘에 올렸으니 捧日乘乾
공훈은 이윤과 곽광보다 높고[8] 功高伊霍
어둠을 씻어 내고 밝음을 열어 滌昏啓明
관대함으로 준엄함을 대체하였네[9] 寬以代虐
마음은 하해와 같이 넓어 心恢河海
덕이 있는 기상을 안에 확충하고 德氣內充
묘당에서 관끈을 드리우니 垂紳廟廊
정승의 업적이 밖으로 우뚝 솟았네 相業外隆
충의의 마음과 忠義之腸
경륜의 솜씨로 經綸之手
깊이 온축하였다가 크게 드러내어 蘊深發大
업적을 이루었고 지조를 지키었네 有爲有守

8 공훈은……높고 : 은(殷)나라의 이윤(伊尹)과 한나라의 곽광(霍光)처럼 무도한 임금을 내쫓았음을 가리킨다. 258쪽 주5 참조.

9 관대함으로 준엄함을 대체하였네 : 정사를 조화롭게 하였음을 말한다. 《춘추좌씨전(春秋左氏傳)》 소공(昭公) 20년에, 공자가 말하기를 "정사가 관대하면 백성들이 태만해지는데 태만하면 준엄함으로 다스려야 하고, 준엄하면 백성들이 쇠잔해지는데 쇠잔해지면 관대함을 베풀어야 한다. 관대함으로 준엄함을 바로잡고 준엄함으로 관대함을 바로잡으니, 정사가 이 때문에 조화롭게 된다."라고 하였다.

이오는 천하를 한번 바로잡았는데	夷吾一匡
어질지만 국량이 작았고[10]	仁而器小
요원[11]은 사무에 통달하였으나	姚元通務
명망과 덕이 유독 적었는데	名德獨少
아, 공의 심사는	猗公心事
옛 현인보다 크게 뛰어나니	高邁古賢
은나라의 아형이	殷有阿衡
그 아름다움을 어찌 독차지하리오[12]	厥美奚專
나라에서는 동량으로 의지하였고	國倚樑棟
사람들도 우러러 의지하였는데	人仰蓍龜
저 하늘은 무슨 마음으로	彼蒼何心
그대로 놓아두지 않은 것인가	而不憖遺
어질면서 장수를 하지 못하여	有仁無壽

10 이오(夷吾)는……작았고 : 이오는 춘추 시대 제(齊)나라 환공(桓公)을 도와 패자(霸者)로 만든 관중(管仲)의 이름이다. 공자가 그에 대하여 《논어》 〈헌문(憲問)〉에서 "누가 그의 어짊만 하겠는가."라고 평하기도 하였고, 〈팔일(八佾)〉에서는 "관중의 기국이 작구나."라고 평하기도 하였다.

11 요원(姚元) : 당나라 현종(玄宗) 때의 재상으로 현종 개원(開元) 연간의 치세를 이룬 공이 있는 요숭(姚崇)을 가리킨다. 원래의 이름은 요원숭(姚元崇)인데 나중에 요원지(姚元之)로 바꾸었고 또다시 요숭으로 바꾸었다.

12 은(殷)나라의……독차지하리오 : 아형(阿衡)은 은나라의 관직명으로 재상의 지위를 가리키는데, 여기서는 아형의 벼슬을 맡았던 이윤(伊尹)을 말한다. 이윤은 탕왕(湯王)을 도와 하(夏)나라의 폭군인 걸(桀)을 멸하였고, 왕위에 오른 탕왕의 손자 태갑(太甲)이 무도한 행동을 하자 3년간 추방하였다가 다시 맞이하였다. 성희안이 반정을 일으킨 것을 이윤에 빗대어 그만한 공이 있음을 말한 것이다.

어리석으나 지혜로우나 같이 묻히지만	愚智同丘
오직 덕과 공훈은	惟德與功
명성이 영원토록 길이 전해지리	名永長流
양주의 서산에	楊有西山
공의 무덤 있으니	是公幽堂
돌에 새겨 덕을 기록하여	刻石載德
영원히 알리노라	以告無疆

영중추부사 교성군 노공 신도비명
領中樞府事交城君盧公神道碑銘

공의 휘는 공필(公弼)이고, 자는 희량(希亮)이며, 스스로 호를 국일재(菊逸齋)라 하였다. 교하인(交河人)으로, 원조(遠祖) 휘 강필(康弼)은 신라에 벼슬하여 관직이 태자태사(太子太師)에 이르렀고, 몇 대를 지나 휘 균(鈞)에 이르러 천우위 대호군(千牛衛大護軍)이 되었고 영의정부사(領議政府事)에 추증되었는데 공의 고조이다. 이분이 휘 한(閈)을 낳았는데 의정부 우의정을 지냈고, 시호는 공숙(恭肅)으로 공의 증조이다. 조부 휘 물재(物載)는 동지돈녕부사를 지냈고 의정부 영의정에 추증되었다. 아버지 휘 사신(思愼)은 익대 공신(翊戴功臣)과 좌리 공신(佐理功臣)에 책훈되었고 의정부 영의정을 지냈으며, 어머니 경씨(慶氏)는 첨지중추부사 휘 유근(由謹)의 소생인데, 정통(正統) 을축년(1445, 세종27)에 공을 낳았다.

공은 어려서부터 영민하고 재주가 뛰어났으며, 자라서는 뜻을 독실히 하여 학문에 힘썼다. 천순(天順) 임오년(1462, 세조8)의 사마시에 합격하여 의영고 직장(義盈庫直長)에 보임되었고, 사직서 영(社稷署令)으로 자리를 옮겼다. 성화(成化) 병술년(1466)의 문과에 등제하여 성균관 직강(成均館直講), 예문관 교리(藝文館校理)를 역임하였고, 응교, 전한(典翰), 직제학, 부제학으로 승진하였다. 병조, 이조, 예조의 참의를 역임하였고, 승정원 동부승지에 제수되었다가 차례로 자리를 옮겨 도승지가 되었다. 계묘년(1483, 성종14)에 단계를 뛰어넘어 가정대부(嘉靖大夫)로 품계가 오르고 동지중추부사가 되었다. 얼마 후에 사헌부 대사헌에 제수되었고 병조, 이조, 호조의 참판을 역임하였다. 홍치(弘治) 기유년(1489)에 특별히 자헌대부(資憲大夫)로 품계가 오르고 공조 판서가 되었는데, 이로부터 육조(六曹)의 장관을 두루 역임하였다. 외직으로 나가 경기 안찰사(京畿按察使)가 되었는데 가는 곳마다 치적이 드러났다.

무오년(1498, 연산군4)에 의정부 우참찬에 제수되었고, 이해에 부친상을 당했다. 상복을 벗고는 교성군(交城君)에 봉해졌는데, 아버지의 훈작(勳爵)을 물려받은 것이다. 계해년(1503)에 특별히 숭정대부(崇政大夫)로 품계가 오르고 의정부 우찬성이 되었다. 갑자년(1504)에 연산군의 혼매함과 학정을 만나 곤장을 맞고 무장(茂長)에 유배되었는데, 그의 죄가 아니었다.[13] 가을에 모친상을 당하였다. 당시에는 단상제(短喪製)를 시행하여 비록 사대부라 할지라도 죄를 지어 화를 당할 것이 두려워 고례(古禮)를 지키는 자가 거의 없었다.[14] 공이 배소(配所)에 신위를 설치하고 곡하면서 아침저녁으로 제사를 올리며 고례와 같이 3년의 상기를 마쳤다.

정덕(正德) 병인년(1506, 중종1)에 성상이 하늘의 뜻에 따라 왕위에 오른 뒤에 귀양 간 사람들을 거두어 등용하였는데, 공을 다시 교성군에

13 갑자년에……아니었다 : 폐비 윤씨(尹氏)가 사사(賜死)될 때에 노공필은 도승지로서 대비전(大妃殿)에서 작성한 언문(諺文)을 전하였는데, 1504년 갑자사화 때에 이 일로 인하여 전라북도 무장에 유배되었다. 《燕山君日記 10年 閏4月 5日》

14 당시에는……없었다 : 단상제는 날〔日〕을 달〔月〕로 계산하여 상기를 단축하는 제도인데, 연산군이 이에 대한 시행을 명하였다. 당시 사대부들은 이를 패륜으로 여겼으나 죄가 두려워 감히 왕명을 어기지 못하였고, 중종반정 이후 삼년상의 제도가 다시 회복되었다.

임명하였고, 선대 조정의 원로라고 하여 특별히 원종공신(原從功臣) 2등에 책록하도록 명하였다. 그리고 얼마 후 우찬성에 제수되었다. 정묘년(1507)에 특별히 보국숭록대부(輔國崇祿大夫)로 품계가 오르고 영돈녕부사 겸 영경연(領敦寧府事兼領經筵)에 제수되었으니, 조정에서의 인망이 두터웠던 것이다. 성상이 즉위한 뒤에 사신을 중국에 보내어 왕위 계승을 인정해 줄 것을 청하였는데, 이를 승인하는 조서(詔書)를 받지 못하였다. 조정에서 공을 사신으로 임명하여 다시 보냈는데, 중국의 예부(禮部)에서는 여전히 이전의 주장을 고집하였다. 공이 정성스럽고 간절하게 청하여 마침내 우선 국사를 맡게 한다는 권서국사(權署國事) 칙서(勅書)를 받아 돌아왔다. 상이 모화관(慕華館)에서 직접 공을 맞이하였으며, 특별히 원종공신 1등에 책록하고 토지와 노비를 하사하였다. 가을에 영중추부사에 제수되었다. 갑술년(1514)에 나이가 70세였기에 벼슬에서 물러나기를 청하였는데, 윤허를 받지 못하고 궤장(几杖)을 하사받았다. 병자년(1516)에 병이 들어 11월 28일에 정침(正寢)에서 세상을 떠났으니, 향년 73세였다. 부고가 전해지자 조회와 시장을 정지하였고 특별히 내관을 보내어 자식들에게 조문하였다. 관청에서 상사를 돌보아 주었고, 부의를 특별히 더하여 주었다. 이듬해인 정축년(1517) 모월 모일에 모현(某縣) 모리(某里) 모좌모향(某坐某向)의 언덕에 장사 지냈으니, 선영을 따른 것이다.

공은 성품이 곧고 밝았으며 풍모가 단정하였다. 학문에 근본을 두고 이를 통해 행정 업무도 능숙하였으며, 문장은 전아하고 기상이 높아 세속의 취향으로 빠지지 않았다. 효성으로 어버이를 섬겼는데 늙어서는 더욱 독실하여 날마다 의관을 갖추고서 아침저녁으로 문안을 드렸다. 모든 제사에는 반드시 목욕재계하고서 직접 제수를 올렸고, 매번 명절에는 몸소 선영에 가서 청소하고 제사를 지냈다. 자제를 가르치면서는 삼가며 방종함이 없도록 하였고, 친척을 보살펴 구휼하면서는 친소의 차이를 두지 않았고 혼례와 상사에 두루 도움을 주면서 모두 정성스럽게 하였다. 고상하고 검소하여 화려함을 좋아하지 않았으며 해진 옷과 거친 음식도 편안하게 여겼다. 이른 나이에 관직이 현달하였고 결국에는 높은 지위에 이르렀는데, 다스림의 본체를 통달하였고 제도와 법령에 대해 능숙하여 중요한 일들을 치밀히 처리하며 조금도 빠뜨림이 없었으니, 조정에서 크게 의지하였다. 그러나 불행하게도 만년에 병에 걸려 정승에 이르지는 못하였으니, 애석하다.

상례(相禮) 이숙(李塾)의 따님에게 장가들어 아들 하나와 딸 둘을 낳았다. 아들 섭(燮)은 지금 사복시 첨정(司僕寺僉正)이 되었고, 큰딸은 종실인 청안군(淸安君) 이영(李嶸)[15]에게 시집갔고, 다음은 군기시 별제(軍器寺別提) 정홍선(鄭洪先)에게 시집갔다. 섭은 동지중추부사 한찬(韓儹)의 딸에게 장가들어 아들 셋과 딸 넷을 낳았는데, 아들은 전(全), 임(任), 첨(僉)이고, 큰딸은 충의위(忠義衛) 박심(朴深)에게 시집갔고, 다음은 충의위 정수래(鄭壽萊)에게 시집갔고, 다음은 종실인 주진수(朱陳守) 이원(李瑗)[16]에게 시집갔으며, 나머지는 어리다. 명은 다음과 같다.

15 종실인 청안군(淸安君) 이영(李嶸) : 세종의 아들인 광평대군(廣平大君) 이여(李璵)의 손자이다.

16 종실인 주진수(朱陳守) 이원(李瑗) : 세종의 아들인 영해군(寧海君) 이당(李瑭)의 증손이다.

인망 이미 높았고 베푼 것 또한 컸네	望旣隆施更大
치적이 성대하여 나라가 의지하였네	績乃懋國所賴
몸은 죽어 떠나서 이곳에 유택을 정했지만	身乘化宅于玆
이름은 후세에 드리워져 신령이 보호하고 지키리라	名垂後神保持

청양군 한공[17]의 부인 이씨 묘갈명

淸陽君韓公夫人李氏墓碣銘

부인의 성은 이씨(李氏)로, 전의(全義)의 명망 있는 가문이다. 시조 휘(諱) 도(棹)는 고려 개국 초에 공훈이 있어 공신록에 책훈되었고 지위는 태사(太師)에 이르러 마침내 대대로 이름난 벌열(閥閱)이 되었다. 우리나라에 들어와서는 휘 귀(龜)란 분이 있어서 여러 관직을 거쳐 가정대부(嘉靖大夫) 강릉 도호부사(江陵都護府使)에 이르렀는데, 부인에게 증조부가 된다. 이분이 경상좌도 병마첨절제사(慶尙左道兵馬僉節制使) 휘 승간(承幹)을 낳았다. 승간의 아들인 지풍천군사(知豐川郡事) 휘 항전(恒全)이 지영암군사(知靈巖郡事) 윤지타(尹之他)의 따님에게 장가들어, 정통(正統) 임술년(1442, 세종24)에 부인을 낳았다.

부인은 어려서부터 지혜롭고 총명하였으며, 조금 자라서는 정숙하고 기품이 있었다. 부모가 남달리 사랑하여, 배필을 골라 병조 판서 청양군 한공 치의(韓公致義)에게 시집보냈다. 아들 둘과 딸 하나를 낳았으며, 부인의 도리를 잘 닦아 마음을 다해 집안 살림을 하였다. 판서공이 공훈이 있어 좌리 공신(佐理功臣)이 되었고[18] 주요 관직을

17 청양군(淸陽君) 한공(韓公) : 청양군에 봉해진 한치의(韓致義, 1440~1473)를 가리킨다. 본관은 청주(淸州), 자는 의지(誼之)이다. 좌의정을 지낸 한확(韓確)의 아들로, 벼슬이 병조 판서에 이르렀으나, 34세로 요절하였다.

18 판서공이……되었고 : 좌리 공신은 성종 2년인 1471년에 왕을 잘 보필한 공훈이 있는 사람들에게 내린 공신호로, 한치의는 이때에 호조 참판으로 있으면서 좌리 공신 4등에 책록되고 청양군에 봉해졌다.

역임하였는데, 부인이 그 아름다움을 함께하였다. 첫째 아들 위(偉)는 품계가 자헌대부(資憲大夫)에 올랐고 청원군(淸原君)에 봉해졌는데, 부사(府使) 안우참(安友參)의 딸에게 장가들어 아들 둘을 낳았다. 둘째 아들 탁(倬)은 품계가 통훈대부(通訓大夫)에 올랐고 온양 군수(溫陽郡守)가 되었는데, 첨지중추부사 이계림(李桂林)의 딸에게 장가들어 아들 넷과 딸 셋을 낳았다. 딸은 부정(副正) 박경(朴莖)에게 시집갔는데, 자녀는 탁과 같다.

판서공은 일찍 죽어 시호가 장도(章悼)였는데, 부인은 장도공보다 몇 년 뒤인 정덕(正德) 병인년(1506, 연산군12) 7월 12일에 병으로 세상을 떠났으니, 향년 65세였다. 이해 8월 12일에 과천현(果川縣) 수리산(修理山) 미좌축향(未坐丑向)의 언덕에 예법에 맞게 장사를 지냈다. 장사를 지낸 뒤에 아들인 청원군이 편지로 나에게 부탁하기를,

"돌아가신 어머니는 성품이 부드럽고 아름다워 여성으로서 지녀야 할 덕을 온전히 갖추었으니, 남편을 정성과 공경으로 섬겼고 자제들을 올바름과 반듯함으로 가르쳤습니다. 부모님의 상을 맡아서는 한결같이 예법을 따랐고, 초하루와 보름에는 반드시 몸소 산소에 제사를 지내면서 비나 눈이 오더라도 그만둔 적이 없었으며, 매번 제철 음식이 있게 되면 먼저 사당에 올린 뒤에 먹었습니다. 어머니의 형제 항렬에는 아들이 없고 딸만 셋이었는데 어머니가 둘째였습니다. 막내딸이 부모님의 명으로 따로 노비와 토지를 받고서 사시(四時)의 제향에 위패를 모셨는데, 어머니 또한 따로 집에서 제향을 올려 살아 계실 때와 똑같이 정성을 다하였습니다. 이와 같은 미덕으로 세상에 모범이 될 만한 것이 한두 가지가 아니니, 어찌 차마 민멸하여 전해지지 않게 하겠습니까. 신도(神道)에 새겨 사라지지 않게 해 주십시오."

하였다. 내가 그 뜻을 크게 여기고 그 부탁을 무겁게 생각하여 마침내 부인의 가계(家系)와 품성을 기록하고, 이어 다음과 같이 명을 짓노라.

집안에 선을 쌓은 것은 선대부터였는데	善于家自其先
덕을 몸에 갖춰 경사를 후손에게 전하였네	德在身慶後延
자식과 손자는 멀리 끝없이 이어지는데	子若孫遠綿綿
이곳에 유택을 정하여 편하고도 견고하리라	宅于玆安且堅

정랑 성공 묘갈명
正郎成公墓碣銘

군의 성씨는 성(成)이며, 휘(諱)는 경온(景溫)이고, 자는 사아(士雅)이다. 지중추부사 엄(揜)의 증손이며, 형조 참판 순조(順祖)의 손자이다. 아버지 준(俊)은 의정부 영의정이고, 외조부 이계기(李啓基)는 공조 참의이다. 내외로 이름난 벌열로 오래전부터의 가르침이 있었다. 군은 어려서부터 침착하고 법도가 있었으며, 자라서는 학문을 게을리 하지 않았다. 계묘년(1483, 성종14)의 사마시에 합격하였으나 그 뒤로 누차의 과거에서 합격하지 못하였는데, 당시의 여론은 그가 제대로 인정받지 못한 것이라 여겼다. 의정공(議政公)이 관직에 나가게 하려 하였으나 군은 뜻을 고수하며 힘껏 사양하면서, 비록 종신토록 벼슬을 하지 못하더라도 다른 길을 통해 벼슬길에 나가는 것을 원치 않았다.

무오년(1498, 연산군4)에 빙고 별좌(氷庫別坐)에 제수되었는데, 그의 뜻이 아니었다. 이후 사헌부 감찰, 호조 좌랑을 역임하였다. 신유년(1501)에 모친상을 당하여 3년간 여묘살이를 하였고, 상복을 벗고는 익위사 익찬(翊衛司翊贊)에 제수되었다가 우사어(右司禦)로 승진하였다. 계해년(1503) 가을에 문과 별시에 뽑혀 공조 정랑에 제수되었다. 이에 앞서 의정공이 10개 조목의 상소를 올렸는데 말이 매우 절실하여 연산군의 뜻을 크게 거슬렀는데, 갑자년(1504) 여름에 혹독한 화를 입어 군과 군의 형 중온(仲溫)이 모두 연좌되어 먼 지방에 유배되었고, 또 바다 밖으로 유배지가 옮겨졌다. 연산군은 의정공에 대한 화가 풀리지 않아 그의 자식들을 남겨 두지 않으려고 모두 사형으로 처분하였다.

군은 이러한 명이 있다는 소식을 듣고는 안색이 조금도 변하지 않고 웃으며 아들 람(覽)에게 말하기를 "나의 목숨을 어찌 남의 손에 욕되게 하겠는가."라고 하고는 바로 독약을 먹고 죽었다. 사람들이 그의 기량(氣量)에 탄복하였고 눈물을 흘리는 사람들까지 있었다. 이때가 병인년(1506) 6월 24일로, 군의 나이 44세였다. 이해 11월에 광주(廣州) 치소(治所) 서쪽 정림산(井林山) 기슭에 장사 지냈다. 이후 성상께서 그가 죄 없이 죽은 것을 애처롭고 불쌍히 여겨 홍문관 부제학으로 관직을 추증하였다.

군의 사람됨은 기개와 도량이 원대하고 풍모가 준엄하였다. 관직에 임하여 일을 처리할 때는 바름을 견지하며 흔들리지 않았다. 성품은 또 깨끗하면서도 반듯하였고 온화한 기운이 항상 넘쳐 났다. 치산(治産)을 일삼지 않고 화려함을 좋아하지 않아 매인 데 없이 한적하게 지냈다. 의정공이 노년에 병으로 조정에 나가지 못하였는데, 나라에 큰일이 있으면 연산군이 근신을 보내어 의견을 물었다. 의정공이 반드시 군에게 물어 가부를 정하였는데 대부분 여론과 일치하였다. 군이 항상 의정공을 모시면서 조금의 실수라도 보게 되면 반드시 온화한 낯빛으로 넌지시 간언하였고 고치지 않으면 그치지 않았으니, 의정공이 매우 존중하였다. 군은 종실인 명천도정(明川都正) 이장손(李長孫)[19]의 따님인 이씨(李氏)에게 장가들어 아들 하나와 딸 셋을 낳았다. 아들은 람(覽)인데 사부(師傅) 홍달정(洪達汀)의 딸에게 장가들어 딸 넷을 낳았고, 큰딸은 진사 구원지(具元之)에게 시집가서 아들 셋과

19 종실인 명천도정(明川都正) 이장손(李長孫) : 정종의 아들인 무림군(茂林君) 이선생(李善生)의 아들이다.

딸 하나를 낳았고, 다음은 완천부정(完川副正) 이희(李禧)에게 시집가서 아들 둘을 낳았고, 다음은 유학 유인첨(柳仁瞻)에게 시집갔는데 일찍 죽어 후사가 없다. 군의 부인 이씨가 무덤 옆에서 여막 생활을 하면서 아침저녁으로 직접 제수를 올렸고, 밤낮으로 부르짖으며 애통해하였는데, 조정에서 그의 절의를 가상히 여겨 정려(旌閭)하였다. 군의 사위인 진사 구원지가 이씨의 뜻으로 찾아와 나에게 말하기를,

> "죽은 이를 슬피 사모하여도 소용없어 행적과 치적을 묘도(墓道)에 새겨 후세에 밝히고자 하면서, 사한(史翰)을 주관했던 분의 한 말씀을 얻어 죽은 이의 흔적을 사라지지 않게 하기를 바라고 있습니다. 부디 미망인인 이씨의 청을 불쌍히 여겨 제 장인의 이름을 길이 남게 해 주십시오. 그리해 주신다면 죽은 이도 이를 알아 저 지하에서 자신의 불행을 슬퍼하지 않을 것입니다."

하였다. 나는 사아 씨와는 동년이고, 또 같은 해에 사마시에 합격하여 서로 잘 알고 있다. 내가 이미 사아 씨 집안에 대해 슬퍼하며 항상 마음속으로 애석해하고 있었는데, 이씨의 절개 굳은 행실이 한 시대에 뛰어나고 진사가 와서 하는 말이 간절하고 진실되니, 명(銘)을 지어 달라는 부탁을 어찌 감히 사양하겠는가. 명은 다음과 같다.

수미한 바탕은 하늘이 후하게 내린 것인데	質粹美天所厚
목숨은 곤액을 당하였으니 하늘은 어찌 저버렸나	命厄蹇天何負
길함과 흉함은 아득하여 기약하기 어렵지만	吉與凶莽難期
오직 이 마음만은 속이지 않으리라	惟此心在不欺
여기에 유택을 정하여 깊고도 견고하니	宅于茲深且固
신령은 편안히 여겨 길이 두려움 없으리라	神庶安永無懼

영성군 윤공[20]의 처 이씨 묘갈명

鈴城君尹公妻李氏墓碣銘

부인 이씨(李氏)는 전의현(全義縣)의 명망 있는 집안 사람이다. 관찰사 효장(孝長)의 딸이고, 한성 윤(漢城尹) 사관(士寬)의 손녀이며, 효정공(孝靖公)에 추증된 정간(貞幹)은 부인의 증조부가 된다. 관찰사공이 동지중추부사 김의(金義)의 따님에게 장가들어 부인을 낳았다. 부인은 태어나면서부터 자질이 남달라 부모가 매우 사랑하였다. 이에 마땅한 혼처를 가려 14세에 증(贈) 의정(議政) 윤삼산(尹三山)의 아들인 영성군(鈴城君) 윤탄(尹坦)에게 시집갔다. 두 집안의 문벌이 서로 대등하였고, 집안의 법도도 엄숙하였다. 부인은 어질고 맑았으며 곧고 유순하여 일찍이 가정을 화목하게 하는 덕이 있었다. 윤씨 집안에서는 아름다운 부인을 얻었다고 기뻐하며 칭찬하고 흠모하였다. 부인이 영성군을 섬긴 것이 54년인데, 처음 벼슬에 나아갈 때부터 현달함에 이르도록 집안 살림을 하며 도운 것이 항상 많았으니, 그의 공손하고 검소하며 자애롭고 온화함은 세상에 법도가 될 만하였다. 그러나 불행히도 67세인 홍치(弘治) 을축년(1505, 연산군11) 1월 13일에 병으로 집에서 세상을 떠났으니, 애통하다. 3월 24일 기유일에 과천현(果川縣) 서쪽 술좌진향(戌坐辰向)의 언덕에 장사 지냈으니, 예법에 따른 것이다.

20 영성군(鈴城君) 윤공(尹公) : 윤탄(尹坦)을 가리킨다. 본관은 파평(坡平), 자는 탕보(蕩甫)이다. 형조 참의, 충청도 관찰사 등을 역임하였다. 중종 즉위 후에 정국공신(靖國功臣)에 책록되고 영성군에 봉해졌다.

부인은 아들 둘과 딸 둘을 두었다. 첫째 아들은 상로(商老)인데 두루 관직을 역임하여 군수가 되었다. 둘째 아들은 형로(衡老)인데 중외의 관직을 두루 역임하고서 공훈으로 영양군(鈴陽君)에 봉해졌으며[21] 품계는 가선대부(嘉善大夫)에 올랐으니 실로 2품이 된 것이다. 첫째 딸은 첨지중추부사 임숙(任淑)의 아들 임맹영(任孟瑛)에게 시집갔는데, 임맹영은 지금 첨지중추부사가 되었다. 둘째 딸은 안계조(安繼祚)의 아들 안현(安顯)에게 시집갔는데, 안현은 지금 별좌(別坐)가 되었다.

첫째 아들 상로는 사직(司直) 이석곤(李石崑)의 딸에게 장가들어 아들 둘과 딸 둘을 낳았다. 아들 련(璉)은 현감 김봉서(金鳳瑞)의 집에 장가들었고, 류(瑠)는 상장군(上將軍) 강겸세(姜謙世)의 집에 장가들었다. 딸은 교리 박문간(朴文幹)의 아들인 진사 박륙(朴稑)에게 시집갔고, 둘째 딸은 부사 유옹(柳澭)의 아들인 참봉 유수언(柳秀焉)에게 시집갔다. 련과 박륙은 아들을 두었다.

둘째 아들 형로는 먼저 참판 이경동(李瓊仝)의 딸에게 장가들어 후사가 없었고, 뒤에 현령 나문서(羅文緖)의 딸에게 장가들어 아들 규(奎)와 딸을 낳았다.

첫째 사위 임맹영은 아들 넷과 딸 둘을 낳았다. 아들 임국성(任國成)은 호군(護軍) 봉지(奉祉)의 딸에게 장가들어 아들을 낳았고, 딸은 겸선전관(兼宣傳官) 신한(申瀚)에게 시집가서 아들 둘과 딸 둘을 낳았다. 나머지는 어리다.

둘째 사위 안현은 아들 하나와 딸 하나를 낳았는데, 딸은 생원 박진

21 공훈으로 영양군(鈴陽君)에 봉해졌으며 : 윤형로(尹衡老)는 중종반정에 참여하여 정국 공신에 책록되고 영양군에 봉해졌다.

(朴稹)의 아들 박영훈(朴永薰)에게 시집갔다.

아아, 성대하도다. 부인이 죽은 다음 해 9월에 영성군과 영양군이 성군을 도와 왕위에 오르도록 하여 정국 공신(靖國功臣)의 칭호를 받았고, 이름을 공신록에 올렸다. 한 집안에서 두 원훈(元勳)이 나와 덕과 복이 다하지 않고 경사가 후대에까지 이어진 것이다. 부인은 비록 죽었으나 그 아름다움을 함께하였다. 부인과 영성군이 쌓은 선에 대해 보답을 받은 것이 아니라고 할 수는 없을 것이다. 애석하게도 부인이 나이 70이 못 되어 갑자기 세상을 떠나, 영성군과 함께 장수를 누리면서 백년의 복록을 함께하지 못하였으니, 이것이 서글프다.

영양군이 홍문관 대제학인 나에게 편지를 보내어 비석의 뒷면에 새길 명을 지어 달라고 청하였다. 임맹영의 사위인 신한은 바로 나의 아들이기에 실로 한집안으로, 부인의 선덕에 대해 알고 있기로는 분명 나보다 더 상세한 사람이 없을 것이다. 이에 명을 지어 달라는 부탁을 어찌 감히 사양할 수 있겠는가. 마침내 다음과 같이 명을 짓노라.

스스로 선을 행하여	善於身
후손에 복을 주시니	慶於後
보상은 넉넉하고	報斯厚
명성은 영원하리	名不朽

증 이조 참판 이공 묘갈명

贈吏曹參判李公墓碣銘

공의 휘는 계양(繼陽)이고, 자는 달보(達父)이며, 진보현(眞寶縣) 사람이다. 원조(遠祖) 석(碩)은 고려 말에 벼슬을 하여 관직이 밀직부사(密直副使)에 이르렀다. 우리나라에 들어와 휘 자수(子脩)란 분이 있어 벼슬이 판전의시사(判典儀寺事)에 이르렀는데 공의 증조부가 된다. 이분이 군기시 부정(軍器寺副正) 휘 운후(云侯)를 낳았으며 나중에 판사복시사(判司僕寺事)에 추증되었는데 바로 공의 조부가 된다. 그의 아들 선산 부사(善山府使) 휘 정(禎)은 어려서 강개하고 큰 뜻이 많았으며, 활쏘기와 말타기를 잘하여 일찍 현달하였다. 세종조에 건주위(建州衛)의 추장 이만주(李萬住)[22]가 자주 변경을 침범하여 조정에서는 서쪽 변방에 대한 근심이 있었다. 이에 이분을 선발하여 영변부판관(寧邊府判官)에 제수하였다. 이때 마침 약산성(藥山城)을 확장하여 큰 군진을 설치하였는데, 부사 조비형(曺備衡)을 보좌하며 합당하게 잘 감독하여 마침내 치적을 이루었다. 뒤에 최윤덕(崔潤德)을 따라 모린위(毛隣衛)[23]를 정벌하며[24] 공이 있어서 2등급의 관작을 하사받았

22 이만주(李萬住) : 실록 등에는 이만주(李滿住)로 기록되어 있다.

23 모린위(毛隣衛) : 《신증동국여지승람(新增東國輿地勝覽)》에는 '隣'이 '憐'으로 되어 있다.

24 최윤덕(崔潤德)을……정벌하며 : 최윤덕이 1433년(세종15)에 평안도 도안무찰리사(平安道都按撫察理使)가 되어 여진을 정벌하자, 모련위 도독(毛憐衛都督) 이살만(李撒滿), 건주위 도지휘(建州衛都指揮) 이만주 등이 항복하였는데, 이때에 이정(李

다. 이 일은 최치운(崔致雲)이 지은 〈운주루기(運籌樓記)〉와 《여지지(輿地志)》 명환록(名宦錄)에 자세하게 기록되어 있다.[25] 한산(韓山), 선산(善山) 등의 수령을 역임하였는데 모두 남긴 은혜가 있다. 지숙주사(知肅州事) 김정(金挺)의 따님에게 장가들어 모(某) 기원(紀元)[26] 갑진년(1424, 세종6) 9월 모일에 공을 낳았다.

공의 형제와 남매가 모두 9명인데 공이 막내였다. 태어나면서부터 매우 총명하고 용모가 준수하여 부모의 사랑을 가장 많이 받았다. 어려서 백숙조(伯叔祖) 이중위(李仲位)에게서 길러졌는데, 이중위는 집안이 재산이 많고 세력이 있었으나 가르침을 더하지는 않았다. 공이 이에 스스로 분발하여 학문에 힘을 써서 계유년(1453, 단종1)의 사마시에 합격하였다. 이후로 벼슬에 나아가는 것을 일삼지 않고 물러나 시골에서 살았다. 65세인 홍치(弘治) 무신년(1488, 성종19) 5월 모일에 병으로 집에서 세상을 떠났다. 장지를 고르지 말라고 유언을 남겨 집 북쪽 2리쯤 되는 수개곡(樹介谷) 남향 언덕에 장사 지냈으니, 공의 명을 따른 것이다. 둘째 아들 우(堣)의 공훈으로 보조 공신(補祚功臣) 이조 참판 진성군(眞城君)에 추증되었다.

禎)이 좌막(佐幕)이었다. 《新增東國輿地勝覽 卷54 寧邊大都護府》

25 이……있다 : 〈운주루기〉는 평안도 도절제사(平安道都節制使) 최윤덕의 종사관이었던 최치운이 지었는데, 판관이었던 이정이 약산성의 확장 경위와 최윤덕이 변경을 평정한 사실 등을 갖추어 말하며 기록으로 남겨 후세에 전할 것을 건의하자 그 의견을 받아들여 작성한 것이다. 그리고 《신증동국여지승람(新增東國輿地勝覽)》 권54 〈영변대도호부(寧邊大都護府)〉의 명환조(名宦條)에는 최윤덕이 도절제사, 조비형이 판부사, 이정이 판관이었던 사실이 기록되어 있다.

26 모(某) 기원(紀元) : 영락(永樂) 연간이다.

공은 부사직(副司直) 김유용(金有庸)의 따님에게 장가들어 아들 둘과 딸 둘을 낳았다. 첫째 아들 전(塡)은 어려서부터 학문에 힘써 향시에서 여러 차례 으뜸을 차지하였고, 아무 해의 진사시에 합격하였으나 일찍 죽었다. 둘째 아들이 바로 우(堣)인데 임자년(1492, 성종23)의 생원시에 합격하였고, 무오년(1498, 연산군4)의 문과에 등제하여 내한(內翰)에 선발되었으며, 이후 사간원, 이조와 병조의 낭관을 역임하였다. 병인년(1506, 중종1) 가을에 승정원 동부승지에 제수되었는데 성상이 왕위에 오르는 때를 만나 정국 공신(靖國功臣)에 책훈되고 청해군(靑海君)에 봉해졌으며, 지금은 호조 참판이 되었다. 큰딸은 부지승문원사(副知承文院事) 김한계(金漢啓)의 아들 김만신(金萬信)에게 시집갔고, 다음은 갑산 교수(甲山敎授) 김신(金伸)에게 시집갔다.

첫째 아들인 진사는 먼저 평해 군수(平海郡守) 김한철(金漢哲)의 딸에게 장가들어 아들 둘과 딸 하나를 낳았는데 아들은 잠(潛)과 하(河)이고, 딸은 유학(幼學) 신담(辛憺)에게 시집갔다. 후에 별시위(別侍衛) 박치(朴緇)의 딸에게 장가들어 아들 넷을 낳았는데 서귀(瑞龜), 서봉(瑞鳳), 서란(瑞鸞), 서홍(瑞鴻)이다.

둘째 아들인 참판은 생원 이시민(李時敏)의 딸에게 장가들어 아들 하나와 딸 둘을 낳았는데 아들은 수령(壽苓)이며, 큰딸은 유학 조효연(曺孝淵)에게 시집갔고, 다음은 유학 오종호(吳從虎)에게 시집갔다.

둘째 사위인 교수는 딸 하나를 낳았는데 충순위(忠順衛) 금원복(琴元福)에게 시집갔다.

참판공이 선대를 추증할 수 있게 된 뒤에, 돌아가신 아버지의 신도(神道)에 묘갈(墓碣)을 세워 그의 가계(家系), 지행(志行), 누린 햇수 등을 기록하여 후세에 드러내고자 하였다. 그리하여 이조 판서인 나에

게 편지로 명(銘)을 지어 달라고 부탁하며 말하기를,

"돌아가신 아버지는 타고난 성품이 효성스럽고 우애로웠으며 청렴하고 신중했습니다. 부모님의 상을 당해서는 모두 3년간 여묘살이를 하면서 슬픔과 사모를 지극히 하였으며, 형제들과 유산을 나누면서 자신에게는 박하게 하였고 문서를 작성하여 훗날에 따지려고 하지도 않아 몇 세대를 지나면서도 끝내 다툼을 일으키는 사람이 없었으니, 형제와 동서를 대하면서 서로 조화로이 화합하였습니다. 자제들을 의리와 바름으로 경계하였으며, 경사(經史)를 가르치면서는 매번 책을 앞에 두고서 반드시 말하기를 '너희가 만약 어떠어떠한 때에 태어나 어떠어떠한 일을 만났다면 마땅히 어떻게 처신했어야 하느냐?'라고 하였고 반복하여 강론하면서 합당한 이치에 이르게 한 뒤에야 그만두었습니다. 비록 천한 노비들일지라도 반드시 은혜와 믿음으로 부렸고, 함부로 기쁨과 노여움을 드러내지 않았습니다. 일찍이 자식과 조카 들에게 말하기를 '노비들은 한 집안의 대간(臺諫)이다. 규문(閨門)의 은미한 일을 노비들이 반드시 누설할 것인데, 만약 마음으로 항상 대간처럼 두려워한다면 깊은 방 안 모퉁이에서도 부끄러움이 없을 것이다.'라고 하였습니다. 사마시에 합격한 뒤로 여러 번 향시에 합격하였지만 연이어 뜻대로 되지는 않았습니다. 나중에는 풍병(風病)으로 귀가 잘 들리지 않게 되자 과거 시험에는 완전히 마음을 접고 초연하게 세상을 벗어나 자연과 벗하려는 생각을 가졌습니다. 그리하여 갑술년(1454, 단종2) 가을에 선성(宣城) 치소(治所) 북쪽 용두산(龍頭山)의 남쪽 두계(兜溪) 골짜기에 터를 잡아 집을 짓고서 깊고 그윽함을 낙으로 삼아 30여 년이나 살면서 산수를 스스로 즐겼습니다. 집 주변에 있는 물을 좋은 밭 수백 이랑으로 흐르게 하여 생활이 넉넉하였고, 조금이라도 남는 것이 있으면 언제나 가난하여 생활이 어려운 여러 친족에게 주었습니다. 항상 담박하게 한가히 지내면서 관청에는 발을 들인 적이 없었고, 여유롭게 산과 들을 소요하면서 주어진 생을 마쳤으니, 참으로 옛날의 은자와 같은 분이 아니겠습니까. 그러나 세상에 이를 아는 이가 거의 없으니, 바라건대 문한(文翰)을 담당하는 분의 한마디 말씀을 얻어 후세에 분명한 사실을 전하고자 합니다. 만약 저의 말이 지나치지 않다고 생각한다면 부디 한마디 말씀을 써 주어 선인의 이름이 영원히 전해지도록 해 주십시오."

하였다. 내가 편지를 받고서 일어나 절하고 말하기를,

"참판공은 순수하고 착실한 군자이니, 그의 말은 분명 사사롭지 않을 것이다. 그러니 이를 통해, 선공(先公)의 뜻과 행실은 내면의 수양을 잘하여 구차하지 않았고 세상 밖에서 소요하여 남들과 다투지 않았으며 그 개결한 지조는 탐욕한 사람을 흥기시키고 비속한 사람을 면려할 수 있었으나, 세상에 드러내지 않고 홀로 지조를 지켜 한가히 지내면서 이러한 것들을 거두어 내면에 감추었다는 것을 알 수 있다. 하늘이 이 사람을 굽히게 한 이유는 모르겠지만, 선덕에 대한 보답이 참판공에게 모였고 남은 경사가 다함이 없으리니, 이는 죽었지만 죽지 않은 것이라 말할 만하다. 이에 마땅히 명을 지어야 할 것이다."

하였다. 명은 다음과 같다.

내면을 수양한 개결함이여	內修之潔兮
효성스럽고 우애하며 허물이 없었네	孝友無愆

산수를 벗 삼고자 한 맹세여	泉石之盟兮
외물이 바꾸지 못하였네	物不能遷
마음이 세상과 멀어짐이여	心與世遠兮
몸은 한가로워 갈천의 백성 같았네[27]	身閑葛天
사물의 밖에서 여유 있게 노닒이여	優游物表兮
즐기며 주어진 생을 마감하였네	樂以終年
하늘이 선한 사람에게 보답함이여	天報善人兮
그 후손들을 창대하게 하네	而大其後
집안의 문이 큰 수레를 수용함이여[28]	門容車蓋兮
경사와 복록이 있다네	慶福之有
덕이 당시에는 쓰이지 못함이여	德不時用兮
이름은 영원히 전해지네	名垂不朽
여기 무덤가에 표지를 세움이여	表茲幽墟兮
영원히 오래도록 보존하리	以保永久

27 몸은……같았네 : 갈천(葛天)은 상고(上古) 시대 전설의 제왕인 갈천씨(葛天氏)이다. 갈천씨가 무위(無爲)로 세상을 다스려 백성들도 아무런 욕심 없이 한가하게 생활하였다고 한다.

28 집안의……수용함이여 : 덕을 쌓은 집안에는 후손에게 큰 경사가 있어 고관의 위치에 올라 큰 수레가 집안을 드나들게 된다는 말이다. 한(漢)나라의 우공(于公)이 지방관을 지낼 때 옥사를 공평하게 처리하면서 자신의 음덕으로 자손 중에 큰 인물이 나올 것이라며 큰 수레가 지나갈 수 있도록 대문을 크게 만들라고 하였는데, 과연 그의 아들 우정국(于定國)이 승상이 되었다. 《漢書 于定國傳》

증 참의 황공의 부인 이씨 묘갈명

贈參議黃公夫人李氏墓碣銘

부인 이씨(李氏)는 경주(慶州)의 저명한 성씨로, 고려 때의 시중(侍中) 휘 제현(齊賢)의 후손이다. 증(贈) 호조 참판 휘 길안(吉安)의 따님으로, 조부 동(洞)은 증 공조 참의이고, 증조 휘 정석(庭碩)은 선공부령(繕工副令)이다. 참판공이 판예빈시사(判禮賓寺事) 권소(權紹)의 따님에게 장가들어 부인을 낳았다. 내외가 이름난 벌열로, 집안에 오래 전해 온 법도가 있었다. 부인의 온화하고 부드러우며 곧고 미더움은 하늘이 그 성품을 부여한 것이다. 계례(笄禮)를 마치고 나서는 황씨(黃氏) 가문에 시집가서 내섬시 정(內贍寺正) 황숙(黃淑)의 배필이 되어 아들 하나와 딸 셋을 낳았다. 뜻을 받들어 잘 따르며 어김이 없었고 부인의 덕목을 온전히 갖추었으니, 공손하고 삼가며 자애롭고 온화하여 집안을 화목하게 하였다. 자손들을 의로움과 반듯함으로 가르쳤고 하인들을 관대함으로 부렸으며, 궁핍하여 스스로 떨쳐 일어나지 못하는 친족과 이웃을 보면 반드시 성심으로 구원하고 도왔다. 황씨 집안의 가법(家法)을 사람들이 칭송하였는데 부인은 내치(內治)와 내조를 잘 하였다.

선을 쌓고 경사를 길러 후손을 융성하게 하였으니, 내외로 손자와 손녀가 모두 아홉이다. 아들 종신(從愼)은 경자년(1480, 성종11)의 사마시에 합격하였고 두루 관직을 역임하여 남양 부사(南陽府使)에 이르렀는데, 성상이 왕위에 오르는 때를 만나 원종공신(原從功臣) 1등에 녹훈되었고 품계는 통정대부(通政大夫)로 올랐으며, 관작이 부모에게 미쳐 내섬시 정이었던 아버지는 이조 참의에 추증되고 어머니인 이씨 부인은 숙부인(淑夫人)에 봉해졌으니, 하늘이 선덕의 미더움에 보답한 것이다.

부인은 80세의 수를 누리고서 참의공이 죽은 19년 뒤인 정묘년(1507, 중종2) 10월 갑신일에 병으로 남양부 관아에서 세상을 떠났다. 이듬해 무진년(1508) 2월 갑오일에 양주(楊州) 도봉산(道峯山) 서쪽 기슭 참의공의 무덤 왼쪽에 장사 지내 같은 언덕에 쌍분으로 조성하였으니, 예법에 따른 것이다. 장사를 마친 뒤에 부사가 묘도에 갈석(碣石)을 세워 가계와 덕성과 지조를 기록하여 후세에 밝히고자 하면서, 나에게 편지를 보내 명(銘)을 지어 달라고 청하였다. 내가 문한(文翰)의 직임을 맡고 있으면서 감히 사양할 수 없어 마침내 다음과 같이 명을 짓노라.

하늘이 선덕에 보답하여 장수하게 하였고	天報善壽年之長
경사를 후손에게 드리워 자식이 훌륭하네	慶垂後胤嗣之良
돌아와 고택에 묻힌 것은 남편을 따름이니	歸藏故宅從家公
신령은 편안하고 안정되어 무궁히 보전하리	神安且固保無窮

이요정집

제15권

비갈 碑碣

증 승정원 도승지 이공과 처 허씨의 합장 묘갈명
贈承政院都承旨李公妻許氏合葬墓碣銘

고성(固城)의 이씨(李氏)는 뿌리가 깊고 가지가 번창했으니, 오래전부터 이어져 왔다. 고려의 시중(侍中)이었던 문정공(文貞公) 휘(諱) 암(嵒)에서부터 5대를 거쳐 휘 평(泙)에 이르러서는 벼슬이 사온서 영(司醞署令)에 이르렀고 승정원 도승지에 추증되었다. 비록 관직이 현달한 경우도 있고 그렇지 못한 경우도 있었지만 깨끗하고 검소함을 서로 전하여 대대로 명문 집안이 되었으며 그 아름다움을 잘 이루어 내외로 벼슬한 사람들이 거의 조정의 절반이었다. 문정공은 호가 행촌(杏村)으로, 한 시대의 이름난 정승이었다. 문장과 글씨에 능하여 그의 필적은 지금도 사람들이 보배로 여기고 있다. 그의 아들 휘 강(岡)은 15세에 과거에 급제하였고 관직이 밀직부사(密直副使)에 이르렀으며 시호가 문경(文敬)이다. 문경공이 휘 원(原)을 낳았는데 18세에 등제하였고, 태조, 태종, 세종을 두루 섬겨 지위가 좌의정에 이르렀으며, 좌명공신(佐命功臣)에 녹훈되고 철성부원군(鐵城府院君)에 봉해졌다. 의정공(議政公)에게 휘 증(增)이라는 아들이 있었는데, 계유년(1453, 단종1)에 진사시에 합격하였다. 타고난 성품이 고결하여 벼슬에 나아가는 것을 즐거워하지 않았으니, 진해(鎭海)와 영산(靈山) 두 현(縣)의 수령이 되었으나 관직을 버리고 돌아와 산수를 즐기며 생을 마감하였다. 후에 이조 참판에 추증되었다. 이분이 계림(鷄林)의 서녕한 집안인 관찰사 이희(李暿)의 따님에게 장가들어 영락(永樂) 경신년(1440, 세종22)[1]에 승지공(承旨公)을 낳았다.

공은 자가 숙경(淑卿)인데, 어려서부터 독실히 공부하고 힘써 행하여 임오년(1462, 세조8)의 진사시에 합격하였다. 천성이 온화하고 소탈하며 속으로 꾸밈이 없어 평소 치산(治産)에는 힘쓰지 않고 선행을 즐겼다. 항상 자식들에게 경계하여 말하기를 "너희는 선조의 깨끗하고 검소한 전통을 지켜 재물 때문에 가풍을 실추하지 말라."라고 하였다. 함창(咸昌), 보은(報恩), 평택(平澤) 세 고을을 두루 다스리며 청렴함을 행하니, 떠난 뒤에 백성들이 모두 공을 그리워하였다.

부인 양천 허씨(陽川許氏)는 고려의 시중(侍中) 허공(許珙)의 후손으로, 전리 판서(典理判書) 휘 금(錦)의 증손이다. 조부 휘 기(愭)는 봉상시 윤(奉常寺尹)이고, 아버지 휘 추(樞)는 절충장군(折衝將軍) 행 충무위 호군(行忠武衛護軍)이며, 외조부 최선(崔宣)은 보문각 제학(寶文閣提學)으로, 대대로 이름난 벌열이었다. 품성이 착한 이에게 시집간 부인은 자품이 밝고 맑았다. 《효경(孝經)》, 《논어》, 주 문공(朱文公)의 《소학(小學)》을 잘 이해하였고, 고금의 여계(女戒)를 취하여 규범으로 삼았으니, 집안을 다스리는 데 법도가 있었다. 어머니로서 아들 다섯과 딸 다섯을 기르며 비록 자애가 항상 돈독하였으나 반드시 올바른 도리로 가르쳐, 명성과 덕이 아울러 있었다.

하늘이 선한 사람에게 복을 내리는 것은 장차 여기에 있어야 하는데, 공은 향년이 52세로 인(仁)함이 있었으나 장수하지 못하였으니, 애석하다. 홍치(弘治) 신해년(1491, 성종22) 겨울 11월에 세상을 떠나 고양군(高陽郡) 견달리(見達里)에 장사 지냈고, 16년 뒤인 정덕(正德) 정묘년(1507, 중종2) 5월 모일에 부인도 세상을 떠났으니, 향년 66세였

1 영락(永樂) 경신년 : 경신년(1440)은 영락 연간이 아니라 정통(正統) 연간이다.

다. 그의 맏아들인 부제학 윤(胤)이 아우들과 의논하기를 "안동부(安東府)는 선영이 있는 고향으로 조부 때부터 이곳에 살았다. 어찌 고양군에 있는 선공의 무덤을 옮겨 고향으로 돌아가 돌아가신 어머니와 이곳에 함께 모시지 않을 수 있는가."라고 하니, 아우들이 "좋습니다."라고 하였다. 마침내 이해 9월 2일 안동부의 속현(屬縣)인 임하현(臨河縣) 북쪽 수다산(水多山) 모좌모향(某坐某向)의 언덕에 합장하며 공은 왼쪽에 묻고 부인은 오른쪽에 묻었으니 예법에 따른 것이다.

부제학이 공과 부인의 가계(家系), 행적과 치적, 나이 등을 써서 벗인 나에게 명(銘)을 지어 달라고 부탁하여, 장차 묘도(墓道)에 비석을 세워 영원히 전해지게 하려고 하였다. 나는 부제학 및 그의 아우인 종묘서 영(宗廟署令) 주(胄)와 마음으로 사귄 사이라 공과 부인을 부모처럼 여겨 섬겼으니, 그 명을 어찌 감히 차마 지을 수 있겠으며 또한 어찌 감히 사양할 수 있겠는가. 여기에 자식들을 기록하고 그 말미에 내외의 손자와 손녀를 아울러 적어 남은 경사가 다하지 않음을 기록하노라.

장남은 바로 부제학 윤으로 병오년(1486)의 과거에 급제하여 현재 높은 관직에 올라 세상에 두터운 명망이 있다. 종묘서 영인 주는 무오년(1498, 연산군4)의 과거에 급제하여 일찍이 사간원 정언이 되었으나, 강개한 마음으로 시사를 말하여[2] 연산군의 미움을 받고서 죄가 아닌데도 죽음에 처해졌는데, 아무 관직에 추증되었다. 다음 전(腆)은 문음(門蔭)으로 처음 벼슬에 나아갔고, 다음 육(育)은 진사이고, 다음

2 강개한……말하여 : 연산군의 생모인 윤씨(尹氏)의 복위를 반대한 일을 말한다. 《燕山君日記 10年 6月 26日》

려(膂)는 생원이다. 큰딸은 아무개에게 시집갔고, 다음은 아무개에게 시집갔다. …… 명은 다음과 같다.

선덕으로 이름난 가문은 선대로부터 이어졌고	以善名家自先代
세 고을을 맡아 다스림에 남긴 은혜가 있었네	宰三縣治有遺愛
관직이 본인에겐 인색했으나 후손들이 보답받아	官嗇于身報在後
훌륭한 후손들에게 갈수록 경사가 더해지네	蘭芳玉潤慶愈久
어진 배필과 함께 계신 이 무덤에 제사 올리니	奠玆玄宅同賢匹
산이 조회하고 물길 순하여 영원히 길함을 보전하리	山朝水順永保吉

찰방 신공 묘갈명

察訪申公墓碣銘

나의 당형(堂兄)인 신공(申公) 휘 종옥(從沃)은 자가 옥지(沃之)이다. 찰방(察訪)으로 금교(金郊)에서 직무를 수행하다가 경천역(敬天驛)에서 세상을 떠나자, 시신을 모시고 돌아와 안산군(安山郡)의 아무 마을 아무 원덕에 장사 지냈다. 그의 아들인 좌랑 함(涵), 봉교 연(淵), 사과(司果) 수(洙), 별자 해(瀣)가 무덤 옆에서 여막살이를 하며 묘를 지키다가 대상을 마치고서 신주를 모시고 돌아가려 할 때에 서로 의논하여 말하기를 "우리 돌아가신 아버지가 관직은 비록 크게 현달하지 못하였지만, 심사가 세속에 빠지지 않았고 관직을 수행하면서 끼친 혜택은 사람들의 마음과 눈에 남아 있는 것이 많으니, 어찌 묘도(墓道)에 갈석(碣石)을 세워 영원히 이름이 사라지지 않도록 하지 않을 수 있겠는가."라고 하고는, 마침내 나를 찾아와 명(銘)을 지어 줄 것을 청하였다. 내가 어찌 차마 나의 형의 명을 지을 수 있겠는가마는 사양하는 것도 감히 할 수 없었다.

우리 증조부 휘 장(檣)은 공조 좌참판(工曹左參判)으로 영의정에 추증되었고, 조부 휘 숙주(叔舟)는 영의정의 관직을 지냈으며 시호가 문충공(文忠公)이다. 형의 아버지인 봉례(奉禮) 휘 주(澍)가 바로 문충공의 큰아들인데, 상당부원군(上黨府院君) 한명회(韓明澮)의 따님에게 장가들어 아들 셋을 낳았고 공이 그중 둘째이다. 내외가 모두 문벌이었으나 부귀함을 추구하는 습관이 전혀 없었고, 일찍부터 가정의 가르침을 받아 시서(詩書)를 부지런히 공부하였다. 갑오년(1474,

성종5)에 진사시에 합격하였고, 을미년(1475)에 처음 벼슬에 나아가 전생서 참봉(典牲署參奉)이 되었다. 병신년(1476)에 선전관에 제수되었고 여러 관직을 역임한 뒤에 감찰좌랑(監察佐郞)이 되었다. 을사년(1485)에 강원도 도사(江原道都事)에 제수되었다. 당시 홍귀달(洪貴達)이 감사였는데 형의 그릇에 감복하였으니, 누차 일로 시험해 보아도 전혀 착오가 없고 모두 시의에 맞아 홍공이 이후로는 항상 형을 칭찬하였다. 호조 정랑을 거쳐 외직으로 나가 안산 군수(安山郡守)가 되었는데, 정사가 공평하고 너그러웠고 관대함과 준엄함을 조화롭게 하니 아전과 백성이 두려워하면서도 사랑하였다. 군기시(軍器寺)와 예빈시(禮賓寺)의 부정(副正)으로 자리를 옮겼고 내승(內乘)을 겸하였다. 정사년(1497, 연산군3) 봄에 내구시(內廐寺)에서 숙직할 때 궁궐에 불이 났다. 입직하던 장수와 사졸이 당황하여 어찌할 바를 모르고 있었는데 형이 내구시의 사졸들을 데리고 솔선하여 불을 끄니 불이 재난에 이르지는 않았다. 모든 임기응변이 이와 같았다. 경신년(1500)에 파주 목사(坡州牧使)에 제수되었다. 당시 고을이 매우 피폐하고 목사들도 연이어 관아에서 죽어 관청에서의 일이 거의 시행되지 못하자, 이조에서 형을 천거하여 목사로 삼았다. 형이 정사를 공평하게 하고 송사를 잘 다스리자 온갖 폐단이 모두 사라져 제자리를 찾고 치적이 최고가 되었다.

이듬해인 신유년(1501)에 부친상을 당하였고, 상복을 벗은 뒤에는 금교도 찰방(金郊道察訪)에 제수되었다. 금교가 관장하는 7개 역참(驛站)은 중국의 사신이 다니는 길인데 다른 도에 비해 잔폐함이 심하였다. 그렇기 때문에 조정에서는 반드시 품계가 높고 능력이 있는 사람을 뽑아 그 직임을 맡겼다. 연산군 때에는 사명(使命)이 전보다 배는 많아져 역졸(驛卒)들이 도망가 거의 남아 있지 않았다. 형이 마음을 다하여 불러다가 다독이고 위로와 구휼에 전념하자 몇 년이 되지 않아 다시 완비되었다. 형이 부지런하고도 삼가면서 명을 받들어 바람과 눈도 피하지 않았고 시사에 감개하여 편히 눕지도 못하더니, 병인년(1506) 8월 어느 날 등창이 났다가 결국 일어나지 못하였다. 당시의 나이가 52세였다. 아전과 군졸이 마치 부모를 잃은 것처럼 서로 곡하며 말하기를 "우리가 생업을 잃지 않고 지금까지 보전할 수 있었던 것은 모두 공의 은혜이다."라고 하였다. 상여가 출발하자 전(奠)을 올리고 곡하는 자들이 잇달았다.

형은 성품이 인후하고 용모는 근엄하며 기국은 원대하였다. 항상 대체(大體)를 견지하여 세세함을 일삼지 않았고, 고상하면서도 검소하여 화려함에 뜻을 두지 않았다. 평생 명함을 전하며 공경(公卿)에게 청탁하지 않았으니, 일찍이 사람들에게 말하기를 "장부가 차라리 구렁텅이에 빠져 죽어 세상에 드러나지 않을지언정 어찌 구구하게 권세를 좇겠는가."라고 하였다. 동적강(洞赤江) 가 봉우리에 별장을 짓고서 벼슬을 그만두고 노년을 보내려는 계획을 이루지 못하였으니, 슬프다.

첨지중추부사 이수치(李壽稚)의 따님에게 장가들어 아들 넷과 딸 넷을 낳았다. 아들은 함(涵), 연(淵), 수(洙), 해(瀣)이다. 함은 아무 년의 진사시에 합격하였고 전부(典簿) 구장손(具長孫)의 딸에게 장가들어 아들 넷과 딸 하나를 낳았는데, 아들은 수강(秀江), 수한(秀漢), 수경(秀涇)이고 나머지는 어리다. 연은 아무 년의 과거에 합격하였고 감찰 이승중(李承重)의 딸에게 장가들어 아들 둘과 딸 셋을 낳았는데, 큰아들은 석간(石澗)이고 나머지는 어리다. 수는 사간 안팽명(安彭命)의 딸에게 장가들었다. 해는 직장(直長) 이복형(李復亨)의 딸에게 장가들어 아들 하나를 낳았다. 큰딸은 예빈시 봉사(禮賓寺奉事) 김세효(金世孝)에게 시집가서 아들 하나와 딸 하나를 낳았는데 공보다 먼저 죽었고, 다음은 진사 정승상(鄭承祥)에게 시집갔고, 나머지는 아직 계례(笄禮)를 지내지 않았다.

형은 비록 일찍 죽었으나 훌륭한 자식들이 섬돌에 가득하여 남은 경사가 다하지 않았으니, 이것이 죽었지만 사라지지 않은 것이다. 선덕이 있으면 보답을 얻는다는 것이 어찌 증험할 바 없겠는가. 명은 다음과 같다.

선덕을 후하게 하였는데	厚以善
어찌 수명을 주는 데 인색하였는가	胡嗇于年
그 주고 빼앗는 일	之與奪
하늘을 믿기 어렵도다	難諶于天
떠났어도 고을과 역참의 백성 사모의 마음 남기니	去留思州郡郵民
넋은 무덤에 갔지만 이름은 사람들에게 남았도다	魄歸窀穸名在人
경사가 후손들에게 전해지니	慶于後昆
잊지 못함이 있으리라	不忘者存

창평 현령 이공 묘갈명

昌平縣令李公墓碣銘

공의 휘는 공린(公麟)이고, 자는 모(某)로, 경주(慶州)의 저명한 성씨이다. 6대조 제현(齊賢)은 호가 익재(益齋)인데, 고려조에 현달하여 관직이 시중(侍中)에 이르렀으며 문장과 덕업이 한 시대에 우뚝하였다. 이후로 높은 지위가 계속 이어져 대대로 이름난 가문이 되었다. 관찰사 윤인(尹仁)에 이르러 만호(萬戶) 홍중량(洪仲良)의 따님에게 장가들어 공을 낳았는데, 홍씨도 대대로 명망 있는 가문이다.

공은 성품이 순박하고 아름다운 자질을 지녔으며 원대한 기상이 있었으나, 젊어서 장인 박팽년(朴彭年)의 죄[3]에 연좌되어 벼슬길이 막혀 수년간 관직을 맡을 수가 없었고, 그러다 어느 해가 되어서야 비로소 무반직(武班職)에 이름을 올릴 수가 있었다. 다시 천거되어 통례원인의 겸 한성부참군(通禮院引儀兼漢城府參軍)이 되었고, 외직으로 나가 함열(咸悅)과 창평(昌平)의 수령이 되었는데 모두 선정을 베풀어 아전들은 경외하고 백성들은 은혜롭게 여겼다.

아들 여덟을 두었으니, 오(鼇), 귀(龜), 원(黿), 타(鼉), 별(鼈), 벽(鼊), 경(鯁), 곤(鯤)이 모두 재주 있는 아들이다. 오는 진사시에서 으뜸을 차지하였고 귀, 원과 함께 모두 문과에 합격하였다. 오는 좌랑이 되었고, 귀는 관직이 면천 군수(沔川郡守)이고, 원은 예조 좌랑이

3 박팽년(朴彭年)의 죄 : 단종의 복위(復位)를 도모하다가 발각된 것을 말한다. 이 일로 박팽년은 심한 고문을 받고 옥중에서 죽었다.

되었다. 타, 별, 벽은 모두 사마시에 합격하였고, 경과 곤도 모두 학문을 이루었다. 원은 무오년(1498, 연산군4)의 옥사[4]에 걸려 외방으로 귀양을 갔고, 갑자년(1504)의 학정에 그 죄가 다시 더해져 죽음에 처해졌으나 그의 잘못이 아니었다. 부모와 형제도 아울러 연좌되어 먼 외방에 유배되었는데, 공도 이 때문에 창평 현령에서 파직되고 3년간 해남(海南)에 유배되었다. 그러다 성상이 왕위에 오르게 되어서는 억울하게 죽은 사람들에 대해 슬퍼하며 관직을 추증하였고, 유배된 사람들을 풀어 돌려보내고 그 관작을 회복시켜 주었다. 공은 여러 차례 환란을 겪었고 나이도 많아 조정에서 벼슬하고자 하지 않았다. 청주(淸州)의 집으로 물러나 한가하게 지내다 어느 해에 이르러 병으로 세상을 떠났으니, 향년 몇 세였다. 이해 모월 모일에 아무 곳에 장사 지냈다.

아들들이 갈석(碣石)을 세워 공의 나이와 덕, 가계(家系) 등을 기록하여 후세에 밝히고자 서로 상의하고는, 나에게 명(銘)을 지어 달라고 부탁하였다. 나는 귀 씨, 원 씨와 마음으로 서로 사귀어 형제처럼 친하게 지내기로 약조한 사이이며 당하(堂下)에서 공을 뵌 적이 있다. 가장 신뢰할 수 있고 가장 오래 사귀었으니, 명을 지어 사실을 기록하는 것을 감히 사양할 수 없다. 명은 다음과 같다.

자신에서는 인색하였으나	嗇於己
후손에서는 풍성하게 되었네	而豐於後

4 무오년의 옥사 : 유자광 등 훈구 세력이, 김일손(金馹孫)의 사초(史草)에 실린 김종직(金宗直)의 〈조의제문(弔義帝文)〉이 세조를 비방한 내용이라며 문제를 삼아 무오사화를 일으켜 사림을 탄압한 것을 가리킨다.

선덕엔 경사가 있으니　善有慶
훌륭한 후손이 번창하였네　蘭玉之藪
가문이 창대해졌으니　門之大
죽었지만 죽지 않은 것이라네　歿而不亡
여기에 유택을 정했으니　宅于斯
영원히 길함과 편안함을 보전하리　永保吉康

정공 묘갈명

丁公墓碣銘

군의 휘는 구복(九福)이고, 성은 정씨(丁氏)로 오성인(筽城人)이다. 어려서 고아가 되어 의지할 데가 없었으나, 학문에 뜻을 두어 국상(國庠)에 나아가 과거 공부를 하며 장차 출세로 명성을 날려 세상에 이름을 드러내고자 하였다. 그러나 오래도록 때를 만나지 못해 뜻을 이루지 못하였다. 물러나 파주(坡州) 추저포(秋猪浦)에 살면서 생산에 종사하지는 않았으며, 오직 매와 사냥개로 사냥하고 물고기를 잡고 국화 기르고 텃밭 가꾸는 것을 즐거움으로 삼았다. 만년인 홍치(弘治) 갑자년(1504, 연산군10)에 사마시에 합격하였고, 성상이 왕위에 오르는 때를 만나서는 원종공신(原從功臣)에 참여할 수 있었다. 을해년(1515, 중종10) 모월에 병으로 세상을 떠났으니, 향년 62세였다. 모월 모일에 파주 서쪽 운천산(雲川山)에 장사 지냈다. 일찍이 원대한 뜻을 가졌으나 끝내 벼슬로 현달하지 못하여 유유자적하였고 또 긴 수명을 누리지도 못하였으니 애통하다.

군은 천성이 너그럽고 후하여 사람을 대하고 일을 할 때에 분명하게 구분하거나 모질지 않고 항상 정성을 다하였다. 집안이 가난하였지만 편안하게 여겼고, 술이 있을 때마다 반드시 손님을 맞이하여 강론하며 즐겼다. 그리하여 그가 세상을 떠났을 때에는 예전의 친구들이나 한 마을의 사람들 모두 애통해하였다. 군이 스스로 얻은 것과 사람을 얻은 것이 이와 같았으니, 비록 자신의 몸이 현달하지 않았더라도 후대에 반드시 가문을 창대하게 하는 자가 있어 대대로 경사를 누릴 것이다.

아버지 휘(諱) 극기(克己)는 관직이 직장(直長)에 이르렀고, 조부는 부사직 휘 곤(坤)이고, 증조는 판전농시사(判典農寺事) 휘 광기(光起)이다. 외조부는 현감 박자정(朴自貞)인데, 역시 순천(順天)의 저명한 성씨이다. 군은 영동(永同)의 세족인 부호군 김소남(金召南)의 따님에게 장가들어 아들 셋과 딸 하나를 낳았다. 아들은 아무개, 아무개이며, 딸은 아무개에게 시집갔다. 명은 다음과 같다.

궁핍과 영달은 제쳐 두고	外窮達
마음으로 사신이 좋아하는 것을 좋아하였네	心適其適
근원 세상으로 돌아갔으니	還其元
세상 모든 것이 적막해졌네	萬籟潛寂
여기 비석에 새겨 무덤에 표하노니	銘玆玄石表幽堂
견고하고도 편안하여 영원히 길하고 창성하리	旣固且安永吉昌

충주 목사 이공 부부의 합장 묘갈명
忠州牧使李公夫妻合葬墓碣銘

후(侯)의 휘는 수(穟)이고, 자는 군실(君實)이며, 성은 이씨(李氏)이다. 전주 이씨(全州李氏)는 실제 왕실의 성씨이지만, 근원은 같으면서 파(派)를 달리한다. 고려 공민왕 때에 이르러 휘 백유(伯由)란 분이 있었는데, 과거를 통해 관직에 나아가 예조 판서에 이르렀고, 고려의 국운이 쇠해졌을 때에 우리의 성군 태조를 추대하여 개국 공신(開國功臣)에 책훈되고 완성군(完城君)에 봉해졌으며 시호는 양후(良厚)이다. 공에게 고조가 된다. 이분이 상호군(上護軍) 휘 속(粟)을 낳았고, 상호군이 지고성군사(知高城郡事) 휘 손약(孫若)을 낳았다. 지고성군사가 부사과(副司果) 휘 윤생(閏生)을 낳았는데, 이분이 후의 아버지이다. 어머니 최씨(崔氏)는 사직(司直) 최예한(崔禮漢)의 따님이니, 또한 전주의 저명한 가문이다. 천순(天順) 무인년(1458, 세조4) 1월 21일에 후를 낳았다.

후는 태어나 한 살 때에 어머니를 잃어, 아버지인 사과공(司果公)이 직접 기르며 오직 빨리 자라기만을 바랐다. 18세에 비로소 글자를 읽을 줄 알았는데 스스로 분발하여 독실히 학문을 하였다. 그리하여 성화(成化) 병오년(1486, 성종17)에 생원시와 진사시에 모두 합격하였다. 훈신(勳臣)의 후예로서 음직(蔭職)으로 벼슬에 나아가 자급을 더하여 5품에 이르렀으며 사과(司果)의 직임에 제수되었다. 홍치(弘治) 정사년(1497, 연산군3)의 과거에 급제하여 성균관 전적(成均館典籍)에 제수되었다. 무오년(1498)에 사헌부 감찰로 자리를 옮겼고, 서장관(書狀

官)에 충원되어 황제의 도성에 조회를 가 성절(聖節)에 하례하였다. 이후 선공감(繕工監)과 봉상시(奉常寺)의 판관을 역임하였고, 호조정랑 겸 춘추관기주관 승문원교리(戶曹正郎兼春秋館記注官承文院校理)가 되었다. 임술년(1502) 겨울에 부친상을 당하였다. 상복을 미처 벗기도 전에 또 갑자년(1504)의 화를 입어 외방으로 쫓겨났으나 그의 죄가 아니었다. 물러나 전주에 거처하고 있었는데, 성상이 왕위에 오른 이듬해인 정덕(正德) 정묘년(1507, 중종2)에 부름을 받고 예조 정랑에 제수되었다. 누차 자리를 옮기며 한성부 서윤(漢城府庶尹), 승문원 교감(承文院校勘), 봉상시 부정(奉常寺副正)을 역임하였다.

기사년(1509)에 외직으로 나가 충주 목사가 되었는데, 몇 해 지나지 않아 연이어 처와 아들을 잃는 우환을 만났다. 상심이 지나쳐 병이 되어 벼슬을 사직하고 고향으로 돌아갔다. 냇가에 작은 정자를 짓고 따뜻한 방과 서늘한 방을 갖추어 성품을 기르는 곳으로 삼았다. 그리고 매화, 대나무, 노송(老松)을 마당에 심고는 삼우당(三友堂)이라고 편액하였고, 날마다 친구들을 모아 정담을 나누며 마치 그대로 생을 마치려는 듯이 하였다. 갑술년(1514)에 다시 전적(典籍)에 제수되었고, 소격서 영(昭格署令), 선공감 첨정(繕工監僉正), 성균관 직강(成均館直講)을 역임하였고, 얼마 후에 외직으로 회양 부사(淮陽府使)에 보임되었다. 을해년(1515)에 계모의 상을 당하였다. 미처 상을 마치기 몇 달 전에 후도 세상을 떠났으니, 바로 병자년(1516) 10월 12일로, 향년 59세였다. 이듬해인 정축년(1517) 8월 30일에 그의 아들 세련(世璉)이 유명을 받들어 신영을 따라 통진현(通津縣) 치소(治所) 동쪽 조강(祖江)의 남쪽 기슭인 보진촌(補陳村) 모좌모향(某坐某向)의 언덕 어머니 무덤 오른쪽에 장사 지냈으니, 예법에 따른 것이다. 후가 그의 아내를 장사 지내려 할 때에 여기에 유택을 정하여 길지를 얻었는데, 아들에게 말하기를 "왼쪽에 너의 어머니를 묻고 그 오른쪽은 비워 두어 내가 죽거든 합장하라. 그리하여 육신이 함께 흙으로 돌아가 나의 무궁한 그리움을 조금이나마 위로할 수 있기를 바란다."라고 하였다. 지금에 이르러 마침내 아내와 함께 한 무덤에 같이 묻혔으니, 슬프다.

후는 성품이 강직하고 솔직하였으며 이랬다저랬다 하거나 꾸미지를 않았다. 벼슬길에 처음 나아갔을 때부터 부지런히 공무를 수행하였으며, 외직으로 나가 수령이 되어서는 권세 있는 사람에게 아첨하며 섬기지 않았고 빈객들에게 환심을 사려 하지 않고 오직 백성들의 고통을 불쌍히 여기고 부역(賦役)을 고르게 하려는 것만을 생각하였다. 집에 있을 때에는 온화하고 화목하였으며 자제를 대하면서는 사랑하면서도 가르칠 줄을 알았다. 이와 같았는데도 나이는 예순을 넘기지 못하고 관직은 현달하지 못하였으니, 애통하다.

부인 홍씨(洪氏)는 사맹(司猛) 홍보정(洪保定)의 따님이며, 아무 관직을 지낸 이추(李抽)의 외손이다. 조부 홍숙부(洪叔阜)는 생원이었고, 증조부 홍여공(洪汝恭)은 문화 현령(文化縣令)을 지냈는데, 남양(南陽)의 큰 집안이다. 18세에 후에게 시집갔는데, 공경하고 따르며 예법을 어기지 않았고, 효성으로 시부모를 모셨다. 후와는 정의가 도타우면서도 분별이 있어 30여 년을 함께 살면서 하루도 그 뜻을 편하게 하지 않은 적이 없었다. 기쁜 기색으로 웃으며 말을 하면서도 예와 공경의 실제를 다하였고, 부드럽고 온화하게 화락하면서도 게으른 모습이 없었다. 집안이 비록 가난하였지만 후가 이를 알지 못하게 하였고 스스로 길쌈을 하며 모든 집안 살림에 관한 일을 상세히 잘 다스렸다. 하인을 부리면서는 은혜로우면서도 엄중하여 규문(閨門) 안이 화목하였다. 이 때문에 후가 부인을 더욱 공경하였다. 천순 계미년(1463) 12월 13일에 태어났고, 정덕 신미년(1511) 11월 8일에 세상을 떠나 임신년(1512) 2월 28일에 장사 지냈다. 몸에 아녀자의 덕을 온전히 지니고도 장수를 누리지 못하고 죽었으니, 슬프다.

아들 여섯과 딸 둘을 낳았다. 큰아들 세호(世瑚)는 어머니의 상을 치르면서 지나친 슬픔에 몸이 상하였다가 병이 되어 연제(練祭)를 마치기도 전에 죽었는데, 사과(司果) 김무명(金茂名)의 딸에게 장가들어 딸 하나를 낳았고, 얼자(孽子)로 업손(業孫)이 있다. 다음 세련(世璉)은 대호군 이세정(李世貞)의 딸에게 장가들었는데, 현재 자식이 없다. 다음 세규(世珪)는 성품이 침착하고 굳세며 장자(長者)의 도량을 갖추었으며 학문에 뜻을 두고 있다. 다음은 세벽(世璧)이다. 큰딸은 증(贈) 도승지 박은(朴誾)의 아들인 박공량(朴公亮)에게 시집갔다.

아아, 후의 아들과 사위가 후의 가계(家系), 행적과 치적, 관직의 이력, 나이 등을 밝혀 묘비의 뒷면에 기록하여 민멸되지 않게 하고자 하면서 송계(松溪)의 휴휴자(休休子)[5]에게 명(銘)을 지어 달라고 부탁하였다. 나는 후의 사위인 박공량의 외조부이기에 후의 실상을 상세히 알고 있다. 삼가 내가 알고 있는 바를 써서 돌려보내어 묘비에 새기도록 하였다. 명은 다음과 같다.

뜻을 지니고도 크게 펼치지 못하였고	有志而施不大
선을 행하고도 천수를 누리지 못하였다	有善而天不年
봉황새 날아가듯이	凰飛鳳擧

5 송계(松溪)의 휴휴자(休休子) : 신용개 자신을 일컫는다.

날개 맞대어 하늘로 가시었고	聯翼而僊
아이들은 선친의 뜻을 따라	兒遵先志
같은 언덕에 무덤을 썼네	泉室同原
신령이 보우하시어	神其保護
길이 후손에게 복록이 전해지리	延慶後昆

승정원 우부승지 홍공 묘갈명

承政院右副承旨洪公墓碣銘

선비로서 품성이 단정하고 지조가 구차하지 않으며 영현(英賢)의 자질을 간직하고 문무(文武)의 기량을 갖추고서도 지위가 명망에 부합하지 않아 업적을 세상에 크게 드러내지 못하고 이름을 후세에 드날리지 못한 사람은, 비록 젊은 시절에 벼슬이 현달하여 낮은 자리에 묻혀 있지 않았더라도, 사람들은 그에 대해 오히려 뜻을 펼치지 못하였다고 말한다.

승정원 우부승지 홍공(洪公)은 휘가 형(泂)이고, 자가 자연(子淵)인데, 군자다운 사람이었다. 일찍이 위기지학(爲己之學)에 뜻을 두어 명성이 사림(士林)에 드러났으니, 성화(成化) 기축년(1469, 예종1)의 사마시에 합격하였고, 정유년(1477, 성종8)의 문과에 급제하여 예문관 검열에 선발되었다. 승정원 주서로 자리를 옮겨서는 기록에 사사로움이 없었고 사실을 상세히 기록하는 데에 힘썼다. 사헌부 감찰, 예조 좌랑, 교서관 교리에 임명되었는데 사람들이 모두 직무를 잘 수행하였다고 말하였다. 성종이 문사(文士) 중에 무재(武才)가 있는 사람을 선발하여 변방을 지키는 임무를 맡기려고 항상 시험하며 익히게 하였는데 공이 높은 등급을 차지하여 마침내 외직으로 나가 경원부 판관(慶源府判官)이 되었다. 당시 군진의 장수였던 아무개가 자못 위세를 떨쳤는데 공이 어질고 부드러움으로 받드니, 변경의 무리들이 그 덕분에 안정되었다. 내직으로 들어와 사헌부 장령에 제수되었고, 성균관 사예(成均館司藝), 사간원 사간, 봉상시 부정(奉常寺副正), 통례원 통례(通

禮院通禮)를 역임하였다. 장례원 판결사(掌隸院判決事)로 승진하여서는 송사의 판결이 공정하고 신중하여 사람들이 감히 사사로움을 개입시키지 못하였다. 홍문관 부제학, 승정원 동부승지를 역임하였고, 얼마 후에 승정원 우부승지로 승진하였는데, 한번은 공무를 마치고 물러나 사사로이 근심하며 탄식하기를 "상의 뜻이 밖으로만 치닫고 경학에는 집중하지 않으니 장차 법도를 무너뜨려 조종(祖宗)이 이룬 사업을 훼손할까 걱정이다."라고 하였다. 당시에는 연산군이 아직 황폐한 지경에 이르지 않았는데 공이 이미 먼저 알았으니 명철하다고 이를 만하다. 홍치(弘治) 경신년(1500, 연산군6) 11월 20일에 병으로 집에서 세상을 떠났으니, 향년 55세였다. 이듬해 3월 모일에 모읍(某邑) 모리(某里) 모향(某向)의 언덕에 장사 지냈으니 애통하다.

공은 사람됨이 단정하고 순수하며 곧고 깨끗하였다. 온화하지만 휩쓸리지는 않았고 은혜롭지만 절개는 굳건하였다. 집에 있을 때에는 은혜롭고 온화하면서도 의롭고 올발랐으며, 종당(宗黨)을 대할 때에는 화목하면서도 절도를 갖추었다. 잠시라도 뜻을 게을리하지 않았고 행동에는 법도가 있었다. 평소 말수와 웃음이 적었고 살림에는 신경을 쓰지 않아 사물에 얽매이지 않고 시비를 따지지 않았다. 관직에 임하여서는 삼가 부지런하고 상세히 살펴 일을 처리하였으며, 법에 따라 바르게 살펴 조금도 주저함이 없었다. 교유를 함부로 하지 않았고 명성이 실제보다 지나친 것을 싫어하였으며 차분히 내면을 수양하여 스스로 드러내거나 자랑하지 않았다. 이 때문에 대부분의 사람들은 공의 아름다움을 알지 못하였고, 아는 사람들은 그가 청렴하면서도 고요하며 확고한 의지를 지니고 있음에 깊이 감복하였다. 아아, 사람이 이와 같은데도 하늘이 오래 살도록 해 주지 않아 명성과 치적이 세상에 크게 드러나지 않았으니, 그는 진정 이른바 때를 제대로 만나지 못해 뜻을 펼치지 못한 사람이다. 그러나 이름과 실상이 전해져 사라지지 않는 것이 있으며, 공의 후손들이 선량하여 조정의 논의에서 중시되고 있다. 남은 경사가 다하지 않았으니, 하늘이 장차 공의 후손들을 창대하게 하여 그 선덕에 보답할 것이다. 공은 남양(南陽)의 저명한 성씨로, 증조 휘 자경(子儆)은 호조 참판을 지냈고, 조부 휘 익생(益生)은 동지중추원사를 지냈고, 아버지 휘 귀해(貴海)는 경상좌도 절도사를 지냈다. 어머니 민씨(閔氏)는 동지돈녕부사 민효열(閔孝悅)의 따님인데, 또한 대대로 문벌의 집안이다.

공은 개국 공신(開國功臣)인 한천부원군(漢川府院君) 양절공(良節公) 조온(趙溫)의 손녀이자 성균관 사예 조충손(趙衷孫)의 따님에게 장가들었다. 부인은 어려서부터 정숙한 자태가 있었고 자라서는 더욱 완순(婉順)하였다. 몸가짐이 단정하였고 지기가 유순하고 은혜로워 사예공(司藝公)이 애지중지하며 아녀자가 지녀야 할 법도를 가르쳤다. 아녀자가 지녀야 할 덕목을 일찍 갖추어 계례(笄禮)를 하게 되어서는 훌륭한 배필을 골라 홍씨(洪氏) 가문에 시집보냈다. 부인이 된 뒤엔 시부모를 모시면서 극진한 예로 봉양하였고 군자를 섬기면서는 공경하며 어김이 없어 남편의 집안과 화목하니, 모두에게서 환심을 얻었다. 부엌일을 주관하고 길쌈을 하였고 매우 조심하고 애써 집안의 도를 빛냈다. 부인은 성품이 곧고 조신하였고 온화하고 부드러웠으며 언제나 침착하고 조용하였으니, 집안 부녀자들의 공경과 모범의 대상이 되었으며 일 처리에 잘못이 없었다. 공이 세상을 떠난 17년 뒤인 정덕(正德) 정축년(1517, 중종12) 모월 모일에 부인도 세상을 떠났으니, 향년 70세였다. 같은 해 모월 모일에 공과 같은 무덤에 장사 지냈으니,

예에 따른 것이다.

아들 셋을 낳았는데 올바른 도리로 가르쳤다. 조금이라도 법도에서 벗어나면 반드시 마음속으로 유감으로 여겼으니, 자식들은 법도를 좇았고 부모가 훈계하는 뜻에 따라 의롭지 않은 일에 마음을 뺏기지 않았다. 큰아들 사필(士弼)은 학문으로 이름이 알려졌으나 불행히 일찍 죽었다. 다음 언필(彦弼)은 일찍 과거에 급제하여 시강(侍講)한 것이 10년이며, 직제학이 되었다. 다음 언광(彦光)은 진사인데 학문에 뜻을 두어 부지런히 공부하고 있으니, 모두 인망이 있다.

공의 장례를 마친 뒤에, 공의 아들들이 공의 가계(家系), 행적과 치적을 신도(神道)에 명(銘)으로 새겨 후세에 전하고자 하였다. 이에 그 실제 행적을 가지고서 의정부 좌의정인 나에게 갈문(碣文)을 지어 주기를 청하였다. 나는 공에게는 후진(後進)이기에 벗으로 사귄 교분은 없지만 조정에서 함께 일한 것이 오래라 공의 실상을 조금은 안다. 그리고 지금 기록한 것에 또 지나친 말은 없다. 마침내 차례로 글을 적어 명을 짓노라. 명은 다음과 같다.

윤택이 있으면서도 단단하니	溫潤而栗
그 덕이 옥과 같음이라	玉其德也
순수하여 공손하고 아름다우니	粹然恭美
화순함이 쌓인 것이로다	和順積也
높은 관직을 부여받지 못하여	官不太受
뜻을 제대로 펼치지 못하였구나	志未施也
선덕이 있는데 장수하지 못하였으니	有善無年
하늘의 뜻은 알기가 어렵도다	天難知也

집안에 현숙한 내조가 있어서　室有賢助
내외로 잘 다스렸도다　外內修也
죽어 같은 무덤에 묻혔으니　歸而同塋
영원히 아름다움을 보전하리라　永保休也
남은 경사가 후손들에게 있으니　遺慶在後
신령이 계속 이러한 이를 내리리라　神錫類也
비석에 이 사실을 기록하여　石于記實
먼 훗날까지 전하리라　垂遠示也

군수 윤공 묘갈명

郡守尹公墓碣銘

고(故) 군수 윤후(尹侯)의 휘는 우(遇)이고 자는 빙옹(聘翁)이니, 파평인(坡平人)이다. 그 선대는 문학(文學)과 공명(功名)으로 알려졌다. 증조부 승례(承禮)는 판도 판서(版圖判書)를 지냈다. 조부 규(珪)는 경승부윤 겸 보문각제학(敬承府尹兼寶文閣提學)을 지냈고 보조 공신(補祚功臣) 의정부 영의정 파성부원군(坡城府院君)에 추증되었다. 아버지 휘 형(炯)은 의정부참찬 겸 수문전대제학(議政府參贊兼修文殿大提學)을 지냈고 공간공(恭簡公)의 시호가 내려졌으며, 죽은 뒤 세묘(世廟)에 그 공훈이 추록(追錄)되고 좌익 공신(佐翼功臣)의 녹권(錄券)이 내려졌고 좌의정 파성부원군의 지위에 올랐다. 어머니 곽씨(郭氏)는 봉상시 소경(奉常寺少卿) 곽순(郭恂)의 따님이다. 선덕(宣德) 을묘년(1435, 세종17)에 후를 낳았다.

후는 어려서 기국이 있었고, 관례를 치르고서는 문음(門蔭)으로 종묘서 녹사(宗廟署錄事)에 보임되었다. 누차 승진하여 제용감 직장(濟用監直長), 군기시 주부(軍器寺主簿), 종묘서 영(宗廟署令), 돈녕부 첨정(敦寧府僉正)을 역임하였고, 정선(旌善)·옥천(沃川)·배천(白川)의 수령을 역임하였는데, 가는 곳마다 명성과 치적이 있었다. 홍치(弘治) 경신년(1500, 연산군6) 8월 11일에 병으로 집에서 세상을 떠났으니, 향년 66세였다. 이해 모월 모일에 양주(楊州) 불곡산(佛谷山) 사동(蛇洞) 모좌모향(某坐某向)의 언덕에 장사 지냈다. 그리고 17년 뒤인 정덕(正德) 병자년(1516, 중종11) 6월 모일에 부인 김씨(金氏)도 세상을 떠났다. 김씨는 검교 호조 참판(檢校戶曹參判) 김중렴(金仲廉)의 따님으로, 향년 82세였다. 모월 모일에 후의 묘소에 부장(祔葬)하였다. 같은 언덕에 광중(壙中)은 달리하였으니, 예에 따른 것이다.

장례를 마치고 나서 후의 막내 아들 첩(堞)이 슬픔을 머금고 정성을 다하여 집에 찾아와 송계(松溪)의 휴휴자(休休子)에게 간절하게 말하기를,

"돌아가신 아버님은 성품이 엄격하고 굳세었으며 마음으로 효도와 우애를 돈독히 하였습니다. 사람들을 대하면서는 온화하였고 아랫사람에게는 관대하였으며, 자손들에게는 이치가 아니면 행하지 말라고 훈계하였습니다. 그리고 관직에 있으면서는 부지런하고도 신중했으며 일에 대한 생각은 깊고도 멀었습니다. 죽음에 임박하여 유언하시기를, 불가(佛家)의 예를 따르지 말고 상제(喪制)는 오로지 《문공가례(文公家禮)》를 따르라고 하였습니다. 어머니 또한 부녀자가 갖추어야 할 덕을 지녀 정숙하고 신중하였으며 온화하고 은혜로웠습니다. 부드럽게 따르며 도리를 어기지 않아 집안이 화목하였습니다. 자식은 아들 둘과 딸 하나를 두었는데, 큰아들 채(埰)는 장악원 주부(掌樂院主簿)이고, 다음이 바로 첩(堞)으로 김포 현령(金浦縣令)이며, 딸은 참봉 정진(鄭溱)에게 시집갔습니다. 채는 아무개의 딸에게 장가들어 아무개를 낳았고, 첩은 아무개의 딸에게 장가들어 아무개를 낳았고, 참봉은 아무개를 낳았습니다. 살펴보면 비록 관직이 현달하지 못하였고 혁혁하게 이름난 치적이 없지만 행실이 신중하였으니, 또한 일컬을 만한 것이 없다 말할 수는 없을 것입니다. 바라건대 당세에 문장으로 명망이 있는 분의 말씀을 얻어 가계(家系), 관직 이력, 나이, 자손 등을 대략 서술하여 묘비의 뒤에

새겨 후세에 전하고자 합니다. 그리하면 이승과 저승에 미치는 그 은혜가 어찌 다함이 있겠습니까."

하였다. 내가 그 말을 듣고 애통하였다. 가만히 생각해 보니 내가 비록 후와 평소 교분이 없어 그 실상을 자세히 알지는 못하지만, 그 말에 지나침은 없는 듯하였다. 그리고 그 슬픔과 간절함 또한 저버릴 수가 없어 삼가 그의 말에 의거하여 차례대로 서술하고 써서 돌려보내 묘비에 새기도록 하였다. 명(銘)은 다음과 같다.

관직에선 허물과 잘못이 없었고	官無愆眚
집안에선 부부가 화목하였다네	家諧瑟琴
늙어 세상에 싫증이 나	老而厭世
저세상에 깊이 잠기었네	泉室冥沈
땅은 길하고 형세는 견고하니	地吉勢固
신령이 함께 편안할 것이고	神共安只
후손이 장차 더욱 창대하여	後將益大
경사가 다하지 않으리라	慶未殫只

종실 고영부수 묘갈명

宗室高瀛副守墓碣銘

고영부수의 휘는 옥산(玉山)이고, 자는 중진(仲鎭)이다. 복성정(福城正) 휘 영(穎)의 아들이며, 경녕군(敬寧君) 휘 비(裶)의 손자인데, 경녕군은 바로 태종대왕 측실[6]의 아들이다. 복성정이 직장(直長) 서우(徐遇)의 따님에게 장가들어 경태(景泰) 을해년(1455, 단종3)에 공을 낳았다.

공은 어려서부터 기개와 도량이 일찍 이루어져 자질구레한 행태가 없었다. 예종 때에 규례에 따라 안양부령(安陽副令)의 종친호가 내려졌고, 성종 때에 관제(官制)를 고쳐 부수(副守)로 올려졌다. 이후 왕자인 안양군(安陽君)[7]의 호를 피하여 고영(高瀛)으로 고쳤다. 경술년(1490, 성종21)에 시예(試藝)[8]의 강서(講書)에서 선발되었다. 연산조(燕山朝)에 이르러서는 경학이 정밀하다는 이유로 장려하여 발탁해 명선대부(明善大夫)를 제수하였으니, 바로 당상(堂上)의 품계였다. 명선대부의 품계에 올랐으나 이를 과시하지 않고 항상 겸손한 마음으

6 태종대왕 측실 : 효빈(孝嬪) 김씨(金氏)를 가리킨다. 본래 원경왕후(元敬王后)의 시녀였는데 태종의 사랑을 받아 경녕군을 낳았고, 이후 태종이 왕위에 오른 뒤에 후궁이 되었다.

7 왕자인 안양군(安陽君) : 성종(成宗)과 귀인(貴人) 정씨(鄭氏) 사이에서 태어난 이항(李㤚)이다.

8 시예(試藝) : 과거 시험을 볼 수 없었던 종친들에게 학문을 권장하기 위하여 보인 시험으로, 종친 시예(宗親試藝)라고도 한다.

로 두려워하듯 조심하였다. 향년 57세인 정덕(正德) 신미년(1511, 중종6) 7월 25일 집에서 세상을 떠났다. 상이 조제(弔祭)를 내려 애도하였다. 10월 8일에 양주(楊州)의 치소(治所) 서쪽 복성정의 묘소 좌측에 장사 지냈다. 선영에 장사 지낸 것으로, 예에 따른 것이다.

공은 타고난 자질이 굳세어 세속에 따라 흔들리지 않았다. 성품도 효성스러워 부모의 상을 당했을 때에 모두 3년간 여묘살이를 하였다. 사시(四時)의 절기마다 제사를 지극히 정성스럽게 올렸으며, 새로운 음식을 얻으면 사당에 올리지 않고는 먹지 않았으니, 돌아가신 어버이를 생각하며 제사에 정성을 다하는 것이 갈수록 더욱 돈독하였다. 형제간에는 우애하였고 종족을 대하면서는 화목하여 항상 한 집안의 모범이 되었다. 집안에 있으면서는 법도가 있었고 일을 할 때에는 거짓과 꾸밈이 없었으며, 고아한 마음으로 유가의 학문을 추구하고 경서와 역사책을 깊이 공부하였다. 마음 씀이 순수하고 참되어 왕손이었지만 교만한 습성이 전혀 없었는데 누린 햇수가 오래지 않았으니 애통하다.

공은 관찰사 오응(吳凝)의 따님에게 장가들었으나 자식을 얻지 못하여 아우 금릉부수(金陵副守) 금산(金山)의 둘째 아들인 서석령(瑞石令) 관(瓘)을 후사로 삼았다. 서석령이 그의 행적과 치적을 기록해 무덤에 표시하고 후세에 알리고자 하였는데, 내가 일찍이 공과 사귀어 공의 실상을 잘 안다는 이유로 나에게 명(銘)을 지어 달라고 청하였다. 내가 공이 세상을 떠난 것을 슬퍼하고 또 서석령의 정성을 무겁게 받아들여 삼가 그 대강을 적었고, 마침내 명을 지었다. 명은 다음과 같다.

몸은 참세상으로 돌아갔고 이름은 사람들에게 남았는데 身歸眞名在人
깊은 밤은 새벽이 없구나 厚夜無晨

유택을 정하였는데 깊고도 고요하니 卜幽室深而密

신령은 편안하고 길하리라 神安且吉

이조 참의 이공 묘갈명

吏曹參議李公墓碣銘

성주(星州)의 성보(姓譜)에서 이씨(李氏)가 가장 두드러진다. 고려 때에 휘 능일(能一)[9]이란 분이 있었는데, 공이 있어 이름이 세상에 알려졌고 관직이 사공(司空)에 이르렀다. 이후 휘 여량(汝良)에 이르러 재주가 뛰어나고 학식이 넉넉하였고 직언을 잘하여 선발되어 사간원 정언에 제수되었으나 일찍 죽었다. 형이 둘 있었는데 여충(汝忠)과 여신(汝信)으로, 모두 과거에 급제하였다. 모부인 여씨(呂氏)는 세 아들이 과거에 급제하였기에 작위를 부여받았으니, 당시 사람들이 이를 영예롭게 여겼다. 정언공(正言公)에게 휘가 시(時)인 아들이 있었는데 관직이 산음 현감(山陰縣監)에 이르렀고 안동 대도호부사(安東大都護府使)에 추증되었다. 이분이 휘 효순(孝純)을 낳았는데, 무반직(武班職)인 선략장군(宣略將軍)에 제수되었고 승정원 도승지에 추증되었다. 승지공(承旨公)이 휘 벽(璧)을 낳았는데, 성균관 진사였고 이조 참판에 추증되었다. 이분이 공의 아버지이다. 정언공으로부터 진사공(進士公)에 이르기까지 관직은 비록 현달하지 못하였으나 모두 문학으로 이름이 드러났다. 진사공의 부인 안동 권씨(安東權氏)는 지임천군사(知林川郡事) 권수(權需)의 따님이자 한성 부윤(漢城府尹) 권손(權

9 능일(能一) : 성주 이씨(星州李氏)의 시조이다. 고려 태조가 후삼국을 통일하는 데에 공을 세워 공신이 되었으며, 태조의 딸인 정순대장궁주(淨順大長宮主)와 결혼하여 태조의 사위가 되었다.

遜)의 손녀로, 또한 대대로 이름난 벌열이다. 경태(景泰) 임신년(1452, 문종2) 모월 모일에 공을 낳았다.

공은 휘가 세인(世仁)이고 자는 원지(元之)이다. 어려서부터 성품이 성실하였다. 일찍이 부모를 여의어 의지할 데 없이 홀로 고생하였으며 시골에 틀어박혀서 거의 집안을 일으켜 세우지 못할 듯하였으나, 의지를 굳건히 하여 집안 사정으로 자신을 옭아매지 않았다. 서울에 유학하여 명성이 매우 높았으며 문단에서 기량을 다투었다. 동료들은 공을 높게 평가하여 먼저 과거에 등제할 것이라 여겼으나 여러 차례 응시해도 합격하지 못하였다. 성화(成化) 병오년(1486, 성종17) 공의 나이 35세에 비로소 사마시에 합격하였고 또 문과에 등제하였으니, 사람들은 모두 그가 오랫동안 제대로 뜻을 펼치지 못한 것이라 하였다.

권지 승문원정자(權知承文院正字)에 선발되었고, 누차 자리를 옮겨 박사(博士)가 되었다. 홍치(弘治) 임자년(1492)에 예빈시 주부(禮賓寺主簿)로 승진하였고, 군자감 주부(軍資監主簿), 사헌부 감찰, 사간원 정언 겸 승문원교검(司諫院正言兼承文院校檢)을 역임하였다. 당시 성종이 허심탄회하게 간언을 받아들여 언관을 중요하게 선발하였으며, 또 내관이 말을 전하면서 중간에 빠뜨리는 것이 많았기에 대간(臺諫)이 아뢰는 모든 내용을 글로 아뢰도록 하였다. 공이 붓을 잡고 즉시 글을 쓰면서도 말이 곧고 뜻을 다하였으며, 왕복하며 논란하면서 응대에 막힘이 없자 사람들이 공을 훌륭하게 여겼다. 갑인년(1494)에 예조좌랑으로 자리를 옮겼는데, 이해 12월에 성종이 승하하였다. 공이 제도를 상고하는 낭관의 직임으로서 모든 상례 세도와 선고를 남김없이 찾아 검토하여 상세하고 철저하게 준비해 지연되거나 빠지는 일이 없도록 하였다. 사헌부지평 겸 춘추관기주관 승문원교리(司憲府持平兼

春秋館記注官承文院校理)에 제수되었는데, 당시 삼공(三公)에 결원이 생겨 새로 정승을 뽑았으나 적임자가 아니었기에 공은 동료들과 힘껏 간언하여 그를 체차시켰다.

병진년(1496, 연산군2)에 예조 정랑에 제수되었다. 당시 성종을 종묘에 모시는 의식을 진행하고 있었는데, 예조의 장관이 공을 얻어 정랑으로 삼아 일에 흠결이 없게 된 것을 기뻐하였다. 무오년(1498) 봄에 장악원 첨정(掌樂院僉正)으로 자리를 옮겼고, 가을에 사헌부장령 지제교 겸 춘추관편수관 승문원교감에 제수되었다. 당시 간신(奸臣) 유자광(柳子光)이 사초(史草) 작성의 일을 빌미로 화란을 야기하여[10] 그 시대 명사를 붕당(朋黨)으로 지목해 살육을 자행하였다. 시종신과 대간 중에도 멀리 유배 간 사람들이 많아 길 가는 사람들이 눈을 흘겼으나 유자광은 더욱 위세를 부리며 아무런 거리낌이 없었는데, 일찍이 북방 지역에 사명(使命)을 받들어 나가서는 해산물을 채취해 역마로 바쳐 은총을 공고히 하였다. 공은 동료들과 함께 그의 간사하고 아첨하는 실상을 상소로 낱낱이 아뢰었다. 비록 끝내 죄를 받게 하지는 못하였으나 사림이 통쾌하게 여겼다. 기미년(1499)에 내섬시 부정(內贍寺副正)으로 승진하였고, 지제교 겸 승문원참교(知製教兼承文院參校)를 맡았다. 경신년(1500)에 사간원 사간에 제수되었다. 당시 조정에서는 황제의 칙명을 받들어, 섬으로 도망간 백성들을 수색해 단속하게 되었다. 전림(田霖)을 초무사(招撫使)로 삼고 문신 중에서 무재(武才)가 있는 자를 선발해 부관(副官)으로 삼으려 하였는데, 바닷길이 험하고 멀어 모두 가기를 꺼렸다. 권세와 힘이 있는 자는 무재가 넉넉하더라도 모두

10 당시……야기하여 : 300쪽 주4 참조.

교묘히 도모하여 빠져나갔고, 직강 이점(李坫)이 우활한 선비였는데 이 자리에 선발되었다. 이에 대해 공이, 이점은 무예를 익히지 않았기에 국사를 그르칠까 걱정이라고 말하였다. 당시 어떤 상신(相臣)이 자주 대간의 논박을 받아 못마땅하게 여기며 원망하고 있었는데, 이러한 말을 듣고는 대간들이 사사로운 감정으로 일을 논한다고 하면서 죄줄 것을 청하였다. 연산군이 진노하여 즉시 대간을 의금부의 감옥에 가두도록 하고서 모두 죄를 주었으며, 먼저 발언한 사람을 추적하여 공을 나주(羅州)로 유배 보냈다. 1년이 지나 사면을 받고서 풀려났다. 공이 아무런 원조도 없이 홀로 있으면서도 말을 준엄하게 하여 권력을 쥔 신하의 노여움을 일으켜 남쪽 머나먼 황폐한 곳으로 유배를 간 것이니, 선비들이 근심하며 답답해하였다. 신유년(1501)에 대동도 찰방(大同道察訪)에 제수되었다. 갑자년(1504)에 연산군이, 이전에 대간이 기탄없이 말했던 것에 대해 뒤늦게 화를 내면서 공을 의금부의 감옥에 가두게 하였다가 곤장을 친 후 김산(金山)으로 유배 보냈다.

정덕(正德) 병인년(1506, 중종1) 9월에 금상(今上)이 즉위하여 나라 안에 은혜를 베풀면서 유배를 갔던 대간들도 아울러 모두 등용하였다. 이에 공을 성균관 직강(成均館直講)에 제수하였는데, 유배지를 떠나기도 전에 바로 사간원 사간에 제수되었다. 그리고 얼마 후에 홍문관전한 지제교 겸 경연시강관 춘추관편수관(弘文館典翰知製敎兼經筵侍講官春秋館編修官)에 제수되었다. 정묘년(1507) 봄에 직제학으로 승진하였다. 또 나라를 그르치고 간사한 짓을 한 유자광의 죄상을 논하니 대간들도 논척을 그치지 않아 결국 유자광을 먼 곳으로 유배 보내게 되었다. 여름에 부제학으로 승진하고 품계가 통정대부로 올랐으며, 얼마 지나지 않아 특별히 형조 참의에 제수되었다. 겨울에 자리를 옮겨 병조 참의에 제수되었다.

무진년(1508) 봄에 사간원 대사간에 제수되었다. 이때는 조정이 중흥을 이룬 지 오래지 않을 때라 대부분의 일이 이전의 사례를 그대로 따르거나 처음 시작하는 상황이었다. 연산조 때에 함부로 제수한 관작(官爵)과 정국(靖國) 때 원종공신(原從功臣)의 자급을 함부로 내린 것 등이 여전히 바로잡히지 않았다. 공의 생각에, 관작과 포상은 훌륭하고 능력 있는 사람을 대우하고 공로가 있는 사람에게 보상해야 하는 것인데 지금은 평범한 사람들이 아무런 공도 없이 함부로 높은 작위를 차지하고 있으니 선비들의 습속을 격려하지 못한다고 여겼다. 그리하여 마침내 동료들과 여러 달에 걸쳐 힘껏 쟁론하여 결국 성상의 윤허를 받아 내, 쓸 만한 사람을 가려내고 쓸모없는 사람을 내칠 수가 있었다. 여름에 다시 부제학에 제수되었는데, 공은 오랫동안 경연의 직임을 맡아 성상을 모시면서 제대로 직무를 수행하지 못했음을 무척 두렵게 여겨 외직에 보임되기를 청하였다.

기사년(1509) 여름에 외직으로 나가 전주 부윤(全州府尹)이 되었는데, 의정부에서 '이 아무개는 마땅히 시종신으로 있으면서 임금의 덕을 보양해야지 멀리 지방에 두어서는 안 된다'고 아뢰어, 체차되어 첨지중추부사가 되었으며, 얼마 후 장례원 판결사(掌隷院判決事)에 제수되었다. 가을에 또 사간원 대사간에 제수되었다. 겨울에 승정원좌승지 겸 경연참찬관 춘추관수찬관에 제수되었다. 경오년(1510) 가을에 어떤 일에 연루되어 첨지중추부사로 자리를 옮겼다. 임신년(1512) 여름에 호조참의에 제수되었다. 겨울에 외직으로 나가 황해도 관찰사가 되었는데, 삼가는 마음으로 부지런히 직무를 수행하고 마음을 다해 백성들을 보살피면서 몹시 고생하며 건강을 잘 챙기지 못해 결국 병에 걸리게 되었으며 병세가 더욱 심해져 결국 사직하였다. 갑술년(1514) 봄에 체직되어 첨지중추부사가 되었고 자리를 옮겨 이조 참의에 제수되었다.

황해도에서 돌아온 이래로 몸에서 병이 떠나지 않아 고질이 되어 낫지 않았으며, 증세가 점점 심해져 온갖 약을 다 써 보아도 아무런 효험이 없었다. 병자년(1516) 4월 16일에 집에서 세상을 떠났는데, 향년 65세였다. 그해 7월 모일에 김산군(金山郡) 모리(某里) 모좌모향(某坐某向)의 언덕에 예법에 맞게 장사를 지냈다. 김산은 공의 선영(先塋)이 있는 고을이다.

공은 천성이 강직하고 마음가짐에 사사로움이 없었으나, 벗들과 사귀면서는 신의로 대하였고 공무를 처리하면서는 삼가 조심하였다. 세 조정을 차례로 섬기면서 20여 년간 대간과 시종신의 직임을 두루 맡았는데 곧은 말로 기탄없이 간언을 올리며 일신의 이해는 돌아보지 않았으며, 옛일에 근거하여 지금의 일을 빗대면서 성심으로 임금을 바로잡으려고 하였다. 조정에서 벼슬한 것이 30여 년이었으나 집안에 남은 재산이라곤 없었다.

공의 전부인(前夫人) 신천 강씨(信川康氏)는 울진 현령(蔚珍縣令) 강응겸(康應謙)의 따님인데, 시강원 필선(侍講院弼善) 강신(康愼)의 손녀이자 전주 부윤(全州府尹) 이언(李堰)의 외손녀이다. 홍치(弘治) 경신년(1500, 연산군6)에 공보다 먼저 세상을 떠나 역시 김산군에 장사 지냈다. 아들 이항(李沆)을 두었는데 모년의 과거에 급제하여 문명(文名)이 있으며, 경연과 사헌부의 관직을 역임하였고 지금은 형조 참의로 있으면서 상(喪)을 당하였다. 이항은 아들 이홍(李弘)을 낳았는데 아직 이름을 이루지 못하였다.

후부인(後夫人) 광주 안씨(廣州安氏)의 아버지는 안중선(安仲善)으로 상의원 직장(尙衣院直長)을 지냈고, 할아버지는 안신(安信)으로 사온서 직장(司醞署直長)을 지냈고, 외할아버지는 유자한(柳自漢)으로 승문원 판교(承文院判校)를 지냈다. 딸 둘을 두었는데 모두 어리다.

공을 장사 지낸 뒤에 공의 맏아들이 의정부 우의정인 나에게 편지를 보내어, 공의 행력과 치적을 후세에 드러내고 싶다며 신도비명을 써 달라고 부탁하였다. 나는 벼슬에 나아가기 전부터 공과 교분을 맺어 잘 지내다가 마침내 서로 마음이 통하였고 지금까지 공경하며 우러르고 있으니, 공의 실상에 대해 가장 자세히 알고 있다. 차마 공의 비명을 쓸 수 없지만 또한 감히 사양할 수도 없는 입장이다. 아아, 공은 평소 질병이 없었고 정신이 왕성하고 기운이 강건하여 사람들이 장수할 것이라 일컬었으며, 마음이 정성스럽고 일 처리가 반듯하여 위망(位望) 또한 컸는데, 나이는 장수하지 못하고 관직은 덕망을 충족하지 못한 채로 갑자기 저세상으로 떠났으니 애통하다. 사업을 이을 후손과 집안에 가득한 경사가 오래도록 끊어지지 않았으니, 하늘이 장차 후손에게 복을 내려 집안이 더욱 성대해질 것임이 틀림없다. 마침내 다음과 같이 명을 짓노라.

하늘은 사람들에 대하여	惟天於人
선함에 복을 주어 경사롭게 하고	福善以慶
사람들은 그 보답을 받아	人食厥報
장수하고 벼슬을 누리네	壽年爵命
아, 원지는	猗乎元之
내가 오래도록 공경하였는데	吾久而敬
하늘이 부여해 준 것을 받아	受天賦畀

자신의 착한 성품 온전히 했네	全我善性
일에는 직무를 다하였으며	事有職務
심성에 언행을 겸비하였고	心兼言行
경술을 근본으로 삼아	本之經術
안팎으로 바르게 수행하였네	外內修正
기운은 잡다함에 매이지 않고	氣無累雜
신체는 질병을 알지 못하여	身不知病
사람들은 장수하리라 기대했고	人期耆耇
다들 경상에 오르리라 바랐는데	物望卿相
하늘은 어찌 공을 남겨 두지 않으려고	天胡不憖
몹쓸 병이 망동을 부리게 하였는가	二豎作妄
지위는 재상에 오르지 못하였고	位乏宰省
나이도 팔십에 이르지 못하였네	年未朝杖
세상을 떠나 근원으로 돌아갔으니	乘化還原
아득히 자신의 존재를 잊어버렸네	冥然吾喪
저 하늘은 아득하기만 하여	彼蒼茫茫
주고 뺏는 것 헤아리기 어렵구나	予奪難量
우씨에게는 후손이 있어서	于氏有後
집안의 경사를 스스로 빚으리니[11]	門慶自釀

11 우씨(于氏)에게는……빚으리니 : 덕을 쌓은 집안에는 후손에게 큰 경사가 있게 된다는 말이다. 한(漢)나라의 우공(于公)이 지방관을 지내며 옥사를 공평하게 처리하면서 자신의 음덕으로 자손 중에 큰 인물이 나올 것이라고 하였는데, 과연 그의 아들 우정국(于定國)이 승상이 되었다. 《漢書 于定國傳》

신이 복록과 자손을 길이 내려	神錫祚胤
무성하게 대중의 신망 있으리라	蔚有衆望
공은 여전히 사라지지 않으리니	公猶不亡
하늘이 깊은 음덕으로 보살피리	天厚陰騭
성대한 이 무덤이여	蔚玆幽堂
영원히 길함을 보존하리	永世保吉

이요정집

부록 附錄

문경공 행장
文景公行狀

삼가 살펴보건대 공의 성은 신씨(申氏)요, 이름은 용개(用漑)이며, 자는 개지(漑之)이다. 공이 일찍이 스스로 호를 붙인 것이 넷이니, 이요정(二樂亭), 송계(松溪), 휴휴자(休休子), 수옹(睡翁)이다. 공의 선조는 고령현(高靈縣)의 아전 출신으로, 본관은 고령이다. 9대조 성용(成用)이 처음 과거에 급제하였다. 성용이 강승(康升)을 낳았고, 강승이 인재(仁材)를 낳았고, 인재가 사경(思敬)을 낳았고, 사경이 덕린(德隣)을 낳았는데, 모두 고려에서 벼슬을 하였다. 덕린이 포시(包翅)를 낳았는데, 비로소 우리 조정에서 벼슬을 하여 관직이 통정대부(通政大夫)로서 공조 참의에 이르렀다. 포시가 가정대부(嘉靖大夫) 공조좌참판 동지춘추관사 세자우부빈객(工曹左參判同知春秋館事世子右副賓客)에 이른 휘 장(檣)을 낳았으니, 공의 증조부이다. 이분이 문충공(文忠公) 휘 숙주(叔舟)를 낳았는데, 문충공의 공적에 의해 순충적덕병의보조 공신(純忠積德秉義補祚功臣) 대광보국숭록대부(大匡輔國崇祿大夫) 의정부영의정 고령부원군(高靈府院君)에 추증되었다. 문충공 이전의 8대조는 모두 문과에 급제하여 대부분 문장으로 세상에 이름을 떨쳤고, 문충공에 이르러서는 거듭 큰 공훈을 세워 관직이 수충협책정난동덕좌익 보사병기정난익대 순성명량경제홍화좌리 공신(輸忠協策靖難同德佐翼保社炳幾定難翊戴純誠明亮經濟弘化佐理功臣) 대광보국숭록대부 의정부영의정 겸 영경연춘추관예문관홍문관관상감사 예조판서 고령부원군에 이르렀다. 문충공의 사업과 문장은 당대에 우뚝 빼어났는데, 전대의 업적을 빛내고 후손에 덕행을 남겨 준 것들은 모두 그의 문집인 《보한재집(保閑齋集)》에 실려 세상에 전해진다. 공의 선친은 휘가 면(沔)인데 바로 문충공의 둘째 아들이다. 처음에 문음(門蔭)으로 관직에 나갔는데 특별히 세조의 지우(知遇)를 입어 도승지가 된 지 3년 만에 단계를 뛰어넘어 가정대부(嘉靖大夫)가 되어서 함길도관찰사(咸吉道觀察使)로 나갔다가 이시애(李施愛)의 난 때에 역적의 무리에 의해 죽게 되었다. 공의 공적에 의해 대광보국숭록대부 의정부 영의정 겸 영경연홍문관예문관춘추관관상감사에 추증되었다. 관찰공(觀察公)이 우군 사용(右軍司勇) 정호(丁湖)의 따님을 아내로 맞아 천순(天順) 계미년(1463, 세조9) 10월 신축일에 공을 낳았다.

공은 나면서부터 출중하고 탁월하여 이미 비범한 아이임을 알 수 있었다. 어려서 일찍 아버지를 여의었기에 문충공의 집에서 길러졌다. 문충공이 《맹자》를 가르쳤는데 공은 네댓 번 읽고 나면 바로 외웠고 오랫동안 기억하면서 잊어버리는 것이 없었다. 문충공이 매우 귀하고 기특하게 여겨 마침내 이름과 자를 지어 주었고 가르침을 더하여 뜻을 세우도록 하였다. 열서너 살이 되었을 때에 정효항(鄭孝恒)[1]의 문하에 나아가 수학하였는데, 의젓하기가 다 큰 어른 같았다. 정효항의 문하에는 뛰어난 인재들이 많다고 일컬어졌는데, 정효항이 경사(經史)를 강론하고 시부(詩賦)를 시험할 적에 공보다 앞서는 자가 없었다. 관례를 치르기도 전에 성균관에서 공부하였는데 널리 묻고 잘 기억하여 날로

1 정효항(鄭孝恒) : 본관은 경주(慶州)이다. 문과에 급제하여 지평, 대사성 등을 역임하였고, 성종 때에는 서거정(徐居正) 등과 함께 《동국여지승람(東國輿地勝覽)》, 《동국통감(東國通鑑)》의 편수에 참여하였다.

진보가 있었으니, 학생들 사이에서 으뜸으로 지목되었다. 약관의 나이가 되고 1년 뒤인 계묘년(1483, 성종14)에 사마시에서 생원시와 진사시에 다 응시하였는데 모두 제2등으로 합격하여 상사(上舍)에 오르게 되었다. 이때부터 힘써 공부하여 문장이 크게 펼쳐졌고, 초서와 예서에 능했으며 활쏘기와 말타기도 잘하여, 아직 벼슬을 하기 전이었는데도 벌써 장상(將相)이 되리라는 기대가 있었다.

무신년(1488) 봄에 성종이 태학에 거둥하여 문선왕(文宣王)에게 제사를 지내고 난 뒤에, 명륜당(明倫堂)에 나아가 시간을 정해 놓고 직접 시험을 보여 4명을 선발하였는데, 공이 병과(丙科) 제1인으로 뽑혔다. 바로 그날 수레와 도포와 홀을 하사하고 유가(遊街)를 하게 하여 은총을 베풀었다. 성화(成化) 연간에 부친인 관찰공이 나라를 위해 일하다 죽었다는 이유로 공에게 몇 자급을 올려 주고 서반(西班)의 직임을 제수하라는 명이 있었다. 이 때문에 처음에 계공랑(啓功郎) 승문원 권지부정자(承文院權知副正字)에 제수되었다가 얼마 후 선발되어 홍문관정자 겸 경연전경 춘추관기사관(弘文館正字兼經筵典經春秋館記事官)에 제수되었으며, 같은 해 겨울에 무공랑(務功郎)으로 품계가 더해졌다. 기유년(1489) 겨울에 선무랑(宣務郎)으로 품계가 더해졌고, 경술년(1490) 봄에는 정자(正字)를 거쳐 승진하여 저작 겸 경연설경(著作兼經筵說經)이 되었다. 신해년(1491) 여름에 저작을 거쳐 승진하여 박사 겸 경연사경 춘추관기사관(博士兼經筵司經春秋館記事官)이 되었고, 얼마 후 또 승진하여 부수찬(副修撰), 지제교(知製敎)가 되었고 나머지 관직은 예전과 같았다. 가을에는 또 승진하여 수찬이 되었고 나머지 관직은 예전과 같았다.

당시 성종이 학문을 중시하여 당대의 인재를 엄격히 잘 선발하여 홍문관의 직책을 제수하고 날마다 세 번 경연에 나아가 그들과 함께 황제들의 왕도(王道)와 패도(霸道)에 대해 토론하면서 다스림을 냈으니, 뛰어난 재주와 넓은 학식이 있는 자가 아니라면 또한 그 직책에 부합하기 어려웠다. 그런데 공이 오랫동안 좌우의 직책을 맡아 곧음을 나타내지도 않고 충성을 감추지도 않으면서 가만히 충언을 올리고 도움을 준 바가 많았다. 급기야 성종이 어의(御衣)를 벗어 공에게 입혀 주기까지 하였으니, 성상에게 총애와 대우를 받은 것이 이와 같았다.

겨울에 선발되어 이조 좌랑에 제수되었고, 이어 사가독서(賜暇讀書)를 하였는데 이는 세종 때의 고사를 따른 것이다. 세종이 당시의 학자들이 원대함에 힘쓰지 않고 과거를 통해 명성을 얻으면 한계를 긋고 더 정진하지 않는 것을 근심하여, 젊고 영민한 문신들을 가려 뽑도록 명한 뒤에 그들에게 휴가를 주어 독서하게 하였으니, 경륜을 펼칠 큰 인재들이 이를 통해 배출되었다. 성종이 옛 전적을 상고하고서 이 선발을 중시하여 홍문관의 관원들을 우대하였다. 용산(龍山)의 버려진 사찰을 수리하여 독서당(讀書堂)이라 이름하고서 그곳에 거처하도록 하였고, 중사(中使)를 보내어 권면하니 거의 시간을 헛되이 보내는 날이 없었다. 공이 선발된 여러 선비들과 애써 깊이 공부하며 조금도 게을리하지 않았으니, 공이 세상에 펼쳤던 것들은 실로 여기에 기초를 두고 있다.

임자년(1492) 겨울에 조정에서 문신들의 재능을 시험하였는데 공이 으뜸이 되어 특별히 선교랑(宣教郎)으로 품계가 더해졌고, 얼마 지나지 않아 또 승훈랑(承訓郎)으로 품계가 더해졌다. 갑인년(1494) 봄에는 승의랑(承議郎)으로 품계가 더해졌다. 여름에는 사헌부 지평에 제수되었다가, 언사(言事)로 인하여 좌천되어 평시서 영(平市署令)에 제수되었다. 겨울에는 다시 이조 정랑에 제수되었으니, 이는 관리를 선발하는 직임을 중시한 것이다. 을묘년(1495, 연산군1) 여름에 봉훈랑(奉訓郞)으로 품계가 더해졌는데, 성종이 승하하자 빈전도감(殯殿都監)을 설치하고 공을 낭관(郎官)으로 임명하였고 일을 마치자 상으로 품계를 높인 것이다. 달을 넘기기도 전에 또 봉직랑(奉直郎)으로 품계가 더해졌다. 가을에 조제(弔祭)와 부의(賻儀)와 고명(誥命)이 중국에서 이르렀을 때에 영접도감(迎接都監)을 설치하여 사신들을 접대하면서 예에 익숙하고 문장이 뛰어난 사람을 선발하여 낭관으로 임명하였는데 공이 또한 그 선발에 들었고, 사신이 돌아가고 나서 통선랑(通善郞)으로 품계가 더해졌다. 병진년(1496) 여름에 통덕랑(通德郞)으로 품계가 더해졌고, 또 조봉대부(朝奉大夫)로 품계가 더해졌다. 겨울에는 승문원 교리를 겸하였다. 승문원은 사대문서(事大文書)를 담당하는 곳으로 그 임무가 무거운데 공이 그것을 겸할 수 있었던 것이다. 정사년(1497) 봄에 조산대부(朝散大夫)로 품계가 더해졌다. 또 봉렬대부(奉列大夫)로 품계가 더해져 의정부검상 겸 춘추관기주관(議政府檢詳兼春秋館記注官)에 제수되었고 나머지 관직은 예전과 같았다. 얼마 후 또 단계를 뛰어넘어 중훈대부(中訓大夫)로 품계가 올랐다.

이전에, 이시애(李施愛)가 길주(吉州)를 근거지로 반란을 일으켜 거짓으로 고을 사람들을 꾀어 함흥부(咸興府)에서 관찰공을 겁박하여 죽였다. 당시 공은 아직 어렸는데, 성장한 후 아버지가 무고하게 죽은 것을 애통해하여 성상께 상소를 올려 원수를 찾아 복수할 것을 청하였으나, 상이 북방(北方)의 사람들을 놀래 동요시킬까 염려하여 허락하지 않았다. 그런데 이때에 원수가 도성에 이르렀다는 것을 공이 알고는 밤을 틈타 길에서 원수를 때려죽이고서 후련해하였다. 삼성(三省)에서 살인자를 추국(推鞫)하려 하자,[2] 공이 나아가 자수하려 하였는데 대부인이 힘껏 만류하였고, 조정에서도 알았으나 의로운 일로 여겨 내버려 두었다.

여름에 의정부사인 겸 춘추관편수관 승문원교감(議政府舍人兼春秋館編修官承文院校勘)으로 승진하였다. 가을에 모친상을 당하여 3년간 여묘살이를 하였는데, 당시에 상을 잘 치른다고 일컬어졌다. 무오년(1498)에 사림(士林)에게 화가 닥쳐 당대의 이름난 사람들이 대부분 죽거나 귀양을 가게 되었다. 공까지 언급되자 공은 상중인 데다 또 병이 있어서 수레에 실려 서울에 이르렀다. 당시 국옥(鞫獄)을 맡은 재신(宰臣)이 공과는 나쁜 감정이 없었기에 겨우 화를 면할 수 있었다. 기미년(1499) 겨울에 상기를 마치고서 홍문관교리 지제교 겸 경연시독관(弘文館校理知製敎兼經筵侍讀官)에 제수되었다. 얼마 있다가 홍문관부응교 겸 예문관응교로 승진하였고 나머지 관직은 예전과 같았다. 옛 규례에 예문관 응교는 반드시 장차 문형(文衡)을 담당할 사람을 뽑아 제수하고 만약 합당한 사람이 없다면 차라리 그 자리를 비워 두는데, 당시의 여론이 공이 그에 합당한 사람이라고 하였기 때문에 이 직임을 겸한 것이다.

경신년(1500) 여름에 사헌부 장령에 제수되었다. 봉장(封章)을 올려 일을 아뢰었는데 말이 절실하고 곧아 연산군의 뜻을 거스르는 것이 많았다. 가을에 좌천되어 충훈부 경력(忠勳府經歷)에 제수되었다. 당시에는 연산군의 정사가 아직 심하게 황폐하지는 않았기에 오래지 않

2 삼성(三省)에서……하자 : 중대한 범죄에 대하여 의정부, 사헌부, 의금부의 관원이 함께 모여 추국을 하는 것으로, 삼성추국(三省推鞫)이라고 한다.

아 다시 사간원 사간에 제수되었고, 일에 따라 잘 바로잡으며 임금의 잘못을 보완하였다. 신료들을 탄핵하는 일은 공의 성품에 맞는 것은 아니었으나 당시 사람들이 간신(諫臣)의 풍모를 갖추었다고 말들 하였다. 사간을 거쳐 승진하여 내섬시 정(內贍寺正)에 제수되었고, 또 들어가 홍문관직제학 지제교 겸 경연시강관 춘추관편수관(弘文館直提學知製敎兼經筵侍講官春秋館編修官)이 되었다. 겨울에는 중직대부(中直大夫)로 품계가 더해졌다. 신유년(1501) 봄에는 통훈대부(通訓大夫)로 품계가 더해졌고, 내신(內臣)으로서 경상도의 조운(漕運)이 편리한지를 살피러 나갔는데, 경상도에 있으면서 통정대부(通政大夫) 승정원동부승지 겸 경연참찬관(承政院同副承旨兼經筵參贊官)에 제수되어 교지를 받고 소환되었다. 이해에 동부승지를 거쳐 우부승지로 승진하였고, 우부승지를 거쳐 좌부승지로 승진하였으며, 겸직은 모두 예전과 같았다. 임술년(1502) 봄에는 우승지 겸 춘추관수찬관(右承旨兼春秋館修撰官)으로 옮겼고, 나머지 관직은 예전과 같았다. 여름에는 우승지를 거쳐 좌승지가 되었고, 나머지 관직은 예전과 같았다. 가을에는 좌승지를 거쳐 도승지 겸 예문관직제학 상서원정(都承旨兼藝文館直提學尙瑞院正)이 되었고, 나머지 관직은 예전과 같았다. 승지가 된 2년 동안 왕명의 출납이 매우 진실되었으나 연산군은 공의 바르고 곧은 성격을 꺼렸다. 그리하여 겨울에 특지(特旨)로 충청도 수군절도사(忠淸道水軍節度使)로 임명하여 내보냈으니, 비록 가선대부(嘉善大夫)로 품계를 더하기는 하였지만 실제로는 내친 것이었다. 공이 수영(水營)에 있으면서 군정(軍政)을 정비하고 분명하게 하니 시행되지 못했던 온갖 것들이 모두 부흥되어 아전과 사졸 들이 편안히 여겼다. 부임한 지 1년이 지나 병으로 사직하고 직책을 맡지 않았다.

계해년(1503) 가을에는 동지중추부사에 제수되었고, 겨울에는 형조 참판에 제수되었다. 공이 오랫동안 문한(文翰)의 직임을 맡아 행정적인 일과 가깝지는 않았으나 타고난 자질이 뛰어나서 판단하여 결정함이 신과도 같았으니, 옥송(獄訟)이 잘 다스려졌다. 얼마 후 예조 참판에 제수되었다. 갑자년(1504) 여름에 성절사(聖節使)로 차임되어 연경(燕京)에 갔는데, 연산군이 이미 법도와 예를 무너뜨려 조정의 신하들을 끊임없이 죽였다. 공이 돌아오는 길에 아직 서울에 들어오지도 않았는데 공 또한 관직을 삭탈당하였다. 그들이 가자는 곳을 따라 바로 갇히게 되었는데, 거의 위태로울 뻔한 적이 몇 번이었고 결국 전라도 영광군(靈光郡)에 유배되었다.

병인년(1506, 중종1) 가을에 지금의 성상이 반정(反正)을 하고서 유배지에서 불러 첨지중추부사에 제수하였고, 서울에 도착하고 보니 이미 형조 참판으로 자리를 옮겨 제수되었다. 이해 가을에는 동지경연사를 겸하였고, 겨울에는 홍문관 제학을 겸하였다. 정묘년(1507) 봄에는 동지성균관사를 겸하였다. 공이 많은 직임을 겸하였으나 당시 의견들이 이를 만족해하였고 성상 또한 믿고 의지하니, 사람들은 공이 장차 크게 쓰일 것을 알았다. 오래지 않아, 문형을 맡을 적합한 사람이 없었는데 모두들 공이 아니면 안 된다고 말하니, 상이 특별히 단계를 뛰어넘어 공을 자헌대부(資憲大夫)로 올리고서 지중추부사 겸 홍문관대제학 예문관대제학 지춘추관성균관사에 제수하였고, 경연의 관직을 겸직하는 것은 예전과 같았다. 성상이 큰 혼란을 겪은 뒤 새로 보위에 올랐기에 개연히 무너진 정사를 되돌리고 옛 제도를 따르고자 하였다. 이에 공이 경연에 입시할 때마다 아는 것들을 모두 말하였으니, 중흥하여 새롭게 세상을 바로잡는 초기에 공이 공적이 있었다.

가을에, 창산부원군(昌山府院君) 성공 희안(成公希顔)이 주문사(奏聞使)가 되어 경사(京師)에 가서 고명(誥命)을 청할 때에 공이 부사(副使)가 되었다. 사행이 우가장(牛家莊)에 이르렀을 때 강물이 얼기 시작하였기 때문에 건널 수가 없었다. 공이 직접 갈대를 베어 강물을 메워 건너려고 하였다. 성공이 말리며 말하기를 "아랫사람들이 많이 있으니 직접 이렇게 수고할 필요는 없습니다."라고 하자, 공이 말하기를 "나랏일에 일정이 정해져 있으니 솔선하는 것이 마땅합니다."라고 하였다. 성공(成公)도 따라서 하고 아랫사람들이 다투듯 서두르니 금세 평지를 이루게 되었다. 이 사행에서 임무를 완수하고 돌아오니, 상이 특별히 원종공신(原從功臣)의 칭호를 하사하였고 토지와 노비를 차등 있게 지급하였다. 그 교서에 다음과 같이 말하였다.

"임금을 섬기며 충성을 다하는 것은 신하 된 자의 절의이고, 공이 있는 자에게 반드시 상을 내리는 것은 왕 된 자의 법도이다. 지난번 국운이 중도에 막히는 액운을 만나 종묘와 사직이 무너질 뻔한 지경에 이르렀는데, 다행히 충성스럽고 의로운 신하들에 힘입어 다시 조종의 옛 모습을 회복하고 부족한 나로 하여금 대통(大統)을 이을 수 있도록 하여, 한 나라가 안정되고 큰 사업의 기초가 길이 굳건하게 되었다. 이는 비록 신민이 추대한 힘이었지만 실제로는 황명(皇明)이 고명을 내려 주는 절차를 거쳐야만 했다. 이제 중국을 왕래하면서 험난한 여정을 꺼리지 않았으며 마침내 천자의 윤허를 받아 큰 경사를 이루었으니, 내가 실로 가상히 여기는 바이다. 어찌 감히 이것을 잊을 수 있겠는가. 마땅히 원종(原從)의 공을 기록하여 보답의 뜻을 보여야 할 것이다."

겨울에 공조 판서에 제수되었고, 나머지 관직은 예전과 같았다. 무진년(1508) 봄에 의정부 우참찬에 제수되어 중대한 군사(軍事)와 국사(國事)에 참여하였다. 가을에 예조를 담당할 적임자를 구하지 못하자 자리를 옮겨 예조 판서에 제수되었고, 나머지 관직은 예전과 같았다. 얼마 후 또 오위도총부 도총관(五衛都摠府都摠管)을 겸하였다. 겨울에는 의정부 좌참찬에 제수되었고, 나머지 관직은 예전과 같았다. 기사년(1509) 봄에 이조 판서에 제수되었고, 나머지 관직은 예전과 같았는데, 당시 인물에 대한 평가에서 우열을 합당하게 잘 헤아렸다. 경오년(1510) 가을에는 다시 예조 판서에 제수되었고, 나머지 관직은 예전과 같았다. 당시 삼포(三浦)에 거주하던 왜인(倭人)들이 변장(邊將)이 잘 돌봐 주지 않는 것에 원한을 품고서 변읍(邊邑)을 도륙하니, 조정에서 사신을 보내어 그들을 내쫓고 관계를 끊어 버렸다. 일본국(日本國)이 대마주(對馬洲)를 위하여 자주 사신을 보내어 화친을 청하였는데, 공이 실제 그 논의를 담당하여 화친의 청을 들어주었고 그들이 무역을 위해 해마다 보내오는 배의 수를 반으로 줄였다. 왜는 지금까지도 감히 그 약속을 어기지 못하고 있다.

신미년(1511) 봄에 시험을 관장하여 강태수(姜台壽) 등 16명을 뽑았다. 가을에 지경연사를 겸하였다. 계유년(1513) 봄에 한충(韓忠) 등 10명을 뽑았다. 여름에는 사헌부 대사헌에 제수되었다. 공이 대사헌이 되어 겨우 달을 넘겼는데 공의(公議)를 잘 받아들이고 중도(中道)를 잘 헤아려 시행하니 기강이 널리 펼쳐졌다. 얼마 후 정헌대부(正憲大夫) 병조 판서로 승진하였고, 나머지 관직은 예전과 같았다. 가을에는 또 표빙(表憑) 등 33명을 뽑았다. 겨울에 숭정대부(崇政大夫) 의정부 우찬성 겸 판의금부사(議政府右贊成兼判義禁府事)로 승진하였고 나머지 관직은 예전과 같았는데, 처음으로 이재(貳宰)[3]의 직임을 맡은 것이다. 갑술년(1514) 여름에 상이 성균관에 거둥하여 경전의 내용으로 질문하고 토론하고서 명경과(明經科)를 설행하였는데, 공이 시강관(侍講官)이 되어 최호(崔灝) 등 4명을 뽑았다. 을해년(1515) 봄에는 다시 병조 판서에 제수되었고, 나머지 관직은 예전과 같았다. 창산(昌山) 성공(成公)이 병으로 곧 세상을 떠날 무렵 상이 내신(內臣)을 보내어 이후의 일을 물었더니, 성공이 공과 지금의 영상인 정공 광필(鄭公光弼)을 자신의 후임으로 추천하였다. 상이 다시 두루 시험해 보고자 이러한 명이 있었던 것이다. 공이 다시 병조 판서가 되었을 때에 군무(軍務)가 복잡하여 다스리기 어렵다고 일컬어졌는데, 공이 돌아보며 지휘하니 낭사(郎舍)가 붓놀림을 멈추지 않았고 얼마 지나지 않아 정리가 끝났다. 나이 든 서리들이 손을 모으고 모두 놀라워하며 공의 민첩한 재주에 탄복하였다. 가을에는 시험을 주관하여 장옥(張玉) 등 15명을 뽑았다.

병자년(1516) 봄에 의정부 좌찬성에 제수되었고, 나머지 관직은 예전과 같았다. 여름에 대광보국숭록대부 의정부우의정 겸 영경연사 감춘추관사로 승진하였고, 나머지 관직은 예전과 같았다. 얼마 지나지 않아 문형의 직임을 힘껏 사양하니 성상도 이것으로 공을 번거롭게 하지 않으려고 사직을 윤허하였다. 나라에 의정부 서사법(議政府署事法)[4]이 폐지된 지 오래되어 비록 삼공(三公)을 두었으나 실제로는 통솔하는 바가 없고, 정승이 된 사람들도 자리만 보전하면서 직접 국사를

3 이재(貳宰) : 정승에 다음가는 자리로, 찬성(贊成)을 이르는 말이다.

4 의정부 서사법(議政府署事法) : 육조(六曹)의 일을 먼저 의정부에 보고하여 검토를 거친 후에 임금에게 보고하는 것이다.

담당하려 하지 않았으니, 조정의 기강이 이 때문에 확립되지 않았다. 말하는 사람들이 대부분 옛 법을 회복해야 한다고 하여 마침내 의정부에 그에 대한 논의를 하도록 하였는데, 공과 영의정 정공 광필이 그 말을 따를 것을 청하였다. 이로부터 직접 모든 정사를 총괄하며 성심을 다하여 다스림을 보좌하였고, 성상 또한 단단히 마음을 먹고서 멀리 요순시대를 본보기로 삼아 옛날의 다스림을 회복하기를 기약하였다. 이에 공이 당대의 모든 의견을 포용하여 남들에게서 취하여 선을 행하고 경전의 가르침을 법도로 삼아 임금의 시책들이 아름답게 될 수 있도록 하였다. 그 펼쳐 시행한 것들은 일일이 다 기록할 수 없거니와, 역사책에 실려 있다. 이해 봄에 시험을 주관하여 김유신(金庾信) 등 33명을 뽑았고, 가을에는 중시과(重試科)를 설행하여 또 정사룡(鄭士龍) 등 3명을 뽑았다.

정축년(1517) 여름에 대비가 병이 들자 내의원 제조로서 밤낮으로 대궐에 있으면서 약을 지어 올렸는데 대비의 건강이 회복된 뒤에 안마(鞍馬)를 하사받았다. 무인년(1518) 봄에 의정부 좌의정으로 승진하였고, 나머지 관직은 예전과 같았다. 이해 여름 공이 병으로 집에 있었는데 마침 지진이 일어나는 변고가 있었다. 글을 올려 사직을 청할 때에 옛일을 인용하여 지금을 증명하였고 아울러 당대의 일을 진달하였는데, 말뜻이 간절하고 지극하였다. 상이 사직을 윤허하지 않고 비답하기를,

"공이 올린 사직 상소를 잘 살펴보았다. 병으로 물러나기를 청하며 어진 이들이 나올 수 있도록 벼슬길을 피한다니, 그 말을 잘 알겠다. 상신에게 국사를 맡겼으니 안위가 달려 있고, 임금이 크게 의탁하니 돕고 인도하기를 기대하는 것이다. 책무와 기대가 이미 깊으니 거취 또한 어렵게 해야 하는데, 어찌 사소한 질병으로 인하여 갑자기 사직

하여 직임을 벗으려고 하는가. 경은 후덕함으로 경박한 세태를 진정시키고 깨끗한 법도로 세상을 비추니, 신료들이 평소 조정에서 기대를 하고 있고 정승의 직임을 통해 세상을 구제할 재주를 이미 시험하였다. 내가 다스림이 필요한 위급한 상황에서 부지런히 보필하고 인도하는 경을 참으로 깊이 의지한다. 비록 병에 걸렸다고는 하나 몸조리하는 데는 기약이 있으니, 강력하게 사직한다고 함부로 그 뜻을 받아 주어 수족 같은 사람이 조정에 없게 할 수야 있겠는가. 게다가 양쪽 변방은 근심스러운 일들이 많고 이어 3년 동안 가뭄을 만났으니, 백성에 대한 염려와 군국(軍國)에 대한 계책을 어찌 내가 홀로 다스리겠는가. 반드시 큰 계책에 의지해야만 한다. 일신의 사소한 병으로 국가의 중대한 짐을 사양하려 해서는 안 되니, 치료에 힘써 속히 병을 다스리기 바란다. 일신을 아껴 바쁜 직무에서 벗어나고자 하는 것은 비록 경이 매우 간절히 원하는 바이지만, 만민을 위하여 노성한 사람에게 임무를 맡기고자 하는 것이 바로 나의 지극한 마음이니, 병이 낫거든 직무에 나오도록 하라."

하였다. 공이 또한 노쇠하였으나, 기묘년(1519) 여름에 시험을 주관하여 김식(金湜) 등 28명을 뽑았다.

가을에 창증(脹證)을 앓아 글을 올려 사직을 청하였는데, 상이 윤허하지 않고 비답하기를,

"사람이 움직이는 것은 팔다리를 통해서이고 나라의 안위는 재상에게 달려 있으니, 팔다리를 제거하고서도 사람이 된다는 말을 듣지 못하였는데 어찌 재상이 없이 나라를 다스릴 수 있다고 하셨는가. 의지하고 맡기는 도를 두루 살펴볼 때에 모두 나아가고 물러나는 때를 중시하였다. 경은 재주와 식견이 빼어나고 문장이 넉넉하여

의심스럽고 어려운 일을 결단하여 분별하는 데는 마치 거북을 불살라 길흉을 정하듯 하였고, 번잡하고 중요한 일을 처리하고 응대하는 데는 마치 도끼를 휘둘러 얽힌 뿌리와 가지를 잘라 내듯 하였다. 선대의 조정에서부터 명성을 지녔고 과인의 때에 이르러 공로가 드러나 마침내 정승의 지위에 올랐으니, 비로소 대중의 신망에 따라 정승의 직임을 맡긴 것이다. 바야흐로 임금과 신하가 마음을 같이하여 요순시대를 본받아 은(殷)나라와 나란히 할 것을 기대하였다. 풍속을 교화하면서는 간언을 잘 받아들이는 것을 우선시하고 어진 이를 등용하면서는 인재가 빠짐없이 추천되는 데에 애써야 했기에 직임을 맡은 노성한 사람에게 내 몸처럼 맡겼고 앞에 나와 진달하는 계책들을 가지고서 시행하였다. 서로 필요함이 이와 같았으니, 어찌 혼자 움직여 이룰 수 있었겠는가. 그런데 무슨 뜻으로 한 번 아프다는 것으로 물러나 사직하여 갑자기 자신의 몸만을 보전하며 짐을 벗으려 하는가. 약을 쓰지 않아도 당연히 병이 사라질 테니 열흘이나 한 달 정도 지나면 효험이 있을 것이다. 벼슬에서 물러날 시기는 아직 멀었으니 전례를 근거해 보아도 경의 뜻을 받아 주기 어렵다. 경의 뜻이 구차히 물러나려는 것이 아니라면 이는 실로 나의 정성이 미덥지 못한 것이다. 애써 대의를 생각하여 굳이 물러나려 생각하지 말라."

하였다. 사직의 글을 다시 올렸는데, 윤허하지 않고 비답하기를,

"소공(召公)이 늙어 물러날 것을 고하자 주공(周公)이 의리를 진술하여 애써 만류하였고,[5] 급암(汲黯)이 병이 있자 무제(武帝)가 거듭

5 소공(召公)이……만류하였고 : 소공과 주공은 주(周)나라 무왕(武王)의 동생들로

말을 전하고 떠나는 것을 애석해하였다.[6] 나아가느냐 물러나느냐에 따라 다스려지기도 하고 혼란하기도 하니, 만약 나아가기를 신중히 하지 않고 물러나기를 어렵게 여기지 않는다면 누구와 더불어 다스림을 도모하겠는가. 또한 응당 혼란에 이르게 될 것이다. 경이 정승의 직임을 맡아 뛰어난 재주로 세상을 경륜하였고, 잘못에 대한 지적을 받아들여 잘못에 머무르지 않았으니 대신의 풍모를 깊이 얻은 것이며, 변통할 줄을 알아 막힘이 없었으니 진실로 과인이 바라는 다스림에 부합한 것이다. 조정은 경을 의지하여 시초(蓍草)와 거북으로 여겼고[7] 사림은 경을 우러러 영수로 삼았는데, 어찌 한 번의 병으로 달을 넘겨 거듭 사직하며 간청하는 것인가. 만약 물을 건너는데 노 젓기를 그치면 어찌 건너는 것이 이롭기를 바랄 수 있겠으며, 만약 모습을 꾸미는데 거울이 흐리면 끝내 모습이 추해질 것을 스스로 깨달을 수 있을 것이다. 내가 이렇게 경을 필요로 하는데 경은 계속 번거로움을 싫어하니, 이에 음식을 앞에 두고서는 매번 토하고

무왕을 도와 은(殷)나라를 멸하였는데, 무왕이 죽고 어린 성왕(成王)이 즉위하였을 때에 주공이 섭정을 하자 소공은 주공이 왕위를 차지할까 의심하여 늙음을 고하고 떠나려 하였다. 이때에 주공이 옛날의 여러 사례와 의리를 들어 소공을 만류하였다. 《서경》 〈군석(君奭)〉이 이러한 내용을 담고 있다.

6 급암(汲黯)이……애석해하였다 : 급암은 한(漢)나라의 명신으로 직간(直諫)을 잘하였다. 회양 태수(淮陽太守)로 임명되었을 때에 병이 잦아 고을을 맡을 능력이 없다고 사양하였으나, 무제가 '회양의 관리와 백성이 서로 화합하지 못하기 때문에 그의 위엄이 필요하며, 급암이라면 누워만 있어도 고을이 잘 다스려질 것'이라고 하였다. 《史記 汲黯列傳》

7 조정은……여겼고 : 시초와 거북은 모두 점을 치는 도구이다. 점을 쳐서 어떻게 할지를 정하듯이, 그의 결정에 의지하였음을 말한다.

잠자리에 누워서는 번번이 놀라 깨고 있다. 중요한 일의 결정은 우선 제쳐 두고 치료에 힘써 몸조리를 잘하라. ……”

하였다.

공의 질병이 오랫동안 낫지 않자 세 번째 간청하는 글을 올렸는데, 상이 한림을 보내어 사직서를 돌려보내고 윤허하지 않았으며, 내의(內醫)에게 약을 내려 주라고 명하였고 자주 승지를 보내어 문병하였다. 병이 위중해지자 승지 홍언필(洪彦弼)을 보내어 말하고 싶은 바를 물었는데 공이 이미 정신이 없었다. 다음 날 아침 세상을 떠났으니, 정덕(正德) 14년(1519, 중종14) 10월 3일이었고, 향년 57세였다. 부고가 전해지자 상이 매우 슬퍼하여 3일간 조회와 시장을 정지하였고, 특별히 부의를 더 내려 주었다. 성복(成服)한 뒤에는 승지를 보내어 공의 아들을 조문하였고, 얼마 후 또 제사를 내려 주었다.

공은 타고난 자질이 호탕하고 솔직하였으며 마음이 툭 트였다. 어려서부터 독실히 학문에 뜻을 두었는데 총명하고 널리 통달하여 글로 견해를 드러내자 자못 도의 아름다움에 합치하였다. 그의 사람됨이 멀리서 바라볼 때는 강인하여 범접할 수 없을 것 같지만 가까이 다가가 보면 온화하여 남의 나쁜 점 말하기를 좋아하지 않았고 사람을 구분하지 않고서 누구에게나 잘 대하였다. 벗들이 염치가 없는 것을 책망하면, 말하기를 “평소에는 남들과 대립할 필요가 없고 일을 만났을 때에 뜻을 보여야 한다.”라고 하였다. 조정에 벼슬하여서는 굳건하여 구차한 바가 없었고 성품이 부지런하여 비록 질병이 있더라도 공무를 빠뜨린 적이 없었다. 사람을 대할 적에는 친한지 소원한지를 따지지 않으며 궁핍한지 현달한지도 따지지 않고 한결같이 지극한 정성으로 대하여 비록 미천한 하인들일지라도 모두 공을 좋아하였다. 그의 문장은 굳세고 힘이 있으면서 간결하고 예스러웠다. 애초에 생각이 틀에 매이지 않은 것 같아 사람을 놀라게 하는 표현이 많았다. 남을 위하여 비갈(碑碣)을 지으면서는 아름다움을 헛되이 포장하지도 않고 나쁜 점을 숨기지도 않았으니, 당시 사람들이 반드시 공의 글을 얻는 것을 사후의 영광으로 여겼다. 《속동문선(續東文選)》과 《속삼강행실(續三綱行實)》을 편찬 간행하여 세상에 유포하기도 하였다. 한가하던 어느 날 아무개가 공을 찾아뵈었는데 공이 편하게 서실에 앉아 있었다. 대화 내용이 시사에 미치자 아무개가 공에게 말하기를 "근자에 공을 모시고 경연에 들어간 것이 많았는데 상께서 자주 공을 도타이 면려하시니, 상이 공을 의지하는 것이 유독 깊습니다. 공께서는 마땅히 성심을 다하여 이러한 인정에 보답해야 할 것입니다."라고 하였다. 공이 겸양하며 말하기를 "선비가 세상에 태어나 비록 혼미한 임금을 만나더라도 반드시 마땅한 도로써 인도하려고 해야 합니다. 하물며 성명한 임금을 만났고 상께서는 뜻을 요순시대에 두고 있으니 어찌 말하려고 하지 않겠습니까. 다만 어려서 학문의 역량을 쌓지 못하여 재주와 식견이 어리석고 낮아 조금도 보탬이 없는 것이 한스러울 따름입니다."라고 하고서 눈물을 흘리며 옷깃을 적셨으니, 또한 공의 충성스러운 마음을 알 수가 있다. 공이 세상을 떠나자 사림에서는 의지할 사람을 잃었다고 한탄하지 않는 이가 없었으니, 공의 삶과 죽음은 세상의 운수와 무관하다 할 수 없을 것이다.

종제인 절충장군(折衝將軍) 첨지중추부사 지제교(僉知中樞府事知製敎) 신광한(申光漢)이 삼가 쓰노라.

묘지
墓誌

공의 성은 신(申)이고, 휘는 용개(用漑)요, 자는 개지(漑之)이다. 선계(先系)는 고령(高靈)에서 나왔다. 10대 이상은 고을의 아전이라 전해지는 전적이 없고, 9대 이하의 성용(成用), 강승(康升), 인재(仁材), 사경(思敬), 덕린(德隣)은 모두 고려에서 벼슬을 하였다. 덕린이 포시(包翅)를 낳았는데 비로소 본조에 들어와 벼슬이 통정대부 공조 참의에 이르렀다. 참의가 장(檣)을 낳았는데 가선대부 공조 좌참판에 이르렀다. 참판이 숙주(叔舟)를 낳았는데 이분이 문충공(文忠公)이다. 거듭 대훈(大勳)에 책록되어 관직이 대광보국숭록대부(大匡輔國崇祿大夫) 의정부 영의정 고령부원군(高靈府院君)에 이르렀다. 문장과 사업이 네 조정에서 찬란히 빛났고, 《해동제국기(海東諸國記)》와 《보한재집(保閑齋集)》이 세상에 전해진다. 그의 둘째 아들 면(㴐)은 세조의 후의를 입어 도승지를 거쳐 함길도 관찰사(咸吉道觀察使)로 나갔다가 이시애(李施愛)의 반란 때에 반란병에게 목숨을 잃었는데, 이분이 바로 공의 아버지이다. 어머니는 우군 사용(右軍司勇) 정호(丁湖)의 따님이다.

공은 천순(天順) 계미년(1463, 세조9)에 태어났는데, 문충공이 산악에서 신령한 기운이 내려오는 기이한 꿈을 꾸었기에 이름을 백악종(白岳鍾)이라 지었으니[8] 문충공이 살던 집의 북쪽에 백악산(白岳山)이 있

8 문충공이……지었으니 : 산악에서 신령한 기운이 내려온다는 것은 큰 인물의 탄생

어 그렇게 이름한 것이다. 과연 공은 영특하고 뛰어난 비범한 아이였다. 다섯 살에 아버지를 여의어서 문충공이 가르쳤다. 《맹자》를 가르쳤는데 몇 번 읽고는 바로 외웠고 또 오랫동안 기억하면서 잊어버리지 않았으니, 문충공이 매우 기특하게 여겨 이름을 바꾸고 자를 지어 주었고 매우 정성스럽게 가르침을 더하였다. 열댓 살이 되었을 때 정효항(鄭孝恒)[9]의 문하에 나아가 수학하였는데, 정효항이 일찍이 제자들 중 학문과 문장에서 공보다 나은 사람이 없다고 칭찬하였다. 마침내 성균관에 들어가 공부하게 되었는데 겨우 약관의 나이를 넘긴 때에 상사(上舍)에 올랐고 이때부터 문장과 학문이 날로 발전하였다. 초서와 예서에 능하고 활쏘기와 말타기도 잘하니 아직 벼슬을 하기 전이었는데도 동료들이 장상(將相)이 될 그릇이라고 치켜세웠다.

무신년(1488, 성종19) 봄에 성종이 태학에 거둥하여 선성(先聖)에게 제사를 드린 뒤에 명륜당에 나아가 선비들을 시험 보였다. 짧게 시간을 정해 놓고 4명을 뽑았는데 공이 병과(丙科) 제1인이 되었다. 즉시 수레와 도포와 홀을 하사하고 유가(遊街)를 하게 하여 은총을 베풀었다. 처음 승문원 권지정자(承文院權知正字)에 제수되었고, 얼마 후 뽑혀 홍문관에 들어가 정자, 저작(著作), 박사, 부수찬을 역임하였다. 4년간 충언을 올린 것이 매우 많았는데, 성종이 어의(御衣)를 벗어 공에게 입혀 주기까지 하였다. 신해년(1491) 겨울에는 이조 좌랑

을 의미한다. 《시경》 〈대아(大雅) 숭고(崧高)〉에 "산악의 신령이 강림하여 보후(甫侯)와 신후(申侯)가 나셨도다.〔維嶽降神, 生甫及申.〕"라고 하였다. 백악종은 백악산의 정기가 모였다는 의미이다.

9 정효항(鄭孝恒) : 332쪽 주1 참조.

에 제수되었고 사가독서(賜暇讀書)를 하였는데, 세종 때의 고사를 따른 것이다. 세종이 일찍이 젊고 영민한 문신들을 가려 뽑아 그들에게 휴가를 주어 경사(經史)를 토론하게 하였는데, 도량이 크고 박식한 인재들이 이를 통해 배출되었다. 성종이 옛 전적을 상고하고서 이 선발을 중시하여 홍문관의 관원들을 우대하였다. 공이 선발된 여러 선비들과 애써 깊이 공부하며 조금도 게을리하지 않아 재명(才名)이 더욱 세상에 자자하였다. 임자년(1492) 겨울 조정에서 문신들을 시험 보였는데 공이 으뜸이 되어 특별히 선교랑(宣教郎)의 품계가 더해졌다. 갑인년(1494) 여름에는 사헌부 지평에 제수되었는데, 언사(言事)로 인하여 좌천되어 평시서 영(平市署令)에 제수되었고, 얼마 후 이조정랑으로 자리를 옮겼다. 병진년(1496, 연산군2) 여름이 되어 조봉대부(朝奉大夫)로 품계가 더해졌다. 정사년(1497) 봄에 의정부 검상(議政府檢詳)에 제수되었다.

이전에, 이시애(李施愛)가 길주(吉州)를 근거지로 반란을 일으켰는데, 관찰공이 함흥부(咸興府)에서 해를 당하였다. 이때에 이르러 원수가 아직도 북방(北方)에 있다는 말이 있어 공이 상소를 올려 복수할 것을 청하였으나 성종이 북방의 사람들을 놀랠까 염려하여 허락하지 않았다. 그런데 공이 원수가 도성에 이르렀다는 것을 알아채고서 밤을 틈타 길에서 원수를 때려 죽였다. 삼성(三省)에서 살인자를 추국하려 하자 공이 자수하려고 하였는데 대부인이 힘껏 만류하였고, 조정에서도 알았으나 의로운 일로 여겨 내버려 두었다.

여름에 의정부 사인(議政府舍人)으로 승진하였다. 가을에 모친상을 당하여 3년간 여묘살이를 하였는데, 당시에 상을 잘 치른다고 일컬어졌다. 무오년(1498)에 사림이 화를 당하였는데 공은 상중에 붙잡혀

갔다. 당대에 이름난 사람들이 대부분 죽거나 귀양을 갔으나, 공은 남과 거스르는 일이 없었기에 화를 면하였다. 기미년(1499) 겨울에 상기를 마치고서 홍문관 교리에 제수되었고, 얼마 있다가 부응교 겸 예문관응교로 승진하였다. 국법에 의하면 예문관 응교는 반드시 장차 문형(文衡)을 담당할 사람을 뽑아 제수하고 합당한 사람이 없다면 차라리 그 자리를 비워 두는데, 당시의 여론이 공이 그에 합당한 사람이라고 하였기 때문에 그 직임을 겸한 것이다. 경신년(1500) 여름에 사헌부 장령에 제수되었다. 봉장(封章)으로 아뢴 말이 절실하고 곧아 연산군의 뜻을 거스르는 것이 많았기에, 좌천되이 충훈부 경력(忠勳府經歷)에 제수되었다. 가을에 다시 사간원 사간에 제수되었고 이어 내섬시 정(內贍寺正)으로 승진하였다. 자리를 옮겨 들어가 홍문관 직제학이 되었고, 얼마 후 통정대부(通政大夫) 승정원 동부승지에 제수되었으며, 자리를 두루 거쳐 도승지에 이르렀다. 2년간 왕명의 출납이 매우 진실되었으나 연산군은 공의 바르고 곧은 성격을 꺼렸다. 특별히 충청도 수군절도사(忠淸道水軍節度使)로 임명하여 내보내었으니, 비록 가선대부(嘉善大夫)로 품계를 더하기는 하였지만 실제로는 내친 것이었다. 공이 수영(水營)에 이르러 군정(軍政)을 정비하니 아전과 사졸들이 편안히 여겼다. 부임한 지 1년이 지나 병으로 사직하고 직책을 맡지 않았다. 계해년(1503) 가을에 동지중추부사에 제수되었고, 겨울에 형조 참판에 제수되었다가 얼마 후 예조 참판에 제수되었다. 갑자년(1504) 여름에 성절하사(聖節賀使)에 충원되어 연경(燕京)에 갔는데 연산군이 너무 황포하여 조정의 신하들을 끊임없이 죽였다. 공이 돌아오는 길에 아직 서울에 들어오지도 않았는데 공 또한 관직을 삭탈당하고 바로 갇히게 되었으며, 결국 전라도 영광군(靈光郡)에 유배되었다.

병인년(1506, 중종1) 가을에 주상이 반정(反正)을 하고서 공을 불러 첨지중추부사에 제수하였는데, 서울에 도착하기도 전에 이미 형조 참판으로 자리가 옮겨져 있었다. 이로부터 동지경연사, 홍문관 제학, 동지성균관사 등 겸하지 않은 청반(淸班)이 없었는데, 당시의 여론이 이를 만족하게 여겼다. 당시 문형(文衡)의 자리를 오랫동안 맡을 사람이 없었는데, 모두들 공이 적임자라고 말하니, 상이 특별히 자헌대부(資憲大夫)로 올리고서 지중추부사 겸 홍문관대제학 예문관대제학에 제수하였다. 성상이 큰 혼란을 겪은 뒤 새로 보위에 올랐기에, 공이 경연에 입시하여서는 아는 것들을 다 말하였으니, 새롭게 세상을 바로잡는 초기에 보탬이 매우 많았다. 정묘년(1507) 가을에는 창산부원군(昌山府院君) 성공 희안(成公希顔)이 주문사(奏聞使)가 되어 고명(誥命)을 청하러 갈 때에 공이 부사(副使)가 되었다. 사행이 우가장(牛家莊)에 이르렀을 때에 강물이 얼기 시작하였기 때문에 건널 수가 없었다. 공이 직접 갈대를 베어 강물을 메워 건너려고 하였다. 성공이 말리며 말하기를 "아랫사람들이 많이 있는데, 어찌 이렇게 직접 수고를 하십니까."라고 하자, 공이 말하기를 "나랏일에 일정이 정해져 있으니 솔선하는 것이 마땅합니다."라고 하였다. 성공(成公)도 따라서 하고 아랫사람들이 다투듯 서두르니 금세 평지를 이루게 되었다. 이 사행에서 임무를 완수하고 돌아오니, 상이 특별히 원종공신(原從功臣)의 칭호를 하사하였고 토지와 노비를 차등 있게 지급하였다. 겨울에 공조 판서에 제수되었다. 무진년(1508) 봄에 의정부 좌참찬에 제수되었다. 기사년(1509) 봄에 이조 판서에 제수되었는데, 당시 인물에 대한 평가에서 모두 합당함을 얻었다. 경오년(1510) 가을에 예조 판서에 제수되었는데, 당시 삼포(三浦)에 거주하던 왜인(倭人)들이 잘 돌봐 주지 않는다는 이유로 변성(邊城)을 도륙하니, 조정에서 한 부대의 군사를 보내어 그들을 내쫓고 관계를 끊어 버렸다. 일본(日本)이 대마도(對馬島)의 요청을 받고서 자주 사신을 보내어 화친을 청하였는데, 공이 실제 그 논의를 담당하여 화친을 허락하였고 그들이 무역을 위해 해마다 보내오는 배의 수를 반으로 줄였다. 이에 왜가 감히 이 약속을 어기지 못하고 있다.

계유년(1513) 여름에 사헌부 대사헌에 제수되었는데 달을 넘기자 기강이 펼쳐졌다. 얼마 후 정헌대부(正憲大夫) 병조 판서로 승진하였고, 겨울에는 숭정대부(崇政大夫) 의정부우찬성 겸 판의금부사(議政府右贊成兼判義禁府事)로 승진하였다. 을해년(1515) 봄에 다시 병조 판서에 제수되었다. 당시 창산부원군 성공(成公)이 영의정이었는데 병으로 곧 세상을 떠날 무렵 상이 승지를 보내어 이후의 일을 물었더니, 공과 정광필(鄭光弼)을 자신의 후임으로 추천하였다. 병자년(1516) 봄에 좌찬성에 제수되었고, 여름에 대광보국숭록대부 의정부 우의정 겸 영경연사로 승진하였다. 마침내 문형의 직임을 힘껏 사양하고, 영의정 정광필과 함께 합심하여 정사를 보필하였다. 상이 사람들의 말을 따라 서사법(署事法)[10]을 회복하자 모든 정사를 총괄하여 성심과 사려를 다하였다. 포용하며 응대하고 남들에게서 취해 선을 행하여 재상으로서의 풍모를 갖추었다.

무인년(1518) 봄에 좌의정으로 승진하였다. 여름에 공이 병으로 집에 있었는데 마침 지진이 일었다. 글을 올려 사직을 청하며 아울러

10 서사법(署事法) : 육조(六曹)의 일을 먼저 의정부에 보고하여 검토를 거친 후에 임금에게 보고하는 것이다.

당대의 일을 진달하였는데, 말뜻이 간절하고 지극하였다. 상이 윤허하지 않는다고 비답하였다. 기묘년(1519, 중종14) 가을에 창증(脹證)을 앓아 글을 올려 사직을 청하였는데, 상이 윤허하지 않는다고 비답하였다. 사직의 글을 다시 올렸는데 또 윤허하지 않는다고 비답하였다. 세 번째로 사직의 글을 올리자 상이 한림을 보내어 사직서를 돌려주었고, 내의(內醫)에게 약을 내려 줄 것을 명하였으며 자주 승지를 보내어 문병하였다. 병이 위중해지자 승지 홍언필(洪彦弼)을 보내어 말하고 싶은 바를 물었는데 공은 이미 정신이 없었다. 이때가 10월 3일이며 향년 57세였다. 부고가 전해지자 상이 매우 슬퍼하여 3일간 조회를 정지하였고 특별히 부의를 내려 주었으며, 승지를 보내 공의 아들을 조문하였고 제사를 내려 주었다. 돌아가신 이듬해인 경진년(1520) 2월 갑신에 양주(楊州) 동쪽 금촌리(金村理) 건좌손향(乾坐巽向)의 언덕에 예를 갖추어 장사 지냈다.

부인 박씨(朴氏)는 이른 나이인 홍치(弘治) 계축년(1493, 성종24)에 세상을 떠났으니, 향년 31세였다. 같은 고을 사읍(沙邑) 사동(寺洞) 임좌병향(壬坐丙向)의 언덕에 장사 지냈다가 이때에 묘를 옮겨 공의 묘에 합장하였다. 공의 품계에 따라 정경부인(貞敬夫人)이 되었다. 본관은 밀양(密陽)으로, 병충분의정국 공신(秉忠奮義靖國功臣) 보국숭록대부(輔國崇祿大夫) 밀원부원군(密原府院君) 공간공(恭簡公) 박건(朴楗)의 따님이며, 순충보조 공신(純忠補祚功臣) 대광보국숭록대부 의정부 영의정 밀산부원군(密山府院君)에 추증된 수충위사협찬정난공신(輸忠衛社協贊靖難功臣) 숭록대부 행 의정부 좌참찬 공효공(恭孝公) 박중손(朴仲孫)의 손녀이다. 그의 증조부는 순충적덕병의보조 공신(純忠積德秉義補祚功臣) 숭록대부 의정부 우찬성에 추증된 행 권지 교서관정자(行權知校書館正字) 박절문(朴切問)이고, 외조부는 통훈대부(通訓大夫) 부평 도호부사(富平都護府使) 최윤(崔昀)으로 본관은 전주(全州)이다. 공은 부인과 같은 해에 태어났고 자라서 부부가 되었는데, 부인이 일찍 죽은 것을 슬퍼하여 다시는 정식으로 부인을 들이지 않고, 죽을 때까지 측실(側室) 2명이 있었을 뿐이다. 부인은 2남 2녀를 낳았다. 장남 종(淙)은 건원릉 참봉(健元陵參奉)을 지냈는데 일찍 죽었다. 차남 한(瀚)은 정묘년(1507)에 사마시에 합격하였고 공무를 맡아 누차 높은 관직을 거쳐 개성부 경력(開城府經歷)에 이르렀는데, 공의 병 때문에 바로 돌아와 의빈부 경력(儀賓府經歷)이 되자 개성 사람들이 그가 떠나는 것을 애석해하고 매우 그리워하였다. 장녀는 홍문관 수찬 박은(朴誾)에게 시집갔는데, 박은은 젊은 나이로 갑자년(1504, 연산군10)의 사화(士禍)에 화를 입었고, 승정원 도승지에 추증되었다. 다음은 예빈시 별좌(禮賓寺別坐) 김응청(金應淸)에게 시집갔는데 모두 일찍 죽었다.

한(瀚)은 첨지중추부사 임맹영(任孟瑛)의 딸을 아내로 맞아 2남 3녀를 낳았는데, 장남은 여주(汝柱)이고, 다음은 여량(汝樑)이며, 장녀는 유학(幼學) 최금(崔嶔)에게 시집갔고, 나머지는 어리다.

박은은 3남 2녀를 낳았는데, 아들은 박인량(朴寅亮), 박공량(朴公亮), 박원량(朴元亮)이고, 장녀는 김구(金礭)에게 시집갔고, 다음은 이원정(李元禎)에게 시집갔다. 공은 그들이 어려서 부모를 잃은 것을 가엾게 여겨 모두 거두어 돌보았고 다 시집 장가를 보내었다. 측실에게서는 모두 6남 4녀를 두었는데, 첫째가 칭(淸)이고, 다음으로 린(潾), 침(沈), 심(深), 정(汀)이다.[11] 이 가운데 청만 무공랑(務功郞)이 되었다. 두 딸은 혼인을 하였고, 나머지는 어리다.

아아, 공의 집안의 문장과 사업은 서로 이어 역사책에 기록되었다. 공이 문형을 맡았고 한 나라의 예를 담당하였으며 경세제민(經世濟民)하여 다스림을 보필한 것은 모두 조부의 발자취를 이은 것이다. 부모를 존귀하게 한 것도 문충공과 마찬가지여서 모두 신하로서의 지극한 위치에 이르렀으니, 아, 성대하도다.

정덕(正德) 15년인 경진년(1520, 중종15) 2월 모일에 대광보국숭록대부 행 판중추부사 겸 영경연사 김전(金詮)이 절하고 기록하는 바이다.

11 측실에게서는……정(汀)이다 : 여섯 아들 중 5명만 열거하였는데, 《이요정집》 부록에 실린 이행(李荇)이 찬한 〈비명(碑銘)〉에는 '원(源)'이 추가로 기재되어 있다.

비명

碑銘

이행(李荇) 찬

사람이 타고난 품성은 각각 한쪽으로 장점이 있어서, 정사에 재주가 있는 사람은 혹 문장이 부족하고 문장이 넉넉한 사람은 사업을 수행하는 것이 대개 부족하니, 그 장점들을 합하여 실제로 펼쳤던 사람은 문충공(文忠公) 이후로는 우리 문경공(文景公)이 유일할 것이다. 공의 성은 신씨(申氏)이고 이름은 용개(用漑)이며 자는 개지(漑之)이다. 그의 선조는 고령인(高靈人)이다. 증조부 휘 장(檣)은 공조 좌참판(工曹左參判)으로 서법(書法)이 당대에 뛰어나다고 평가되었다. 조부 휘 숙주(叔舟)가 바로 문충공인데 여러 차례 공신에 책록되었고 관직은 의정부 영의정에 이르렀으며 고령부원군(高靈府院君)에 봉해졌는데, 네 조정에서 재상을 역임하였고 문장과 사업이 한 시대에 환히 빛나 어린아이나 어리석은 아낙네조차도 모두 그를 칭송하였다. 부친 휘 면(㴐)은 승정원 도승지를 거쳐 함길도 관찰사(咸吉道觀察使)로 나갔다가 이시애(李施愛)가 길주(吉州)를 근거지로 일으킨 반란에서 반란군에게 해를 입고 죽었는데, 공이 존귀해진 이유로 의정부 영의정에 추증되었다. 어머니 영광 정씨(靈光丁氏)는 우군 사용(右軍司勇) 정호(丁湖)의 따님이다.

공은 천순(天順) 계미년(1463, 세조9)에 태어났는데, 문충공이 산악에서 신령한 기운이 내려오는 상서로운 꿈을 꾸었기에 마침내 백악종(白岳鍾)이라 이름하였으니,[12] 문충공 집의 뒤가 바로 백악산(白岳山)

이었다. 어려서부터 매우 빼어나고 뛰어나 과연 일반 아이들과는 달랐다. 문충공이 직접 가르쳤는데 글을 읽으면 바로 외웠기에 문충공이 크게 기특하게 여겨 이름을 고치고 자를 지어 주었다. 약관의 나이를 막 넘기자마자 계묘년(1483, 성종14)의 사마시에 합격하였고, 이로부터 문장의 능력을 크게 펼치니 당시의 동료들이 그를 으뜸으로 높이고 감히 견주는 이가 없었다. 활쏘기와 말타기도 출중하여 비록 유관(儒冠)을 쓰는 선비이긴 하였으나 식견이 있는 사람들은 모두 그가 훗날 장상(將相)이 될 그릇임을 알았다.

무신년(1488) 봄에 성종이 성균관을 시찰하면서 직접 시험을 보여 4명을 뽑았는데 공이 병과(丙科)로 급제하니, 도포와 수레를 하사하고 유가(遊街)를 하게 하여 은총을 베풀어 영예롭게 하였으며, 승문원의 권지(權知) 자리에 보임하였다. 이어 홍문관에 뽑혀 정자(正字)가 되었고, 네 번 자리를 옮겨 수찬에 이르렀다. 경악(經幄)에서 성상을 모신 지 4년이 되었을 때에는 성종이 어의(御衣)를 벗어 입혀 주기까지 하였으니, 바깥사람들이 비로소 공에게 학문을 논하는 역량이 있음을 알게 되었다. 성종이 문치(文治)에 깊이 뜻을 두어 용산(龍山)의 허물어진 절을 수리하여 독서당(讀書堂)이라 이름하고는 당대의 문장과 학문이 뛰어난 선비들을 선발하여 휴가를 주어 독서와 학문에 힘쓸 수 있는 장소로 삼았는데, 공도 이 선발에 들었으니 사람들은 신선의 세상과 같다고 부럽게 바라보았다. 이조 좌랑을 거쳐 사헌부 지평으로 승진하였고, 다시 이조 정랑이 되었다가 의정부 검상(議政府檢詳)으로 천거되었고, 의정부 사인(議政府舍人)으로 승진하였다.

12 문충공이……이름하였으니 : 348쪽 주8 참조.

대부인(大夫人)은 살아 있어서 공의 봉양을 받을 수 있었지만 공은 선공(先公)이 비명(非命)에 세상을 떠난 것을 애통해하였다. 일찍이 성상에게 상소를 올려 북방(北方)으로 가서 원수를 찾아 크게 복수하기를 청하였으나 조정에서 허락하지 않았는데, 이때에 이르러 공이 원수가 도성에 이르렀다는 것을 탐지하고는 밤에 길에서 원수를 때려 죽였다. 삼성(三省)이 살인자를 추국(推鞫)하려고 할 때에, 공이 관리에게 나아가 자수하고 죽더라도 달갑게 여기려 하였는데 대부인이 눈물을 흘리며 굳게 만류하였고, 조정에서도 끝내 제쳐 두고서 따지지 않았다.

정사년(1497, 연산군3) 가을에 대부인의 상을 당하여 3년간 여묘살이를 하였고, 상기를 마치고 나서는 홍문관 교리에 제수되었다. 얼마 후에 홍문관 응교로 승진하였고 예문관 응교를 겸하였다. 나라의 제도에 응교를 겸하는 사람은 1명뿐인데 바로 장차 문형(文衡)을 맡을 사람의 자리이다. 사헌부 장령과 사간원 사간을 거쳐 홍문관 직제학으로서 승정원 동부승지에 발탁되었고, 자리를 옮겨 도승지에 이르렀다. 승정원의 직임을 맡은 것이 모두 2년인데 성상의 뜻에 따라 태도를 바꾸지 않고 강직함을 견지하니 연산군이 매우 못마땅하게 여겼다. 임술년(1502) 겨울에 공을 외직인 충청도 수군절도사로 내보냈으니, 비록 가선대부(嘉善大夫)로 품계를 올려 주었지만 실제로는 내친 것이었다. 공은 부임한 지 1년이 지난 뒤에 병으로 사직하였고, 얼마 후 다시 형조 참판으로 기용되었으며, 다시 예조로 자리를 옮겼다.

갑사년(1504) 여름에 하성절사(賀聖節使)로 경사(京師)에 갔는데, 당시 조정의 정사가 이미 문란하여 청렴으로 이름난 선비들은 모두 자리를 보전하지 못하였고 공도 경사에서 돌아오는 길에 채 국경에 이르지도 않았는데 역시 직첩(職牒)을 빼앗기고서 마침내 전라도 영광군(靈光郡)에 유배되었다. 이후 지금의 성상이 즉위하자 형조 참판으로 다시 부름을 받았다. 또 문형(文衡)의 자리가 비게 된 지가 오래되었는데 조정의 의론이 모두 공을 추대하자 특별히 등급을 뛰어넘어 자헌대부(資憲大夫)로 품계를 올려서 지중추부사로서 홍문관 대제학과 예문관 대제학과 지성균관사를 겸임하도록 하였다. 공이 고아한 명망과 높은 인덕으로 학문의 영수가 되었고 성상께서도 마음을 다하여 대우하였으니, 새롭게 세상을 바로잡는 정사에 도움 된 바가 매우 많았다. 정묘년(1507, 중종2) 가을에 창산부원군(昌山府院君) 성공 희안(成公希顔)을 주문사(奏聞使)로 삼고 공을 부사(副使)로 삼아서 명(明)나라 조정에 고명(誥命)을 청하였는데, 일을 마치고 돌아와서는 원종공신(原從功臣)의 칭호를 하사받았다. 의정부 우참찬, 사헌부 대사헌, 이조・병조・예조・공조의 판서를 역임하였고, 숭정대부(崇政大夫)의 품계에 올라 의정부 우찬성에 제수되었다. 창산부원군 성공(成公)이 수상(首相)으로 있다가 병이 깊어지자 자신을 대신할 사람으로 공을 천거하였다. 병자년(1516) 여름에 대광보국숭록대부(大匡輔國崇祿大夫)로 품계가 올랐고 의정부우의정 겸 영경연감춘추관사(議政府右議政兼領經筵監春秋館事)에 제수되었다. 무인년(1518) 봄에 좌의정으로 승진하였다.

나라에서 새로이 서사법(署事法)[13]을 회복하였기에 공이 몸소 각종 업무를 총괄하면서 마음을 다해 나라의 다스림에 보좌하였더니 조정과

13 서사법(署事法) : 육조(六曹)의 일을 먼저 의정부에 보고하여 검토를 거친 후에 임금에게 보고하는 것이다.

민간에서 크게 공에게 의지하였다. 그러나 공은 이미 병이 들었고 마침 지진의 변고가 있었다. 사직을 청하는 글을 올리고 아울러 당대의 일을 진달하였다. 옛일을 인용하여 지금을 증명하였는데 말뜻이 지극히 간절하였다. 또 연이어 상소를 올려 사직을 청하였으나 성상이 끝내 허락하지 않았다. 결국 직임에 있다가 세상을 떠났으니, 바로 정덕(正德) 기묘년(1519, 중종14) 10월 3일이었다. 부고가 전해지자 상이 크게 슬퍼하여 3일간 조회를 중지하였고 부의를 후하게 내려 주었으며 승지를 보내어 상중(喪中)인 아들을 조문하였다. 이듬해 2월 갑신에 양주(楊州) 동쪽 금촌리(金村里) 건좌손향(乾坐巽向)의 언덕에 예를 갖추어 장사 지냈다. 부인 박씨(朴氏)는 밀원부원군(密原府院君) 박건(朴楗)의 따님으로 공과 같은 해에 태어났는데 31세에 세상을 떠났다. 같은 고을 사읍(沙邑) 사동(寺洞)에 장사 지냈다가 이때에서야 널을 옮겨 합장하였는데, 같은 묘역에 봉분은 달리하였다.

공은 타고난 자질이 호탕하고 솔직하였으며 마음이 툭 트여 멀리서 바라볼 때는 강인하여 범접할 수 없을 것 같지만 가까이 다가가 보면 온화하여 비록 미천한 하인들일지라도 모두 공을 좋아하였다. 관직에 있으면서 일을 처리할 때에는 조금이라도 외물에 흔들림이 없었으니 사람들도 감히 사사로움을 개입시키지 못하였다. 문장은 굳세고 힘이 있으면서 간결하고 예스러웠으며 화려함을 일체 배격하였지만 조금도 비속한 느낌이 없었다. 애초 구상을 통한 것 같지 않으면서도 글이 나오면 번번이 사람을 놀라게 하였으니, 이는 천성이 그러했기 때문인 듯하다.

공은 2남 2녀를 낳았다. 장남 종(淙)은 건원릉 참봉(健元陵參奉)을 지냈는데 일찍 죽었다. 차남 한(瀚)은 개성부 경력(開城府經歷)이다.

장녀는 박은(朴誾)에게 시집갔는데, 박은은 18세에 과거에 급제하여 벼슬이 홍문관 수찬에 이르렀고, 한창 문장과 행실로 세상에 이름을 날리다가 갑자사화(甲子士禍) 때에 화를 입어 죽었으며 승정원 도승지에 추증되었다. 차녀는 예빈시 별좌(禮賓寺別坐) 김응청(金應淸)에게 시집갔는데 일찍 죽었다.

측실(側室)에게서는 6남을 두었는데, 청(淸), 린(潾), 침(沈), 심(深), 정(汀), 원(源)이다.

경력은 2남 3녀를 낳았다. 장남은 여주(汝柱)이고, 다음은 여량(汝樑)이며, 장녀는 최금(崔嶔)에게 시집갔다.

승지는 3남 2녀를 낳았다. 장남은 박인량(朴寅亮)이고, 다음은 박공량(朴公亮)이고, 다음은 박원량(朴元亮)이다. 장녀는 김구(金礶)에게 시집갔고, 다음은 이원정(李元禎)에 시집갔는데, 이원정은 바로 나의 아들이다.

나는 공의 사위인 수찬 박은과 소싯적부터 서로 의탁하며 절친한 교분을 맺었기에 공이 나를 한집안처럼 대해 주었다. 내가 해직되어 물러나 있을 적에 공이 병중에 직접 편지를 써서 나의 안부를 물었는데, 애틋한 그리움의 내용이 있었기에 내가 편지를 붙잡고 눈물을 흘렸다. 그리고 얼마 지나지 않아 공의 부고를 듣고는 위패를 설치하고서 곡을 하였다. 내가 조정으로 돌아왔을 때에 공의 널이 아직 초빈(草殯)한 상태로 있었기에 절하고 술잔을 올려 작별하였다. 아아, 한편으로는 나라를 위해, 한편으로는 나 개인을 위해 애통한 마음 어찌 다함이 있겠는가. 나의 글이 변변치 않음을 공이 참으로 알 테지만 감히 명(銘)을 짓노라. 명은 다음과 같다.

하늘이 명을 내리시어	維天命之
산악의 기를 모았으니	維嶽鍾之
명성도 내가 소유했고	名我有之
지위도 내가 따랐도다	位我從之
우뚝하다, 그 덕업이여	巍乎德業
빛나도다, 그 문장이여	煥乎文章
한 시대에 몇이나 되랴	一代有幾
조손이 서로 이었도다	祖孫相望
문충공이 남기신 입적	文忠之緖
우리 공이 계승하였네	我公是承
공께서 복을 쌓았으니	公篤其慶
후손들 길이 이어지리	在後繩繩
공의 덕은 어둡지 않아	公德不昧
역사책에 실려 전하리	國乘有徵
나의 슬픔 명문에 담아	我銘之哀
이를 후손에 고하노라	以告雲仍

제문

祭文

정덕(正德) 14년 기묘년(1519, 중종14) 11월 신묘월 20일 경술일에 국왕은 예조 좌랑 이귀령(李龜齡)을 보내어 죽은 좌의정 신용개의 영전에 제사를 지내노라.

경은　惟卿

흉금과 운치는 시원하고도 고매했고　襟韻爽邁

국량과 식견은 남보다 뛰어났으니　器識超詣

명문 집안의 전통을 진작하며　振緖名家

포부를 가지고서 힘차게 떨치었네　抱負踔厲

성종께서 인재 선발을 급선무로 여겨　成廟急賢

성균관에서 인재를 선발하였는데　掄材頖宮

경이 당시에 재주를 다투어　卿時戰藝

명성이 하늘에까지 닿게 되었네　聲聞磨空

홍문관과 예문관에 있을 때는　玉署金鑾

대적할 이 없는 물수리가 되었으니[14]　一捷挺鶚

이미 문학이 넉넉한 데다가　旣贍文學

14 대적할……되었으니 : 독보적인 존재였음을 말한다. 후한(後漢) 때 공융(孔融)이 예형(禰衡)을 천거하면서 "사나운 새 수백 마리가 물수리 한 마리만 못하니, 예형을 조정에 세우면 분명 볼만한 것이 있을 것이다."라고 하였다. 《後漢書 文苑列傳 禰衡》

어려운 일도 여유롭게 해결했네	又裕盤錯
먼 데로 향하는 첫출발에서[15]	發軔致遠
사람들 다른 의견이 없었기에	人無異論
나 자신이 왕위를 계승하여	寡躬繼序
선대의 법도를 그대로 따랐는데	式遵先憲
경은 예부터 벼슬을 했던 신하라	卿惟舊臣
일마다 참고하여 증거가 되었으며	事可徵獻
두루 여러 일에서 시험해 보았더니	歷試諸務
능히 원대한 경영을 품고 있었다네	克懷經遠
막중한 문형의 자리를 책임 지운 것은	文衡重寄
적임자가 아니면 맡길 수 없음이요	匪人罔授
경이 왕명의 글을 담당해서는	卿掌詞誥
누구도 감히 이에 견주지 못하였으니	人莫敢簉
붓을 잡고 응대함이 신속하여	援毫應速
민첩함은 오랜 구상인 듯하였네	敏如宿構
정승의 자리가 비었을 때에	三事位缺
나라의 여론이 귀결되었으니	邦論攸歸
경을 자리에 올려 책임 맡기고선	躋陞責成
나는 그저 할 일이 없었다네	予唯拱衣
넓고 큰 계책을 가지고서	庶庸鴻猷
지극한 다스림 이루기를 기약했으니	期臻至理
경은 밤낮으로 성심을 다하여	卿竭夙夜

15 먼……첫출발에서 : 중종반정(中宗反正)을 의미한다.

모든 정사를 법도대로 시행하였네	範我百揆
수고로움에 지쳐 화기를 해친 것이	勞悴愆和
지난해에 비롯되어서	肇于年前
사직을 청한 것이 여러 차례였기에	請告者屢
내가 이에 걱정을 하였었네	予用憫然
열흘을 채우고서 번번이 일어났기에	盈旬輒起
내 보기엔 여전할 줄 알았더니	予視爲恒
노성한 금의 기운과 침범하는 음기에	老金侵陰
경의 질병이 더욱더 심해졌었네	卿疾倍曾
자주 상소 올려 간절함을 표하여	頻章瀝懇
애써 자리에서 벗어나길 구했으나	苦求解位
내 끝내 떠나감을 애석하게 여겨	予終惜去
감히 의리를 끊지 못하였네	不敢斷義
하늘이 참으로 다스림에 인색하여	天固靳治
마침내 경의 목숨을 앗아 갔으니	竟奪卿壽
머리와 팔뚝은 서로 도와야만	首肱相維
원기가 병들지 않는 것이거늘	元氣不疚
팔과 다리가 마비되고 말았으니	肢體受痺
머리는 장차 무엇을 믿어야 할까	首將何恃
경을 남겨 주지 않음에 느꺼워 생각자니	感念不憖
이 애통한 마음 어찌 그치겠는가	懷痛曷已
찬궁과 빈궁이 갖추어지고	攢殯存制
발인도 날짜가 이제 정해져	祖載有日
영원한 이별을 갑자기 마주했으니	倏濱長訣

서글픈 마음 더욱 깊어지누나 益深愴惻

이에 보잘것없는 제수를 보내어 玆遣菲薄

대신 나의 진심을 표하노니 替陳予衷

경이여, 혼매하지 않거든 卿乎不昧

나의 끝없는 그리움을 헤아리시라 諒我無窮

이요정집

습유
拾遺

거문고와 학을 벗 삼을 중륜[1]에게

仲倫琴右

연아체(演雅體)[2]이다.

가을 하늘에 오리 신발 날아옴을 보지 못하노니[3]	不見秋天鳧舃飛
생각건대 그대 거문고와 학과 서로 어울리겠지	憶君琴鶴自相隨
소 잡는 칼을 잠시 닭 잡는 손에 빌려줬지만[4]	牛刀暫借割鷄手
가시덤불은 원래 봉황이 깃들 가시는 아니네[5]	枳棘元非棲鳳枝

1 거문고와……중륜(仲倫) : 중륜은 김전(金詮, 1458~1523)의 자이다. 본관은 연안(延安), 호는 나헌(懶軒)이다. 문과에 급제하여 벼슬이 영의정에 이르렀다. 신용개와는 함께 사가독서를 하였고, 장경왕후(章敬王后)가 승하하였을 때에는 함께 빈전도감 제조(殯殿都監提調)를 맡기도 하였다. 신용개의 묘지(墓誌)를 지었다. '거문고와 학을 벗 삼는다'는 말은 한가하게 풍류를 즐긴다는 뜻인데, 여기서는 일이 많지 않은 궁벽한 고을의 지방관으로 가게 되었다는 의미로 쓰였다.

2 연아체(演雅體) : 시의 구절마다 새, 곤충, 짐승 등 동물명을 넣어 짓는 시로, 송나라 황정견(黃庭堅)에게서 비롯되었다.

3 가을……못하노니 : 오리 신발[鳧舃]은 지방관을 뜻하고 날아옴을 보지 못함은 서울로 오지 못함을 말한다. 후한(後漢) 때에 왕교(王喬)가 섭현(葉縣)의 수령으로 있으면서 매월 초하루 서울로 조회를 왔는데 올 때에 수레가 없었다. 이를 이상하게 여겨 살펴보니 그가 올 때에는 두 마리의 오리가 날아올 뿐이었다. 그리하여 그물을 던져 잡았더니 그물에는 신발 한 짝만 남아 있었다고 한다. 《後漢書 方術列傳 王喬》

4 소……빌려줬지만 : 큰 재주를 작은 곳에 사용함을 말한다. 공자의 제자인 자유(子游)가 무성(武城)이라는 작은 고을의 읍재(邑宰)가 되었을 때에 예악(禮樂)을 바탕으로 정사를 하여 고을에 노랫소리가 퍼지자, 공자가 웃으며 말하기를 "닭 잡는 데에 어찌 소 잡는 칼을 쓰겠느냐."라고 하였다. 《論語 陽貨》

5 가시덤불은……아니네 : 작은 고을에 족할 만한 재주가 아님을 말한다. 후한 때에

근심스러워 꿈속 정신도 고달픈 금마문이러니	憫處勞魂金馬闥
한가함 속 술에 개미 떠오르는 습가지로구나[6]	閑餘浮蟻習家池
중강이 꿩 길들이면서도 응당 겨를 많을 테니[7]	仲康馴雉應多暇
기러기 북쪽 향할 때에 자주 서신 맡기시오	數寄音書雁北時

한번 떠나 관리가 되니 그 풍미가 어떠하겠는가. 고을이 궁벽하여 일도 간소하리니 때때로 나를 생각하려는가.

고성 현령(考城縣令) 왕환(王奐)이 구람(仇覽)이 덕이 있다는 말을 듣고 그를 주부(主簿)로 발탁하였는데, 그를 만나 본 뒤에 그의 그릇이 큼을 알고는 "가시덤불은 난새와 봉황이 깃들 곳이 아니고, 백 리의 고장은 어찌 큰 현자가 있을 곳이겠는가."라고 하였다. 《後漢書 循吏列傳 仇覽》

6 근심스러워……습가지(習家池)로구나 : 금마문(金馬門)은 한(漢)나라 궁궐의 문으로 신하들이 이곳에서 황제의 조서를 기다렸고, 습가지는 습씨(習氏) 집안의 연못으로 진(晉)나라 산간(山簡)이 양양(襄陽)에 있을 때 이곳에서 만취할 때까지 술을 마시며 즐겼다고 한다. 각각 조정에서의 벼슬살이와 한가한 생활을 말한다. 개미는 술이 익을 때에 떠오르는 거품이나 밥알을 비유적으로 표현한 말이다.

7 중강(仲康)이……테니 : 지방관으로 있으면서 한가하게 지낼 것이라는 말이다. 중강은 후한 때에 선정(善政)을 베풀었다는 노공(魯恭)의 자이다. 꿩을 길들인다는 것은 지방관의 교화가 미물에까지 미침을 말한다. 하남(河南)에 병충해가 발생하였는데 유독 노공이 다스리는 중모현(仲牟縣)에만 그 피해가 없자, 하남 수령이 관리를 보내어 그 사실을 조사하게 하였다. 파견된 관리가 노공과 함께 들을 살피다가 잠시 쉬고 있는데, 꿩이 그 옆에 앉았다. 관리가 그 옆에 있던 아이에게 왜 꿩을 잡지 않느냐고 묻자 아이는 꿩이 새끼를 거느리고 있다고 하였다. 이에 관리는 노공의 덕이 미물과 아이에게까지 미쳤음에 탄복하고 돌아갔다. 《後漢書 魯恭列傳》

진강을 마치고

講罷

진강 마치고 돌아올 제 해는 서쪽에 아니 지고 講罷歸來日未西
떨어진 꽃 향긋한 풀은 유람의 말발굽에 엉기누나 落花芳草襯遊蹄
산속에선 북을 울리는가, 봄의 우렛소리 진동하고[8] 山中擊鼓春雷殷
오호궁[9]을 가득 당기니 화살 그림자 드리워지네 引滿烏號箭影低

'격(擊)' 자가 어떤 글에는 '타(打)' 자로 되어 있다.

8 산속에선……진동하고 : 북을 울리는 것은 봄을 재촉함을 의미한다. 당나라 현종(玄宗)이 갈고(羯鼓)를 즐겨 연주하였는데 이른 봄에 갈고를 연주하니 버들과 살구꽃이 망울을 터뜨렸다고 한다. 《古今事文類聚 卷6 羯鼓催花》 봄의 우레는 만물을 일깨우고 싹틔움을 상징한다. 《주역》 〈해괘(解卦) 단(彖)〉에 "천지가 풀려서 우레와 비가 일어나고, 우레와 비가 일어나면 온갖 과실과 초목이 모두 껍질을 터트린다."라고 하였다.

9 오호궁(烏號弓) : 황제(黃帝)가 사용했다는 활의 이름이다. 황제가 용을 타고 승천하면서 신하와 후궁 70여 명을 데리고 갔는데, 여기에 끼지 못한 신하들이 용의 수염을 붙잡고 있다가 수염이 빠지면서 모두 떨어졌고 황제의 활도 함께 떨어졌다. 이에 백성들이 그 활을 부여잡고 울부짖었기에 그 활을 오호궁이라고 불렀다고 한다. '오호'는 탄식하는 소리이다. 《史記 封禪書》

화상기

畫像記

신흠(申欽) 찬

고(故) 의정부 좌의정 문경(文景) 신공(申公)의 유상(遺像)이다. 화상은 전부터 그 집안의 사당에 보관되었는데 73년이 지나 임진년(1592, 선조25)의 병란을 겪었고, 병란을 겪고 겨우겨우 보존된 것이 또 29년이 되었다.[10] 후손인 양주 목사(楊州牧使) 응구(應矩) 씨가 엄숙하게 배알하고 경의를 표한 뒤에 일어나 두려운 마음으로 말하기를,

> "바탕의 색이 변했고 수놓은 비단도 낡았으며 오래될수록 더욱 흐려지니 사모의 마음을 담을 수가 없다."

하였다. 그리하여 화공을 불러 그림 도구를 갖추어 모사하였는데, 밝게 색을 펼치고 빛깔을 더하였더니 검정 사모, 검정 도포, 무소 가죽 띠, 가죽신, 패옥 등을 갖춘 모습이 환하게 처음의 상태를 회복하였고, 성긴 수염과 밝은 눈, 그리고 도드라지고 풍만한 이마 등의 용모가 엄연하여 옛 모습으로 돌아왔다. 이에 무릎을 꿇고 앉아 기뻐하며 말하기를,

> "정령이 산악에서 내려와 이곳에 전해진 것인가, 신께서 옛 자리로 돌아와 여기에 깃든 것인가. 공이 돌아가신 지 102년이 되었는데도 더욱 빛나게 드러나고 있으니, 하늘이 도운 것이다. 비로소 지금부

10 29년이 되었다 : 신응구가 양주 목사가 되었던 때는 1611년(광해군3)으로 임진왜란이 발생한 지 19년이 지난 해이다. 여기서 29년이라고 한 것은 오류인 듯하다.

터 우리 후손들이 모두 사모의 마음을 둘 곳이 있게 되었다."
하였다. 그리고 다시 엎드려 생각하고는 말하기를,

"공은 백세가 지나더라도 추앙받을 군자이다. 화상은 비록 우리 종친들이 사사로이 간직하지만 공의 이름과 행적은 어찌 또 우리만 사사로이 간직할 수 있겠는가. 변변치 않은 후손이 어찌 감히 우리 선조라는 이유로 우리 문경공을 우리만 사사로이 모실 수 있겠는가. 어찌 글을 짓는 사람을 찾아 드러나지 않았던 공의 일을 들추어 널리 알리고, 밝은 시대 역사가의 평가를 갖추어 끝없이 그 빛남을 전하지 않겠는가."

하였다. 그리고 갑자기 심부름꾼을 보내어 재주 없는 나에게 그 내용을 기록해 달라고 부탁하였다.

나는 문장에 뛰어난 자가 아니니 어떻게 공을 잘 빛나게 할 수 있겠는가. 그러나 일반적으로 붓을 들어 사람의 행적을 기록하는 사람들을 살펴보면 참으로 자신의 사적인 기준에 따라 기록하여 사람과 기록이 일치하지 않는다. 사람이 일치하지 않으면 신뢰가 사라지고 기록이 일치하지 않으면 신빙을 잃게 되는데, 신뢰가 사라지고 신빙을 잃게 된다면 아무도 그것을 인정하지 않을 것이다. 문경공 같은 분은 신뢰가 기록 이전에 존재하고, 공에 대해 신빙하는 사람은 남의 말만을 듣고 그러는 것이 아니니, 내가 어찌 문장에 뛰어나지 못하다는 사사로운 사정으로 공의 사후 백세후에도 공이 알려지도록 공에 대한 기록을 남기지 않을 수 있겠는가. 다만 공의 업적은 역사책에 기록되고 문장은 간행된 서직에 님고 풍류와 멋은 이야기하는 시람들의 입에 전해지니, 내가 무슨 말을 거기에 더하겠는가. 그러나 나도 당시의 선달(先達)들에게서 들은 바가 있다.

중종대왕이 왕위에 오른 지 10여 년이 되어 큰일을 하고자 백가(百家)를 물리치고 유학을 숭상하여 세상을 삼대(三代) 시대와 같이 융성하게 만들려 하였다. 당시 정암(靜菴) 조 선생(趙先生)[11] 같은 분이 세상에 나와 밝게 힘쓰면서 힘껏 임금을 도왔고, 뜻을 같이하는 선비들은 함께 행하며 힘껏 도왔으며, 시일이 지날수록 덕이 완성되어 가는 변화에 천하가 크게 호응하여 뜻을 기다렸는데, 사악한 무리들이 이들을 해치려 몰래 틈을 엿보고 있었다. 간신배인 남곤(南袞)이 공과 같은 마을에 살았는데, 하루는 공이 아프다는 것을 알고 찾아와 문병하면서 대화가 조정의 일에 미치자 은근히 좋은 사람들을 비난하며 과격하다고 하면서 자신의 속내를 숨긴 채 공의 뜻을 떠보았다. 이에 공이 역으로 그의 속내를 지적하며 큰 소리로 끊어 말하기를 "예로부터 바른 사람을 미워하는 무리들은 모두 이러한 것을 명목으로 상대를 배척하여 그물과 함정으로 삼았는데, 공이 어찌 이러한 말을 하는 것입니까."라고 하였다. 남곤이 평소 공을 꺼렸는데, 공의 이 말을 듣고는 바로 기가 꺾여 가 버렸다.

얼마 지나지 않아 공이 세상을 떠났는데, 공이 세상을 떠난 지 겨우 13일 만에 남곤이 화(禍)를 꾸며 간사한 말로 임금의 마음을 얻어 참소를 하더니 밤에 북문(北門)으로 들어가 반역을 고발하였다. 이에 각종 형구가 한밤중에 갑자기 설치되더니 정암 이하 이름난 대신과 큰 선비들이 한꺼번에 거의 다 잡혀 들어왔다. 영의정 정 문익공(鄭文翼公 정광필(鄭光弼))이 옷자락을 붙잡고 울면서 간언한 덕분에 한껏 기세를 올리던 혹독한 탄압이 조금 누그러지긴 했으나 그 끝이 심해지는 것을

11 정암(靜菴) 조 선생(趙先生) : 조광조(趙光祖)를 말한다. 정암은 그의 호이다.

결국 막지 못했으니, 나라의 형세가 계란을 쌓아 놓은 듯 위태하기만 하였다. 문익공이 조정에 앉아 눈물을 훔치며 공의 자(字)를 부르면서 말하기를 "아무개가 만약 세상에 있었다면 어찌 이러한 일이 있었겠는가."라고 하였는데, 이는 문익공이 공의 지략과 명망으로 저 간신배들의 마음을 복종시킬 수 있었음을 잘 알았기 때문에 이러한 말을 한 것이라고 하니, 맞는 말이다. 문익공뿐만이 아니라 말을 할 줄 아는 선비라면 지금까지도 변함없이 말하기를 "신 문경공(申文景公)이 죽었기에 기묘년(1519, 중종14)의 변란이 일어난 것이다."라고 하니, 이는 참으로 많은 사람이 같은 마음이 아니겠는가.

난새와 봉황이 올빼미와 함께 날고 향기 나는 풀이 악취 나는 풀과 함께 담겨 있다면, 그것들을 분명 이기지 못한다는 사실을 사람들은 안다. 그렇다면 군자가 소인을 이기지 못하는 것이 오래되었다. 그러나 공 한 사람의 존망으로 소인들의 진퇴를 점칠 수 있으니, 공은 우뚝한 산악이며 분별의 기준이었다. 선을 펼치려 기약하지 않아도 저절로 펼쳐지게 하고 악을 막으려 기약하지 않아도 저절로 막히게 하는 사람이니, 그 존재가 크고 넓다. 우리나라에서 상국의 업적을 꼽아 보면 문익공이 으뜸으로 일컬어지는데, 문익공이 그 아름다움을 공에게 양보한 것이다. 깊은 덕과 큰 도량을 지닌 문익공도 오히려 공만 못하다고 스스로 양보하였으니, 만약 공이 문익공의 위치에 있었다면 문익공이 했던 것에 못지않았을 것이고 여유가 있었을 것임이 분명하다. 문익공이 한 일은 참으로 하기 어려운 일이지만 공이 한 일은 더욱 하기 어려운 일이다. 일이 발생한 뒤에 면전에서 물리쳐 자신의 곧음을 굳건히 확립한 것도 잘한 것이지만 그 근원을 뿌리 뽑고 은근히 융화시키면서도 자연스럽게 주관하여 드러나지 않게 한 공(功)은 남들보다 대단히 뛰어난 재주가 아니면 감당할 수 없는 것이니, 문익공이 추모하며 양보한 것은 당연하다. 하늘이 공에게 나이를 더 주지 않아 변란이 일어나게 하였고 흔들림과 격동의 시국을 결국 문익공이 담당하게 하였으니, 이 어찌 두 공의 불행이 아니겠으며, 또 어찌 지사(志士)와 인인(仁人)이 눈물을 닦으며 길게 탄식해 마지않도록 하는 것이 아니겠는가. 기재(企齋) 신공(申公)과 용재(用齋) 이공(李公)이 모두 공의 행적을 기록하였지만[12] 이러한 내용은 언급하지 않았다. 어찌 듣지 못했겠는가마는 알 수 없는 일이다.

공의 행력을 살펴보면, 성종대왕이 다스림을 이뤄 맑고 밝게 된 즈음에 처음으로 등용되었고, 중간에 연산군이 어둡고 사납게 세상을 망쳐갈 때에 곤액을 당하였으며, 결국 중종대왕이 정신을 가다듬어 다스려지기를 도모할 때에 지위를 확립하였으니, 출처와 처신이 바르고 분명하였다. 병자년(1516)부터 기묘년(1519)까지 4년 동안[13]은 현인들이 발걸음을 나란히 하여 나왔고 사특한 이들이 몸을 움츠렸으니, 이때가 우리나라에서는 경력(慶曆) 연간과 원우(元佑) 연간에 해당하는 시기였다.[14] 위에서는 교화가 행해지고 아래에서는 풍속이 아름답게 되어

12 기재(企齋)……기록하였지만 : 기재는 신광한(申光漢)의 호이고, 용재(容齋)는 이행(李荇)의 호이다. 신광한은 신용개의 행장을 지었고, 이행은 신용개의 비명을 지었다.

13 병자년부터……동안 : 신용개가 정승이 되었다가 죽을 때까지의 기간을 말한다. 1516년에 우의정이 되었고 1518년에 좌의정이 되었다가 1519년에 죽었다.

14 이때가……시기였다 : 인재가 많은 시기를 말한다. 경력은 송 인종(宋仁宗)의 연호이고 원우는 송 철종(宋哲宗)의 연호인데, 송나라 시대 중 인재가 가장 홍성했던 시기로 평가된다. 《鎔谷漫筆 卷2 南止亭文名重一世而詩不甚工》

바닷가나 궁벽한 곳의 풍습까지 변하여 집집마다 공자와 맹자를 일컫는 상황에 이르렀으니, 한 번 변하면 거의 도(道)가 실현되는 경지에 이를 수 있었다. 하늘을 본받아 임금을 도우며 원기(元氣)를 헤아리는 일을 실로 공이 맡았으니, 처리하고 꾸려 나가는 것이 빛나고도 빛났다. 옛사람의 말에 "군자가 없다면 나라일 수 있겠는가."라고 하였는데, 공을 두고 한 말이다.

그림이란 모습을 실제와 닮게 그려 내는 것이고, 글이란 일을 실제와 닮게 기록하는 것이다. 모습을 닮게 하는 것은 그 사람의 풍채를 모방하고자 하면 되고, 일을 닮게 하는 것은 그 사람의 덕업을 표현하고자 하면 된다. 그러나 만물을 벗어난 깨끗한 상태로 그림과 글의 밖에 있는 정신과 마음의 경우엔 그림과 글이 담을 수가 없으니, 그것을 어떻게 구현해야 하겠는가.

공의 이름은 용개(用漑)이고 자는 개지(漑之)이며, 자호(自號)는 이요정(二樂亭)이다. 문익공은 이름이 광필(光弼)이고, 자는 사훈(士勛)이다. 상국 성희안(成希顔)은 사직(社稷)을 바로 세운 공신이고 정승의 지위였는데, 인재를 발탁하여 임금을 섬기면서 천거한 사람은 공과 문익공 두 사람이었다.[15] 이를 전하는 자들도 제대로 된 인재를 얻은 것이라 칭송했다고 한다. 찬(贊)은 다음과 같다.

공으로 하여금 살아 기묘년(1519)의 치적을 이루게 한 것이 하늘이

15 상국……사람이었다 : 성희안은 중종반정에 참여하여 병충분의결책익운정국 공신(秉忠奮義決策翊運靖國功臣) 1등에 책록된 공신으로 영의정에 올랐다. 임금이 그에게 정승 뽑는 일에 대해 상의할 때에 정광필이 첫째이고 신용개가 그다음이라고 주장하였다.《大東野乘 卷10 己卯錄補遺卷上 鄭光弼傳》

라면, 공으로 하여금 죽어 기묘사화를 방지하지 못하게 한 것 또한 하늘인 것인가. 어찌 하늘의 도가 이처럼 한결같지 못한가. 아니면 나라의 운세가 많이 어그러졌는가. 띠를 드리우고 패옥을 차고서 백관이 우러러보는 곳에 자리하였으니 전할 수 있는 것은 모습이다. 광평(廣平)이 올바름을 양보하고 장유(長孺)가 절개를 양보할 정도였네.[16] 주선하고 처리하면서 따라야 할지 말아야 할지의 갈림길에 처했으니 전할 수 없는 것은 정신이다. 당세에는 그 풍류를 받들었고 후세에는 그 유풍에 훈도되었네. 맑은 기운의 영령은 썩어 냄새나는 것들과 함께 사라지지 않을 것이니, 분명 기성(箕星)을 타고 하늘 위로 오르고 회오리바람을 몰아 광활한 곳에서 노닐리라. 땔나무는 타 없어지지만 땔나무가 다해도 불은 전해진다는 것[17]을 누가 알리오. 비단에 그려진 그림은 일개 선생의 환영인 것 같지만 세대를 뛰어넘어 감상을 일게 한 것이 아니라면 어찌하여 나로 하여금 깊은 감탄을 자아내게 하는가.

16 광평(廣平)이……정도였네 : 광평은 당나라를 대표하는 명재상인 송경(宋璟)의 봉호이고, 장유는 한나라 때에 청렴하게 고을을 다스렸던 급암(汲黯)의 자이다.

17 땔나무는……것 : 《장자(莊子)》 〈양생주(養生主)〉에 나온 말로, 생명의 연속성을 의미한다.

유사
遺事

공은 침착하고 큰 도량이 있었으며, 시에 뛰어나고 문에 능하였다.-《추강사우록(秋江師友錄)》에 나온다.-

무풍부정(茂豐副正) 이총(李摠)은 자가 백원(百源)이다. 양화도(楊花渡)에 별장을 짓고 작은 배와 어망을 갖추고서 시인과 문장가를 초대하여 날마다 좋은 시를 지었다. 지은 시가 무려 천백 편(篇)이었는데, 공의 시에 "모래 따뜻하여 새들 모이고, 강은 평온하여 달이 떠 있네.〔沙暖集群鳥, 江平浮大陰.〕"라는 두 구절이 그중 으뜸이었다. 여경(餘慶)-홍유손(洪裕孫)의 자이다.-이 감탄하며 말하기를 "이 사람의 이 시는 성당(盛唐)의 운치가 있다."라고 하였다.-《추강냉화(秋江冷話)》에 나온다.-

공이 벼슬에 있으면서 죽자 임금이 거애(擧哀)하려 하였는데, 좌우에서 근래에 그러한 전례가 없다고 하여 그만두었다. 후에 조 정암(趙靜菴)이 입시하였다가 아뢰기를 "역대 조정에서 대신이 죽었다는 소식을 들으면 금천교(禁川橋)로 나가 거애하였으니, 중신을 대우하는 뜻이 참으로 이와 같아야 합니다. 세종조에 유관(柳寬)[18]이 죽었을 때 상이

18 유관(柳寬) : 1346~1433. 고려 공민왕 때에 과거에 급제하여 벼슬을 시작하였고, 세종조에 우의정을 지냈다.

애통하게 곡을 하여 그 소리가 궐 밖까지 들렸으니, 말하는 사람들이 아름다운 일로 전하고 있습니다. 얼마 전 신(申) 아무개가 죽었을 때에 상께서 거애하려 하였으니 매우 성대한 뜻이었으나 신하들이 그 뜻을 제대로 따르지 못하였으니 매우 안타깝습니다."라고 하였다.-야사(野史)[19]에 나온다.-

정국 공신(靖國功臣)에 대해 조정에서 의논할 때에[20] 남곤(南袞)이 그 논의에서 벗어나고자 영릉(英陵)의 향사(香使)로 차임되기를 청하여 나갔다. 후에 정암(靜菴)이 그와 함께 입시하여 아뢰기를 "근자에 숭품(崇品)의 재신(宰臣)으로서 자청하여 향사에 제수된 자가 있는데 이러한 큰 논의를 만나 관망하며 벗어나기를 도모하였으니, 재상의 마음씀이 이와 같습니다. 신하 된 자가 자신의 몸을 아낀다면 나머지는 볼 것이 없습니다."라고 하였다. 상이 따지지는 않았으나, 남곤은 부끄럽고 두려워 땀을 흘리며 물러났다. 남곤이 마침내 공의 집에 갔는데, 공이 병으로 집에 있으면서 내실로 인도하여 들어오게 하였다. 남곤이 말하기를 "근자에 논의가 매우 과격합니다."라고 하며 공의 뜻을 탐지하려 하였다. 공이 벌떡 일어나 말하기를 "공은 어찌 이러한 말을 합니까. 과격하다는 말은 소인이 군자를 모함하는 것으로, 후한(後漢)을 망하게 한 것입니다."라고 하니, 남곤이 부끄러운 마음으로 기가 꺾여 물러났다. 남곤이 심정(沈貞) 등과 함께 몰래 모의하여 선비들을 얽어

19 야사(野史) : 《동각잡기(東閣雜記)》를 말한다.

20 정국……때에 : 대간이 공신록에 허위로 기록된 사람을 삭제해야 한다고 주장하자 중종이 조정에서 의논하도록 한 것이다. 《中宗實錄 14年 11月 1日》

모함하려 하였지만 공이 일을 맡아 잘 결단할 것을 염려하여 그 모의를 실행하지 못하였다. 10월 3일 공이 세상을 떠나자 남곤은 꺼리는 바가 없게 되었다. 15일에 변란이 일어나자 영의정 정광필(鄭光弼)이 소매를 붙잡고 울며 간언하다가 빈청(賓廳)으로 물러났는데, 눈물을 훔치며 탄식하기를 "애석하구나. 개지(漑之)-공의 자(字)이다.-가 있었다면 어찌 이러한 일이 있겠는가."라고 하였다. 이를 들은 서리들 중에 눈물을 흘리지 않는 자가 없었다.-《기묘록(己卯錄)》에 나온다.-

중종 7년(1512)인 임신년에 신하들이 소릉(昭陵)의 복위를 청하였는데 상이 따르지 않았다. 소릉은 바로 현덕왕후(顯德王后) 권씨(權氏)[21]이다. 성묘조(成廟朝)에 남효온(南孝溫)이 상소하여 복위를 청하였고, 연산군 초기에 김일손(金馹孫)이 또 상소하여 복위를 청하였다. 이때에 이르러 상이 경연에 나아가 강론이 당 태종(唐太宗)이 침묘(寢廟)를 세우지 않은 일에 미치자, 검토관 소세양(蘇世讓)이 이와 관련하여 문종(文宗)이 종묘에서 홀로 제향받는 것은 온당치 않다는 뜻을 아뢰었다. 상이 실록을 상고하라 명하였고, 마침내 조정의 신하들에게 의논하도록 하였으나, 많은 사람들이 감히 입을 열지 못하였다. 대신(大臣) 유순정(柳順汀), 김응기(金應箕), 그리고 노공필(盧公弼) 등은 모두 조종조(祖宗朝)에서 있었던 일이라 복위할 수 없다 하였고, 김전(金詮), 장순손(張順孫), 박열(朴說), 신용개(申用漑), 조계상(曺繼商)은

21 현덕왕후(顯德王后) 권씨(權氏) : 단종의 어머니로 단종을 낳고 이틀 뒤에 죽었다. 단종이 폐위되고 현덕왕후의 어머니와 동생이 역모로 처형된 이후 서인으로 강등되었다.

복위해야 한다고 주장하였는데, 강징(姜澂)과 성세순(成世純) 등은 김전 등의 의견을 따랐고 그 나머지는 모두 대신의 의견을 따랐다. 다음 해인 계유년(1513) 3월에 태묘의 나무에 벼락이 치자 말하는 사람들이 더욱 분격하였고, 상이 윤허하였다.-《해동야언별집(海東野言別集)》에 나온다.-

현종 11년(1670)에 유신(儒臣) 송준길(宋浚吉)이, 경연에서 기묘년(1519, 중종14)에 사림이 화를 입은 일이 언급되자 말하기를 "선비들이 당시 죽음을 면할 수 있었던 것은 실로 영상 정광필(鄭光弼)의 힘이었습니다. 자손들이 지금까지 혁혁한 것을 두고 사람들은 정광필이 사림을 구호한 것에 대한 보답이라 여기고 있습니다. 정광필의 덕과 도량이 참으로 이와 같았지만 일에 임하여 과감하게 결단하는 면은 신(申) 아무개에게 미치지 못했다고 합니다. 신 아무개가 병으로 집에 있을 때 하루는 남곤이 찾아와 문병하면서 '너무 과격하다'는 말로 은근히 선한 선비들을 배척했는데, 신 아무개가 소리치며 '이는 소인이 군자를 모함하는 말인데, 공은 어찌하여 이같이 말하는 것입니까.'라고 하자, 남곤은 기세가 크게 꺾여 부끄러운 마음으로 물러났습니다. 신 아무개가 죽자마자 남곤이 사림에게 화를 끼치는 일을 감행하였으니, 그의 역량과 지략은 소인들로 하여금 이처럼 꺼리게 만들었습니다. 지금 논하는 사람들은 신 아무개가 죽지 않았으면 기묘년의 화가 일어나지 않았을 것이라 말합니다."라고 하니, 상이 감동의 표정을 지었다.-사관의 기주(記注)에 나온다.-

중간 발 重刊跋

우리 선조인 문경공(文景公)의 문집이 세상에 간행된 지 52년 만에 임진년(1592, 선조25) 병란을 만나 판본이 전해지지 못하였는데, 우연히 병란을 면한 옛 문집이 남파(南坡) 심상(沈相)[1]에게 있었다. 조부께서 한 부를 잘 베껴 책 상자에 보관해 둔 것이 또한 여러 해가 되었는데, 선친은 늘 복간하지 못하는 것을 한스럽게 여겼다. 지금 내가 다행히 나라의 은혜를 입어 남쪽 지방을 안찰하는 임무를 맡았기에 감히 판각하여 선친의 뜻을 이루었다.[2]

아, 공은 세상에 드문 재주로 아름다운 이름과 빛나는 업적이 지금도 사람들의 이목을 비추고 있으니, 돌아보건대 단편적으로 남은 이 문장으로 어찌 충분히 공을 평가할 수 있겠는가. 그러나 공의 유풍(遺風)과 여운(餘韻)을 들은 조정의 대부들은 모두 흥기하여 저승에서 다시 살아오지 못한다는 서운함이 있으니, 언제 어디서나 사모의 마음을 가진 우리 후손들이 한 글자 한 마디 말이라도 전하는 데에 마음을 쓰지 않아 보배와도 같은 문장을 끝내 상자 속에 사사로이 보관만 해서야

1 남파(南坡) 심상(沈相) : 심열(沈悅, 1569~1646)을 가리킨다. 남파는 그의 호이다. 본관은 청송(靑松)이며, 문과에 급제하여 우의정, 영의정 등을 역임하였다.

2 지금……이루었다. : 신익상은 1681년(숙종7)에 전라도 관찰사가 되었고, 그 이듬해에 문집을 간행하였다.

되겠는가. 게다가 백 년이 지난 뒤에 거의 민멸되었다가 다시 전해졌으니, 이는 또한 세상에 알려질지 말지에 정해진 운명이 있어서 그러했던 것이 아니겠는가.

삼가 일시(逸詩) 2편과 신 문정공(申文貞公 신흠(申欽))이 찬술한 〈유상기(遺像記)〉를 부록 뒤에 실었고, 또 유사(遺事) 몇 조항을 모아 말미에 기록하였다. 이어 이에 대한 전말을 이상과 같이 기록한다.

황명(皇明) 숭정(崇禎) 기원 55년인 임술년(1682, 숙종8) 5월 하순에 6대손 가선대부(嘉善大夫) 전라도관찰사 겸 병마수군절도사 순찰사 전주부윤(全羅道觀察使兼兵馬水軍節度使巡察使全州府尹) 신익상(申翼相)이 삼가 쓰다.

《이요정집》 발 二樂亭集跋

옛날 성대한 요순(堯舜)시대는 하늘과 그 위대함을 함께하였지만 볼 수 있는 것은 우뚝한 공적과 빛나는 문장뿐이다. 요순이 이러한 경지에 오르게 된 근원적 이유를 살펴보면 도덕을 지녀 이것을 근본으로 삼았기 때문이다. 아아, 도덕이 쇠미한 지 오래되었다. 옛날의 이른바 공적과 문장을 비록 다시 볼 수는 없지만 세상에서 공적과 문장을 제대로 지닌 자가 있는 것은 또한 어찌 우연이겠는가. 고금의 긴 시간 동안 현인과 군자가 많았는데 어찌 문장은 얻었으면서 공적을 얻지 못한 자가 있겠는가. 문장은 자신에게 달려 있고 공적은 하늘에 달려 있으니, 자신에게서는 얻고 하늘에서는 얻지 못한 것이 무슨 문제이겠는가. 하물며 한때 두 가지를 얻은 경우는 어떠하겠는가.

나의 종형인 상국(相國) 문경공(文景公)은 당세에 공적과 문장을 지닌 자일 것이며, 이른바 두 가지를 얻은 자일 것이다. 공의 학문은 할아버지인 문충공(文忠公 신숙주(申叔舟))의 문하에서 연원하고 성묘(成廟)가 재주 있는 이들을 교육할 때에 더욱 갈고닦아, 행실은 도(道)가 되고 얻은 것은 덕(德)이 되었으며 발현된 것은 문장이 되고 시행한 것은 공적이 되었으니, 자신에게 갖추고서 또 세상에 베푼 것이다. 어질고 밝은 임금을 만나 도덕이 서로 합치하였으니, 밝고 아름답게 죽백(竹帛)에 광채를 드리운 문장은 전모(典謨)[3]와 비교해 봐도 조금의 손색도 없다. 그렇다면 공의 문장이 어찌 꾸미고 수식한 것에 불과

한 그저 그런 세상의 시문과 같을 수 있겠는가. 그리고 공의 시문은 고매한 성품에서 나왔고 말뜻의 밖에서 얻어져 그윽이 홀로 매우 뛰어나니 또 세상 사람들이 미칠 수 있는 바가 아니다. 그러나 공은 이를 스스로 여사(餘事)로 여겨 평소 저술하면 바로 버리고 초고도 남겨 둔 것이 없었으니, 공의 아들 한(瀚)이 몰래 주워 보관하였으나 열에 여덟아홉은 없어졌다. 내가 비록 한집안 사람이나 나도 많이 보지 못했고, 간혹 한두 구절을 외우면 순정한 금과 아름다운 옥과 같이 글자마다 보배로웠다.

애석하게도 공은 지금 세상을 떠났지만 공의 공적과 문장 중 큰 것은 역사책에 남아 있으니 시문으로 전할 필요는 없다. 그러나 웅혼한 내용의 거편(巨篇)은 이미 유실되어 볼 수가 없고 아들 한의 수중에 한둘 남은 것도 아직 원고가 정리되지 못하여 사람들과 함께 보지 못하는 것을 늘 한스러워했다. 그런데 내가 파직되어 물러난 이후 여주(驪州)에 살면서 사람들과의 관계에는 뜻을 두지 않고 문장도 가까이하지 않고 있었는데, 하루는 한이 나에게 편지를 보내어 말하였다.

"약간 남아 있는, 돌아가신 아버님의 시문을 지금 정서를 끝내고 2권으로 정리했습니다. 이는 숙부님도 보고자 했던 것이고, 또 잘못되고 빠진 글자도 많아 숙부님께 질정을 청하고서 그 일을 책 끝에 써서 세상에 간행하려 합니다."

내가 공의 문장을 볼 수 없었던 것을 이미 한으로 여겼고 또 그 부탁

3 전모(典謨) : 《서경》의 〈요전(堯典)〉, 〈순전(舜典)〉, 〈대우모(大禹謨)〉, 〈고요모(皐陶謨)〉, 〈익직(益稷)〉을 가리키는 말로, 임금이 신하들과 정사를 논한 내용이 실려 있다.

을 존중하여 공경히 받아 반복해 읽었는데, 이에 평소 가렵던 등을 긁어 주는 것처럼 시원했고 지금 세상에 이러한 고시문(古詩文)이 있다는 것을 알게 되었다. 아, 보배와도 같은 문장을 어찌 상자 속에 사사로이 보관만 해서야 되겠는가. 마땅히 사람들과 함께 보아야 하니, 사람들의 견해도 나의 견해와 다르지 않아 반드시 흥기하는 바가 있을 것이다.

당제(堂弟) 신광한(申光漢)이 삼가 발문을 쓰노라.

지은이 **신용개(申用漑)**

1463년(세조9)~1519년(중종14). 조선 전기의 문신으로, 자는 개지(漑之)이고, 호는 이요정(二樂亭)·송계(松溪)·휴휴자(休休子)이며, 본관은 고령(高靈)이다. 어려서 부친을 여의고 조부인 신숙주(申叔舟)에게 양육되었다. 26세인 1488년(성종19)에 문과에 급제하여 홍문관 정자(弘文館正字)에 제수되었고, 1491년에는 사가독서(賜暇讀書)를 하였다. 연산군 때에는 무오사화(戊午士禍)에 연루되어 국문을 받았으나 원한을 품은 추관(推官)이 없어 화를 면했고, 1504년(연산군10)에는 사화에 연루되어 영광(靈光)으로 귀양을 갔다. 1506년 중종반정 이후 다시 조정으로 돌아와 형조 참판, 홍문관 대제학 등을 역임하였고, 1507년 성희안(成希顔)이 주문사(奏聞使)가 되어 중국에 고명(誥命)을 받으러 갈 때에 부사(副使)로 함께 다녀왔으며 그 공로로 원종공신(原從功臣)이 되었다. 이후 예조 판서, 이조 판서, 병조 판서, 대사헌, 우의정 등을 거쳐 벼슬이 좌의정에 이르렀다. 57세인 1519년(중종14)에 병으로 사직을 청하였으나 허락을 받지 못하였는데, 그해 병으로 세상을 떠났다. 시호는 문경(文景)이다.

옮긴이 **이정원(李庭元)**

성균관대학교 한문학과를 졸업하고, 같은 대학원에서 문학 석사 학위를 받았으며, 성균관대학교 한문고전번역 석·박사 통합과정을 수료하였다. 민족문화추진회 국역연수원 연수부와 상임연구부 과정을 마쳤다. 한국고전번역원 수석연구위원으로 재직 중이다. 《대산집》, 《명재유고》, 《성호전집》, 《설수외사》, 《우담전집》, 《승정원일기》 등을 번역하였다.

이요정집 2
신용개 지음 | 이정원 옮김

2022년 12월 31일 초판 1쇄 발행

발행인 신승운 | 발행처 한국고전번역원
등록 2008. 3. 12. 제25100-2018-000049호
주소 (03310) 서울시 은평구 진관1로 85
전화 02-350-4800 | 팩스 02-350-4994 | 홈페이지 www.itkc.or.kr

연구총괄 권헌준 | 연구기획 김지민 | 연구평가 성과평가실 | 자문 정선용

책임편집 하현주 | 편집진행 신진호
교정 송숙희 채은주 | 조판 김은하 | 제작 조은지
디자인 씨디자인 | 인쇄 사단법인 에스디워크

값 20,000원
ISBN 978-89-284-0965-5 94810
978-89-284-0962-4 (세트)